JN225358

洋楽マン列伝 1

Interviewer
篠崎弘

ミュージック・マガジンの本

前書き

冒頭から唐突な例えで恐縮だが、ハヤシライスは洋食だろうか、和食だろうか。

ハッシュド・ビーフに白飯を添えた「ハッシュド・ビーフ・ウィズ・ライス」が変化して「ハヤシライス」という呼び名になったとされる、お馴染みの料理。牛肉とトマトという洋食の食材をドミグラス・ソースで煮込んだハッシュド・ビーフはれっきとした洋食なのだが、それを白いご飯にかければ、これはもう日本にしかない独特の料理になる。見方を変えれば一種の汁かけ飯だ。

ただし、日本で一般にハヤシライスを供しているのは街の洋食屋だ。和食の看板を掲げた店のメニューにはハヤシライスは見かけない。もちろん、どなたも欧米のレストランでハヤシライスは注文しないだろう。ハヤシライスは日本では洋食扱いだが、外国にはない日本独特の料理なのだ。

ポピュラー音楽の世界にも似たことがないか。筆者は多くの海外のアーティストにインタヴューをしてきたが、同世代のアーティストに「どんなヒット曲を聴いて育ったか」と聞くと、筆者とはずいぶん違う音楽を聴いてきていることがわかる。逆に日本で大ヒットした曲だが本場の彼らは知らないという例も少なくなかった。マッシュ・マッカーンの「霧の中の二人」、ジェリー・ウォレスの「マンダム　男の世界」、ルー・クリスティーの「魔法」など、挙げればきりがない。

日本人はサム・テイラーでサックスに入門し、ニニ・ロッソにトランペットの魅力を教わり、ベンチャーズでロック・インストゥルメンタルに熱狂した。だが、彼らはいずれも本国ではさほど有名ではない。

英米のポップスやロックは、日本では本国とは少し違ったヒットと定着の仕方をしたのだ。その陰にはレコード会社の洋楽担当ディレクターや宣伝マン、ラジオのＤＪなど多くの関係者の様々な工夫や涙ぐましい努力があった。ラジオで一度聞いただけですぐ覚えてもらえるようなキャッチーで魅力的な邦題を考え出し、人目をひく宣伝を展開し、独自のタイアップを見つけ、メディアを巻き込んで後押ししてもらい…。こうして生み出された日本での独自のヒットがきっかけになって、本国で改めて注目を浴びたアーティストさえ、少なくない。

そこには日本独自の「洋楽」がある。長年にわたって築き上げられてきた、これは立派な文化だ。戦後に進駐軍がもたらしたジャズ、カントリー、ラテン、ハワイアン。プレスリーからビートルズ、そしてロックの黄金時代。それぞれが日本の若者たちを刺激し、数多くの優れたミュージシャンやバンドを生んだ。グループ・サウンズのようなブームを起こしたこともある。そしてその落とし子たちがその後の日本のポピュラー音楽の世界を担ってきた。その脈々とした土壌、体質の上に、日本の「洋楽」は育った。

そうした前提でこの本はできた。日本の「洋楽」を育ててきた裏方たちを訪ねて話を聞いたインタヴュー集である。彼らの証言が、日本の「洋楽史」を読み解き、全体を俯瞰する上での貴重な材料になると信じる。

篠崎弘

目次

聞き手／構成＝篠崎弘
写真＝富井昌弘
カヴァー・イラストレイション＝高橋将貴　カヴァー／表紙デザイン＝折田烈（餅屋デザイン）　本文デザイン＝柳井健仁
編集＝浅野純　ジャケット写真協力＝石川真一、伊藤秀世、栗原英樹、レコード社、富士レコード社

石坂敬一 氏

ビートルズの三代目ディレクター

いしざか・けいいち

1945年生まれ。68年、慶應義塾大学卒。同年東芝音楽工業（のちの東芝EMI）に入社して洋楽を担当、81年から邦楽を担当。94年にポリグラム（現ユニバーサルミュージック）に入社し、代表取締役社長に就任。2009年からはユニバーサルミュージック会長となり、日本レコード協会会長も務めた。2011年、同社退任後、ワーナーミュージック代表取締役会長兼CEOとなり、2014年に退任。2016年逝去。

まず最初は石坂敬一さん。現在（２０１０年）はユニバーサルミュージック会長、そして日本レコード協会会長の職にあるが、かつては東芝ＥＭＩでビートルズの三代目ディレクターをつとめた人物だ。プログレッシヴ・ロックやグラム・ロックの仕掛け人としても知られる。東芝音楽工業（後に東芝ＥＭＩ）入社は１９６８年。ちなみに、ビートルズの初代ディレクターは高嶋弘之さん。俳優高嶋忠夫の弟で、東芝の社員にカツラをかぶらせて床屋に行かせて写真を撮り、「ビートルズ・カットの若者が早くも現われた」とスポーツ紙に売り込んだり、襟なしのビートルズ・スーツを社員に着せて銀座を歩かせたりしたという伝説の持ち主だ。

■ポップ・アイドルからアルバム・アーティストへ

最初はアシスタント・ディレクターとしてビートルズを担当しました。初代担当の高嶋さんはビートルズの曲に邦題をつけた。いいタイトルが多かったですね。「ノルウェーの森」とか「抱きしめたい」とか。雰囲気ものだけど、「ノルウェー産の木材」じゃ歌にならない。「アイ・シュッド・ハヴ・ノウン・ベター」も、「恋する二人」の方がずっといいですよ。でも僕が正式の担当になった頃にはもう勝手な邦題はつけられなくなってた。その辺がイギリスの合理主義だね。「もっと各国に任せた方がいいのに」とは思ったけど、相手がビートルズじゃね、ちょっと抗しがたいでしょ。

１９６０年代のビートルズはポップ・アイドルだった。超弩級の人気だけど、ポップ・アイドルの流れにいた。でも彼らは『ラバー・ソウル』から変わるんですね。その変化の金字塔が『リヴォルヴァー』から『アビー・ロード』。よし、これを紹介するのが自分の仕事だと思ったんです。イギリスのビートルズのアルバムをナンバリングして再構成した。彼らの213曲をまず順番に聞いてくれってのを一番言いたかった。当時ビートルズ・シネ・クラブの浜田哲生さんに協力してもらって、いわば〝ビートルズ原理主義〟で行くことにした。原理主義には浜田さんのような研究者が必要なんです。

私の頃にはビジネスのシステムもきっちり出来てました。でも初期は各国でずいぶん勝手な編集盤やシングルが出てました。『ビートルズ・イン・イタリー』とか。編集盤、ジャケット違い、曲順違いもね。ブライアン・エプスタインがマネージャーだった頃はむしろルーズだったみたい。アメリカでも正統派のキャピトル以外にスワン・レーベルとかのマイナー・レーベルからずいぶん出てました。で、それらがドカンと出たからチャートを独占したわけです。日本でも高嶋さんはEP盤なんかもやってました。高嶋さんは来日記念盤も作った。さすがだ。無茶苦茶な選曲なんだけど、売れそうだった(笑)。でもこれは中止になったみたいですね。本国がストップかけたんでしょう。来日の直後に『オールディーズ』が出たから、それが先に決まってたみたいなことがあったんでしょう。その『オールディーズ』だって後でビートルズは文句言ってますから、あれも勝手にやったんでしょうね。

ビートルズは歌詞の面でも新機軸を打ち出した。「トゥモロー・ネバー・ノウズ」なんてアヴァンギャルドですよね。ビジネスの面でもそう。エルヴィス・プレスリーには「音楽を変えていこう」「音楽で若者のウェイ・オブ・ライフを作ろう」とかいう意識はなかった。音楽ビジネスを変えようという意識もなかった。マネージャーのトム・パーカー大佐はそういうことはやらなかった。ビートルズはそこが違ってた。

クレジットもそう。プレスリーの時代はプロデューサーの名前すら載っていたか載っていなかったかで、「マネージド・バイ・トム・パーカー」ってのだけは載ってる。ビートルズも初期は参加ミュージシャンは出て来ないけれど、『リヴォルヴァー』あたりからは「カヴァー・イラストレイテッド・バイ・クラウス・ヴーアマン」なんて載ってる。

66年8月の「我々はもうライヴはやらない」という宣言、「ライヴを続けると音楽が進歩しない」という宣言はやっぱり凄かったと思う。ライヴはビジネスになるのに、それをやめる。これは凄いと思う。「もう勘弁してくれよ」「いい音楽作りたい」と思ったんでしょうね。

■日本発案だった『ロックン・ロール・ミュージック』

ビートルズは日本公演の後に訪れたフィリピンでマルコス大統領夫人イメルダのパーティーをキャンセルしてフィリピン国民の怒りを買い、ホテルや空港で群衆に包囲されるなどひどい目にあった。それも「もうライヴはやらない」宣言の背景にあったとされる。洋楽ディレクターとしては、もう来日はしないと判っている、途中でバンド自体解散してしまった、そういうアーティストを担当するのは寂しくはなかったのだろうか。

こっちの自由はそれほどないけど、それでもビートルズを担当できるってだけで、もう十分でしたね。世界一のバンドだし。それに、私は自分なりのビートルズの解釈を持っているぞというクソ自信持ってたし。イギリスのEMIの人間には意外にいないんですよ。格好はヒッピーみたいな人が多いけど、本当は何やりたい、っていうのがあんまりいない。俺の方が理解してるぞという自信はあった。

ビートルズが武道館で「アイム・ダウン」やったでしょ。あんなすごいロカビリーを、リトル・リチャードの雰囲気を出して、ポールが作った。ものの本によるとリトル・リチャードは「マッカートニーは最高だ」と言ってる。ただし「天才」とは言いません。「天才は私だ」と。一方、チャック・ベリーは「レノンが最高だ」と。だから、リトル・リチャードの傾向の曲は全部ポール。チャック・ベリーはジョン。おかしいですねえ。ライヴァル争いですよ。スペシャルティ・レーベル対チェス・レーベルですよ。元祖争い。それに比べるとエディ・コクランは関脇を一場所、みたいな感じかな。

76年の編集アルバム『ロックン・ロール・ミュージック』のアイディアを最初にEMIに言ったのは日本だと思います。それまでビートルズはロックンロールとしては聞かれていなかった。「イエスタデイ」とか「ミッシェル」とか「アンド・アイ・ラヴ・ハー」とか、すてきな曲はたくさんあるけど、人気があるのは常にそういうビートルズだった。非常にソフトで品が良くてお手本になるような。ところがビートルズの出自はローリング・ストーンズより悪いんだ。経済的な環境、社会的な位置。それを知るにはもっとドライヴィング・ロックンロール、これを聞いてもらわなきゃ駄目だと。当時のファンはビートルズが「マネー」やってるのも「ツイスト・アンド・シャウト」やってるのも知ら

1975年11月、オーストラリアで。左から水上はるこさん、ポール・マッカートニー、リンダ・マッカートニー、石坂さん、ピーター・バラカンさん。（提供＝石坂敬一氏）

ない。オリジナルがだれの曲かも知らない。

　ビートルズはずっとアイドルだったんですよ。『ミュージック・ライフ』の盛り上げもあったんで。でも聞く曲が一定しちゃって、「ストロベリー・フィールズ・フォーエバー」も知らない。「アイ・アム・ザ・ウォルラス」の彼らが意図する歌詞の無茶苦茶な世界も。全体像として捉えられてない。〝ワイルド・サイド・オブ・ザ・ビートルズ〟、あるいは〝ダーティー・ミュージック・オブ・ザ・ビートルズ〟が必要だ。で、さっきの浜田さんとも相談して、ビートルズを根こそぎ聞いてくれということをやった。

　70年代半ばまで、ビートルズが触れなかったカテゴリーはない。今だったらヒップホップはやらなかったかもしれないけど、レゲエまで含めて何でもやったはず。それがビートルズの良さであり、ちょっと弱みでもあるんですね。ハード・ブルースのクリームに対抗してレノンが「俺たちもやろうぜ」ってやったのが「ヤー・ブルース」ですよ。音の総合デパートみたいなとこがあって、レノンはそこからちょっと息抜きしたくなって『ライヴ・ピース・イン・トロント』とか、ああいうこともやった。ビートルズの根っこ、基軸はロックンロールだと。「バッド・ボーイ」もいい。なんかこう、すごいんだよね。でもそれは日本では捨てられちゃった部分なんですね。みんな「ヒア・ゼア・アンド・エヴリホエア」や「ユア・マザー・シュッド・ノウ」「フール・オン・ザ・ヒル」に行っちゃう。ほんといいメロディだから。「エリナー・リグビー」も。

そういうことをイギリスのＥＭＩに言ったら、別に何にも返事は来なかったけども2年後になって『ロックン・ロール・ミュージック』が出たんです。こちらの提案と言えるかどうかわかんないけど、間違いなくそうです。思ってたようなものが出たから。

■原題を直訳した『原子心母』

浜田哲生さんが以前言っていたことがある。「ビートルズは昔はただ愛されていた。40年たってようやく理解され始めたんです」と。「日本は世界中で一番ビートルズを読んだ国です」とも。

洋楽のディレクターは音楽分析ができる、イメージ・メイクができる、マーケティング戦略が立てられる、一人宣伝塔ができる。そんなことを全部自分でやれるからいいんです。一言で言うと、僕らの若い頃は洋楽にワクワク感がありましたね。洋楽に誇りを持っていたっていうとちょっと変だけど、今の言葉で言えば洋楽クリエイティヴ第一本部みたいな。クリエイティヴだったんですよ。名物ディレクターがたくさんいましたよ、洋楽にも邦楽にも。

僕らはレコード業界の一番いい時代を見ながらよく働いたんです。僕らの二代前のディレクターたちは一番いい時代に遊んでた(笑)。今は威張ってる上司っていないじゃない。昔はいましたよ。戦国大名みたいなのがいっぱいいた。名をなしていてね。それで働かないからかっこいいんだよね。我々のころは働いたから。働かされたんじゃなくて、働いた。

僕が常に意識していたのは〝日本の洋楽〟ですよ。日本人には日本の意味が通じるタイトルをつける。これはマーケティングの基本だと確信していて、それは今も変わらない。英語ができようができまいが、日本語の湿潤な響きはいいですよ。洋画の日本語タイトルっていいなあと思ってて、ああいう風にいきたいもんだと。『慕情』の原題は『ラヴ・イズ・ア・メニー・スプレンダード・シング』。どこをとったって、『慕情』ほどの感動は与えない。『エデンの東』だって、そのまんまだけど、カタカナで『イースト・オブ・エデン』っていったらあんなに当たらないでしょ。『太陽がいっぱい』も、原題は『プラン・ソレイユ』。それはそれでいいけど、『太陽がいっぱい』というとイメージが広がる。アラン・ドロン、モーリス・ロネ、マリー・ラフォレ。あのニースの海、紺碧海岸。かっこいいなあと。

ピンク・フロイドの『神秘』は原題が『ア・ソーサーフル・オブ・シークレッツ』。秘密が皿の上に乗ってるよ、くらいだから『神秘』にした。71年1月発売の『原子心母』はそういうのの嚆矢ですね。『アトム・ハート・マザー』の直訳。でも社内の編成会議なんかで文句は付かなかった。そんな勇気のあるお爺さんはいなかったな。当時はディレクターが「これで行きます」って言えばそのまま通っちゃった。それでもピンク・フロイドは当時まだ売れてないからイチ押しでもない。イニシャル（当初のプレス枚数）８００枚で宣伝費１５０万円ですよ。

プログレは『メロディー・メイカー』誌が一度特集したけど、正直言って〝プログレッシヴ〟という言葉は私と『ロッキング・オン』の渋谷陽一がすごく使った。アルバムの帯に「ピンク・フロイドの道はプログレッシヴ・ロックの道なり」とか。『狂気』には「音楽は音の有機物なり――エドガー・ヴァレーズ」とか。

あのころは主知主義に持って行こうとしてたんですよ。要するに専門の音楽評論家じゃないところにピンク・フロイドは受けてたんで、『美術手帖』とか『ジャズ批評』とか『スイングジャーナル』とか、ロックじゃない人ね。宇野亜喜良さんとか横尾忠則さん、金坂健二さん、五木寛之さん…。70年代の文化、カウンター・カルチャーのリーダーみたいな人たちに見本盤を送ったな。『原子心母』の牛のジャケットで六本木をいっぱいにしようって、酒場とか居酒屋にも貼りまくったりもした。結

ピンク・フロイド『原子心母』
（ハーヴェスト／オデオン／東芝音工 OP80102）
1971年1月に発売したLP。原題は“Atom Heart Mother”

構みんな好意的でしたよ。

あのジャケットは強烈だった。ヒプノーシスは後年「俺たちの傑作だろ?」なんて言っていたらしいけど。当たった後でそう考えたんでしょ(笑)。ジャケットはクレジットとか載っているから日本では作り直しづらい。でもどこかにワン・ポイント強烈なジャパンが欲しい。日本の洋食ですよ。ハヤシライスなんて日本の洋食でしょ。そういう強烈な日本の味を出したいもんだ。するとやっぱりタイトルになりますね。で『原子心母』。

「吹けよ風、呼べよ嵐」はインストゥルメンタルだけど当たっちゃった。とはいっても8万枚ですけどね。原題は「ワン・オブ・ジーズ・デイズ」。『ダーク・サイド・オブ・ザ・ムーン』は最初『月の裏側』という邦題にしようとしたんですけど、あんまり評判がよくない。英語では〝月〟と〝狂気〟が関係ある言葉だということが、日本のファンには伝わりづらいので、ストレートに『狂気』というタイトルにしました。

だから翻訳の楽しみもあるんですね、洋楽には。

◇

洋楽についてまとまった話をするのは初めてという石坂さん。情報量が多く、年号や固有名詞もよどみなく出てくるのに驚く。1958年から60年を境目に、以後の日本と英国の音楽が好対照を示したというのが持論だ。

■58～60年に日英の音楽の分岐点がある

58年にポール・アンカが来日した。日本はロカビリー全盛期を迎える。平尾昌晃さん、ミッキー・カーチスさん、山下敬二郎さん。「日劇ウエスタンカーニバル」が大変な人気。その後もかまやつひろしさん、水原弘さん、鹿内孝さん、神戸からは内田裕也さん。いわば疑似エルヴィス、疑似コニー・フランシス、疑似ブレンダ・リーが一斉に登場しました。

イギリスでも、クリフ・リチャード、トミー・スティール、ビリー・フューリー、アダム・フェイスは疑似エルヴィス、疑似リッキー・ネルソン。ジョニー・キッドとパイレーツは擬似ジーン・ヴィンセント。"pseudo Elvis"の時代です。

でもその後に違いが出た。日本は音楽的革命を経ず、アンダーグラウンドの経験をせず、カウンター・カルチャーのパワーを経験しないで、当時一気に普及したテレビの芸能番組と共存していった。だから、音楽ビジネスの形態は変わっていったけれど、音楽自体は変わらなかった。その後60年代後半のGSに至るまで大きく変わってはいないですね。

イギリスはというと、もともと有名な音楽家って、ヘンリー・パーセルとグスターヴ・ホルストくらい。歴史的に音楽と絵が比較的弱いんです。で、ロンドン、リヴァプール、マンチェスターなどを中心とする大学生が、アメリカへのライヴァル意識を背景に、異様に混合音楽を追究しだした。守るべき自分の音楽がないから、いい音楽はどんどん採り入れる。そのプライドのなさがいいんですよ。ブラック・ミュージック、ブルースからR&Bまで、つまりチェスからタムラ・モータウンまで。それが燎原の火のように広がって、クリフ・リチャードとシャドウズの軽い芸能ポップを駆逐しちゃった。ヘレン・シャピロもアルマ・コーガンも。その中で生まれたなかで、わりとディープ・ブラックなのがローリング・ストーンズ。一方ライト・ソウルとロカビリーがビートルズですよね。そして60年代中盤から全世界を巻き込むブリティッシュ・トレンドを生んだ。

この時代を、若者文化がどう発展していくかという視点からとらえると面白い。表層的なメディアの変化にとどまり、音楽革命の代わりにビジネスが発展した日本と、音楽が変質したイギリスと。日本は敗戦のコンプレックスが強かった時代。でも心理的に歪んでたのはイギリスも同じ。第一次大戦、第二次大戦と戦争に勝つたびに貧乏になっていった。でも、60年ごろにイギリスではシリル・デイヴィスとかジョン・メイオールら、疑似ブルースマンがたくさん出て、マディ・ウォーターズを尊敬した。ストーンズはチェスの建物にキスしに行った。ブラック・ミュージックを掘り出して、ライトニン・ホプキンス、ジョン・リー・フッカー、ボー・ディドリーまでを再評価した。

そういうのが日本にはない。ロックの草創期にアメリカを目指していたのは同じだったんだけど。好意的に言うと日本はよく急激に伸びましたよ。58年から60年。アメリカに追いつき追い越せ。追い越せとは思ってないな、追いつけ追いつけで。

58年から60年に分岐点があったというのは僕の〝観察〟ですね。〝理論〟にはなってないけど、何らかの論点になると思う。でも現在の評論家の方々のほとんどがその後のロック、フォークの出身だから、そういうとらえ方をしてくれない。

■グラム・ロックで他社とキャンペーン

日本に音楽革命が起きなかったかどうかは少し検討の余地があるだろうが、既存の歌謡曲の厚い壁があったのは確かだろう。後にGSが歌謡曲に飲み込まれてしまった背景にも、担当ディレクターがみな歌謡曲畑だったことがある。ともあれ、洋楽邦楽を問わずディレクターの果たす役割は大きい。石坂さんも洋楽ディレクターとして、本国で売れていない、あるいは日本で受けそうにないアーティストを売るために知恵をしぼった。

当時は国ごとのやり方が結果的に認められてた。日本独自のヒットというと東芝では、ジョニー・ディアフィールドの「悲しき少年兵」(61年)、エンリコ・マシアス「恋心」(65年)。それからアダモの「雪が降る」(69年)や「夜のメロディー」(71年)。洋楽と言っていいかどうかわからないけど、マンダムのCM曲ジェリー・ウォレス「男の世界」(70年)。東芝以外で印象的なのは、70年のカナダのマッシュマッカーン「霧の中の二人」。アメリカではしょぼいヒット(31位)でしたけど日本では大ヒット（1位）。あれはCBS・ソニーの仕掛けでした。

クリフ・リチャードの「しあわせの朝」（69年）は日本だけのヒットでした。ファン・クラブと東芝の宣伝力。「清潔そうな好青年で、キリスト教徒」「綺麗な、純粋無垢の、清廉の士」っていうイメージ戦略。あの頃は情報がないからみんな信じてくれるんですよ。オリヴィア・ニュートン＝ジョンの「カントリー・ロード」（76年）は私の後任の三好伸一さんがやったんですが、作ったジョン・デンヴァーはアメリカで当たってたけど（71年）、日本ではオリヴィアの方が当たった。

ロックでは、シルヴァーヘッドの2枚めのアルバムのタイトルを『凶暴の美学』（73年）にした。「なにしろ凶暴な貴族なんですよ」みたいな無茶苦茶を言ってました。「ヴォーカルのマイケル・デ・バレスの名前ね、これは貴族だから〝デ〟が入ってんですよ」って。マーク・ボランの場合はティラノザウルス・レックスからTレックスに発展したんだけど、「ティラノザウルス・レックスはそもそも魔法使いが作ったバンドらしいですよ、ええ」とか言いながら。パリで山中に長くいて魔法を習ったとかバイオに書いてあるから。まあ、みんなでそういう怪しい情報を面白がってたんですね。『電気の武者』（71年）は語呂ですよ。最初は『電気の武士』ってつけたんだけど、「武者」の方が語呂がいい。イメージですよね。

コロムビアはユーライア・ヒープ〝Look At Yourself〟に『対自核』（72年）って邦題をつけた。うちの『原子心母』（71年）をヒントにしたっていうか、当時は各社のディレクターが年中一緒にいたからね。ポリドールもレインボーの〝Man On The Silver Mountain〟を『銀嶺の覇者』（75年）って邦題にした。ヘヴィ・メタルにぴったり。リッチー・ブラックモアにぴったりじゃん。

Tレックスを売る時はRCAのデイヴィッド・ボウイと一緒のキャンペーンをやった。あの頃は業界が横断的でした。グラム・ロックのキャンペーンはポリドールがスレイド、CBS・ソニーはモット・ザ・フープル。後からは東芝のロキシー・ミュージックも。でも中心はTレックスですよ。いろいろ応援してくれたのは加藤和彦さんと今野雄二さん。ボウイは〝グラム・ロック〟と言われたがらなくて。ボランもだんだん嫌がって。それより、日本が動かした言葉は〝プログレ〟ですよ。

当時はポスターもすごい人たちにお願いしていた。『原子心母』は宇野亜喜良さん。横尾忠則さんにはビートルズのポスターを頼んだ。ニューヨーク市立美術館に飾られてる。河村要助さんはTレックス。矢吹申彦さんにはスリー・ドッグ・ナイト。

アーティストとのつき合いも濃厚でした。ピンク・フロイドのニック・メイスンとリック・ライト、デイヴィッド・ギルモアを僕の古いカペラに乗っけて原宿の骨董屋に連れてきました。エルトン・ジョンはビブロスに運んだ。あの頃はディレクターが何でもやったから、仲良くなりましたよ。71年のピンク・フロイドの大阪フェスティバルホール・コンサートの時は、中村とうようさんと福田一郎さんをロジャー・ウォーターズの部屋に連れてっちゃった。僕も入社して2年半だから、どうやっていいかわからない。でも、そんなことができたってことですね。

では逆に、本国ではメジャーなのに、日本ではブレイクさせられなかったアーティストは?

自分で携わった中ではコックニー・レベル。大メジャーってわけじゃないけど、向こうほどにはならなかった。期待に添えなかったのはケイト・ブッシュだな。東京音楽祭に出てもっと売れるはずだったような気がします。あとはスプーキー・トゥースかなあ。メリサ・マンチェスターも売り損なった。あのへん苦手なんですよ、私(笑)。ベイ・シティ・ローラーズは大成功。クライヴ・デイヴィスのアリスタで売り出して、東芝が扱った頃にはもう人気があった。タネまいて水やる前から売れたような気がします。宣伝担当は鈴木博一さん。レスリー・マッコーエンがソロになって、タイガースの「銀河のロマンス」を英語で歌ってもらった。4万枚くらいで終わったけど、『オリコン』ではうんとほめられた。「こういうことやんなくちゃ、楽曲の良さにチャンスが与えられない」とかいうように。

■各社ディレクターが深夜のラジオ局に集結

レコード・メーカーが次々に外資系になり、本国からの指示が強くなった最近に比べると、当時の洋楽ディレクターの裁量は大きかった。

手前味噌になりますが、ヤードバーズをまとめたのはレコード会社レヴェルでは私が早いですよ。ヤードバーズって、マネージャーが歴代3人いて、ジョルジオ・ゴメルスキーとサイモン・ネイピア＝ベルとミッキー・モースト。で、全盛期を作ったのはジョルジオ・ゴメルスキーからサイモン・ネイピア＝ベルですね。特に私はジェフ・ベックが好きで、『不滅のヤードバーズ　二大ギタリストの競演』（69年）ってアルバムを勝手に作っちゃった。写真も無断で使っちゃって(笑)。クラプトン時代のシングルB面曲「ゴット・トゥ・ハリー」とか、ジェフ・ベック時代の「スティールド・ブルース」とかを、LP1枚に。貴重盤、レアものですよ。5年ぐらいして「発売をやめてくれ」って言ってきた。もう売り切ってるって(笑)。

今やったら絶対OKされないのが、『ベック・オラ』（初出時の邦題は『ジェフ・ベック！』）の裏表紙の写真。糸居五郎さんが69年のニューポート・ジャズ・フェスティヴァルを見に行ったんですよ。出たのはレッド・ツェッペリン、ジェフ・ベック・グループ、ジェスロ・タル、マイケル・ブルームフィールドかな。ロックが一番ジャズ・フェスに出た頃。ラリー・コリエル、ソニー・シャーロックも出てて、ギターの品評会みたいだね。その時、糸居さんがジェフ・ベックを撮ってきたのを使っちゃった(笑)。いい写真なんですよ。見開きジャケットの内側にはゴールデン・カップスのルイズルイス・加部、ケネス・伊東や陳信輝のコメントを入れた。1969年です。エピックに移ってからのベック・ボガート&アピスは技術的にはクリームよりちょっと上。でも人気はなかったね。

ジェフ・ベック・グループ
『ジェフ・ベック!』
(EMI／オデオン／東芝音工
OP8814)
1969年11月に国内発売のLPの、糸居五郎氏が撮影した写真を使用した裏面。原題は“Beck-Ola”。

当時の宣伝はラジオにも力を入れていた。

その頃AMの深夜放送は確かに威力があって、福田一郎さんがTBSの「パックインミュージック」で、『原子心母』の20分くらいの曲を初めてフルにかけてくれたのは反響が大きかった。当時は各社のディレクターが福田先生の日はTBSに行かないといけないような求心力があって。曲がかからなくても朝5時までいましたよ。あと「オールナイトニッポン」（ニッポン放送）だとか文化放送とかも回って、亀渕昭信さん、糸居五郎さんのとこに行ってね。最後までいるかどうかは別として、始まる1時にはいないとまずい。忙しくて(笑)。でも体力ありましたよ。翌朝の出勤はフレックス方式みたいな感じでしたけど。

当時のレコード業界の体質を今と比べるとどうなのだろう。

数字においては、私は経営者になった頃から人が変わっちゃいましたよ。ただああいう伸び伸びとして、残すべき無駄っていうかね、意味のある無駄ってのは余裕として必要な場合もあるなとは思ってますね。ただこのごろ、そういうようなスピリットのある担当者もあまりいないんじゃない？　アーティストも変わってきた。60年代は特別でした。60年代の精神、あのエスプリはクイーン、デュラン・デュランまでかな。クレイジーな美しさがあったのは。コックニー・レベルの不良っぽさとデカダンスね。ブライアン・フェリーとロキシー・ミュージックのヨーロッパらしい退廃の雰囲気。それ以降はみんな合理主義になった。今はあらゆることが合理と分明です。でも私は不分明、非合理が好き。非合理がないと駄目。

外国の音楽誌が大手レコード店で買え、アーティストのサイトから情報が得られる現在と比べると、60、70年代はディレクターだけが持つ情報は圧倒的に多かった。

『ニュー・ミュージカル・エキスプレス』だって『メロディ・メイカー』だって『ビルボード』だって、会社にあるのを読んでるんだから、情報は多かった。80年代真ん中あたりからは音楽評論家も英語ができない人はだんだん信用されなくなってきて、専門ジャンルもずいぶん細分化されてきた。変だなあと思うのは、日本の音楽誌ってレコード会社の手柄は絶対に書かないんですよ。ライヴの後、アーティストは「今夜はありがとう。アリスタ・レコードのみなさん、マネージメントのみなさん、そしてファンのみなさん」とかいうんですけど、日本の報道では「ファンのみなさん」だけなんですよ。言っちゃいけないような習慣になってる。

中村とうようさんを筆頭とするごく少数の評論家以外は、総合文化論としての音楽をとらえることができない。でもこっちが期待するのは時としてはそういうとらえ方なんです。邦楽は売れたのが最高の作品だ。これは詭弁なんだけど、売れたのはいい作品に違いない。洋楽は違う。極端に言うと1

000枚しか売れなくても必要なアーティストと作品は間違いなくある。エドガー・ブロートン・バンドは売れないまんまパンクしちゃったけど、あれはいいものだ。ピート・ブラウンとバタード・オーナメンツは早すぎたというのも30年ぐらい早いというような作品もあって300枚くらいしか売れてない。だけど存在意義、その時代のそのアーティストがいる意味みたいなものがある。ロイ・ハーパーは世界中で売れてないけど、レッド・ツェッペリンにつながる。ピート・ブラウンはクリームにつながるわけですよ。だけどそのへんの、アレイスター・クロウリーの伝説をなぜゼップが使うんだというあたりを掘り下げる評論家がいない。本当は渋澤龍彦、あるいは種村季弘、滝口修三たちが音楽に明るかったら、もっと面白かっただろうと思う。

極端に言うと70、80年代の魅力ある作品は、1枚のアルバムで（原稿用紙）40枚くらい書けますよ。だけど今は、まあアルバム10枚を2枚くらいで書ける。軽微に扱って申し訳ないけど、掘り下げるようなところが何にも見えない。

『サージェント・ペパーズ』のジャケット写真にマッカートニーはヒットラーを入れたかったんだけど、でもそれは絶対にやめろと誰かが言ったらしい。ブライアン・エプスタインかな。あそこに日本人が入ってないのは残念だね。

〔2010年2月18日　港区赤坂・ユニバーサルミュージックで〕

亀渕昭信 氏

深夜放送で洋楽をかけまくったDJ

かめぶち・あきのぶ

1942年、北海道由仁町生まれ。早稲田大学卒。64年、ニッポン放送入社、ラジオ番組の制作を担当。69年から73年にかけて「オールナイトニッポン」のDJをつとめる。以降、同番組のチーフプロデューサー(CP)、また音楽イベント「ALL TOGETHER NOW」(1985)のCPなど裏方として活躍。99年に同社代表取締役社長に就任、2005年退任。現在、再びDJ業を再開している。

お二人目はニッポン放送の前社長、亀渕昭信さん。若い読者には2005年のライブドアとの闘いの印象が強いだろうが、かつては深夜放送「オールナイトニッポン」の人気パーソナリティとして、洋楽シングル盤の黄金時代と共に歩んできた。『ニューミュージック・マガジン』では69年の創刊当初からのレギュラー執筆者であった。

■ドーナツ盤とAMラジオが僕の青春

僕の子供の頃はジュークボックスの時代でありダンスの時代。シングル盤、ドーナツ盤もトップ40の全盛期。それと一緒にAMラジオもあった。

生まれは北海道の由仁町で、3歳で東京の深川に引っ越してきた。叔母は進駐軍の将校クラブで歌うジャズ歌手の宮美子。うちでもSPでドリス・デイやダイナ・ショアがかかったりしていた。小学校の3年の時「誕生日に何が欲しい」って言われて「レコードが欲しい」。銀座で買ったのがエイムス・ブラザーズの「ユー・ユー・ユー」、レス・ポールとメリー・フォードの「バイヤ・コンディオス」、ジョン・ウェインの映画『紅の翼』（54年）のテーマ曲「ザ・ハイ・アンド・ザ・マイティー」。この曲はビクター・ヤング・オーケストラの演奏で、口笛がビクター・ヤングだったと思うな。その3枚。

ヒット・パレードが好きでFENばっかり聞いて、SPの日本盤を毎月1枚買ってた。そのうちチャック・ベリーとかファッツ・ドミノとか聞いて、わあすごいなあ、後打ちのリズムが今までの音楽と違うなあと。そのうちプレスリーも出てきて、何か世の中を変えそうな音楽だなと、その時ふと思いましたよ。

60年に高校を卒業する前、母から3万円借りて『ビルボード』の定期購読を始めた。3カ月遅れで船便で来るのを隅々まで読みました。ちょうどアラン・フリード（ロックンロールの名付け親とされるラジオＤＪ）が捕まって裁判になってた頃だから、ペイオラ（放送業界の賄賂）の記事が一面にドーンと。80年ぐらいまでとってました。

早大の2年からは放送研究会の音楽部。大隈講堂で「軽音楽のゆうべ」みたいな公開放送をやる。僕が台本書いてアナウンス部の露木茂さんがＤＪをやる。その頃、レコード買いに行くヤマハの裏に外国曲のサブライセンスをやるヤマハ音楽出版があって、後に渡辺プロに入ってザ・ピーナッツらを育てる揚華森さんが、「亀渕くんは音楽詳しいけど、高崎一郎さんというニッポン放送の人がアルバイト探してるよ」。それが2年生の時。高崎さんのとこ行ってみたら、「お前、俺のこと知ってるか」「知りません」。僕はＦＥＮしか聞いてなかったから。そしたら問題が出た。片方にコニー・フランシスとかエルヴィス・プレスリーとかパット・ブーン。もう片方にコロンビアとかビクターとかマーキュリー。線で結べっていうの。すぐできて(笑)。「合格！　明日から来い」って(笑)。で、番組でレコード回すようになりました。ＡＤ（アシスタント・ディレクター）でしょうかね。高崎さんが書くレコード解説の手伝いもしたし、ジョニー・キャッシュとか来日アーティストに会うこともできた。それが大学卒業まで続きました。

1962年、来日したジョニー・キャッシュと亀渕さん。
（提供＝亀渕昭信氏）

最初に音楽記事を書いたのは大学の3年生の時。早大放送研究会の会報にアルドン・ミュージック（ニューヨークの大手音楽出版社）のことを書いた。そっからニール・セダカが生まれて、コニー・フランシスがいて、キャロル・キングがいて、ここが新しい音楽を作ってるんだ、みたいなことを。

高崎さんのADとしてキングレコードの方と仲良くなった。当時、アメリカのレコードの直の契約は、RCAやコロンビア、マーキュリー、デッカとかメジャーしかなくて、インディーの会社はアメリカのコスデルっていう会社がライセンスをとって日本の会社に売る。デル・シャノンとか、アトランティックもそうだった。さらにもっと細かいレーベルはロンドンにいって、ロンドンの世界配給権で出てくる。で、講談社の裏にある木造のキングの倉庫に行って、お蔵入りのレコードからいい曲を探すんです。ジョニー・ティロットソンの「キューティー・パイ」とかエディー・ホッジスの「恋の売りこみ（I'm Gonna Knock On Your Door）」、ベルベッツの「愛しのラナ」とかロイ・オービソンとか。そういうのを聞いて「これヒットしますよ」って言うとキングの人がレコード出してくれて、ちゃんとヒットして。「これいい曲だな、三連符は日本人好きだから大丈夫だよ」とか「これ高崎さんのとこでかけたら受けるよ」と。高崎さんが日本語のタイトル考えたりして。ビクターのも東芝のも。担当者にしてみればプロモーションの一環じゃないですかね。タイトルつけさせといて、かけてもらう。どうしてお蔵入りになるかっていうと、アメリカでは62年の春に流行ったんだが、63年になってやっとライセンシーが始まったみたいなことがあると、1年前のヒット曲になっちゃうから、もう出してもしょうがないなと。日本とアメリカでA面とB面変えたのもあった。「キューティー・パイ」も確かアメリカで流行ったのは違う曲だったような気がするな。当然ジャケットも変えるし、邦題もつけるし。いちいちアメリカに了解とってなかったんじゃない？　ロックンロールが世界的な商売になるにつれて厳しくなるわけですよね。

■しゃべりも制作もやった「オールナイトニッポン」

当時の日本には情報誌も少なく、民放FMもない。AMラジオは洋楽の最大の情報源だった。特に深夜放送はニッポン放送の「オールナイトニッポン」、TBSの「パックインミュージック」、文化放送の「セイヤング」などが個性を競い、葉書や電話でのリクエストを採り入れて双方向メディアとして若者の人気を集めた。

64年にニッポン放送に入って、3年目に休職してアメリカにFMの勉強に行った。帰国は「オールナイトニッポン」が始まったのと同じ67年の10月。すぐ高崎さんの番組について、数カ月で「面白いからしゃべってみろ」。「オールナイトニッポン」開始から1年たって僕は登場したのかな。担当は土曜深夜の11時頃から1時くらいまでの東京だけの「オールナイトニッポン電話リクエスト」。そこでしゃべったらなんとかうまくいって、全国ネットの「オールナイトニッポン」に移った。

2年くらいで「オールナイトニッポン」はピークに達した。局員がしゃべってたんですが、もう人がいなくなってくるわけ。ネットワークも二十何局かに増えて、そうすると例えば北海道や福岡で「ニッポン放送のアナウンサーの何とかです」なんて出てきてもね。うちだってうまいアナウンサーいるだろ、みたいな。それに他局もがんばってるわけです。「ヤンタン（ヤングタウン）」（毎日放送）とか、「ヤングリクエスト」（朝日放送）とか「ミッドナイト東海」（東海ラジオ）とか。深夜放送の競争、ほんと深夜放送のピークになって。無名の局アナじゃとてもじゃないけど対抗できない。例えば吉田拓郎さんは「オールナイトニッポン」にも出ましたが、最初は他局からスタートしてる。そういう人がたくさんいるんで。

72年からの最後の1年は「オールナイトニッポン　ビバカメショー」。1時から3時までポピュラーをかける。毎日ほとんど生で、ディレクター兼しゃべり手。サイモンとガーファンクルの日本語の訳を声優さんに朗読してもらって曲をかけるとか、毎日毎日いろんな特集をやってた。必死で。ニルソンが来日すればゲストに呼んで。制作も僕がほとんど一人で月曜から土曜までやった。で、その1

年が終わるちょっと前に「次のチーフ（・ディレクター）やれ」って言われて、結局ここでパーソナリティから局アナを外して、アンコー（斉藤安弘）さんだけ残したのかな。全部外部の人に代えた。それで、あのねのねが出てきたり笑福亭鶴光さんが出たりした。

「亀渕さん、あの番組すごかったですよねえ、ピンク・フロイドまるごとかけましたよねえ」ってよく言われる。『原子心母』をまるごとかけたって。自分でははっきり覚えていないんですけどね。

『原子心母』発売当時のレコード会社のディレクター、石坂敬一さんによると、ラジオで最初にまるごとかけたのは福田一郎さんだったようだ（25ページ参照）。

ビートルズを最初に日本でかけた人は誰かって話があって。アメリカでもビートルズを最初にかけたやつわかんないわけで。ことによると沖縄の人なんかが早かったかもしれないよねえ。新しいアルバムの紹介ってのは結構やったように思います。フーとかクリームとか新しいものをずいぶんかけた。

■自分が楽しくないと聞いてる人も楽しくない

ヒットが深夜放送から生まれる時代だった。67年のザ・フォーク・クルセダーズ「帰ってきたヨッパライ」が典型だ。

あれはラジオ関東の番組のアシスタントをしてた木﨑義二さんが「ラジオ関西でものすごい曲が流行ってるよ」って教えてくれた。高崎さんに言ったら「面白い、すぐ行け」って。パシフィック（現フジパシフィック）音楽出版の朝妻一郎さんが権利とってきて、うちでかけようって。アメリカじゃ放送局は著作権会社持てない。当たり前だよね。だけど日本は大丈夫で、各社持ってる。だからパシフィックとの関係で東京ではニッポン放送が「帰ってきたヨッパライ」をかけ始めたわけ。

TBSは日音、QR（文化放送）はセントラルミュージック。それぞれ出版社の闘いが一方にあるから、本当は（そういうしがらみでは）かけたくないんだよね。リクエストが殺到したらしょうがねえからかけるけども、それまでは。でも、よその系列のレコード持ってくると、ちょっとかけるのためらったりもした。うちにも系列の曲をかけなさいよみたいな指定曲があるからね。出版社、関係のレコード会社との癒着っていうとおかしいけど。僕はそれもやでさ、演歌の藤正樹やるんだったらフォークのやつやらしてよ、その代わり藤正樹は別の番組でやればいいんだからって。だからうちの番組はフォークのベッツィ&クリスかけたり。そういう工夫はしたね。でも音楽はヘビー・ローテーションしたからって流行るわけじゃない。いい歌ってのは宣伝しなくても流行る場合はあるし。

亀渕さんの番組は洋楽ばっかりだったような記憶がある。

3分の1は邦楽かけてました。レッド・ツェッペリンやクリームやビートルズと同時にタイガースも。ただしあんまり歌謡曲っぽくないものを。ＲＣサクセションなんかテープで来たものをすぐかけた記憶がありますね。番組の流れってあるから、今で言うサブカルで、新しい考えもあって、ということでフォーク・ソングが多かったかな。フォークル「イムジン河」なんてのはけっこう流したよ。発売前に。なぎらけんいち「悲惨な戦い」も、高田渡「自衛隊に入ろう」も。加川良君の歌もとても好きだったなあ。ＵＲＣものは結構流してたし。五つの赤い風船の歌も。別に思想的に云々じゃなくて、時代がそう変わってるんだよなってことを、訴える歌っていうのが好きだったし。うん。大人の時代から若者の時代に変わってるんだよなあって。特に若者番組だったせいもあり、こういうことをすることによって、悩んでる若者たちも自信持つかもしれないなってこともあったな。自分ではそういうことをやってたつもり。うん。

自分が楽しくないと聞いてる人も楽しくないだろうってのがありました。だから70年代にプログレみたいなのが流行ってくると僕はあんまり入っていけなくなって。僕はどっちかというとアメリカのシンプルなロックンロール、ＺＺトップの方がよっぽどいい。じゃなければイーグルスみたいなカントリー的なものがいいんで。だんだん時代がヨーロッパに行ってるような気がして。そっちに行くには僕も背伸びしなきゃいけない。

アメリカのポピュラー・ソングも、60年代中盤まではタイトル一つで歌の内容がわかったのが、ウォーレン・ジヴォンみたいなやつが出てくると、なんだお前、何歌ってんだこれは、みたいな(笑)。ジャクソン・ブラウンもいい歌だけれども歌詞一つとってみると難しい。歌詞がわかんないと洋楽って半分くらいわかんなくなっちゃう。ビートルズくらいまでは「アイ・ワナ・ホールド・ユア・ハンド」でなんとなく意味わかるよねえってのがあった。わかんなくなってきたってのが、洋楽の不振の一因なんじゃないか。いろんな音楽があるのはいいことには違いないんだけど、業界の方がおっしゃるヒット・シングルっていう意味からすると、少しずつ意味が薄れてきてるんじゃないかなと思います。そう考えると、最新の曲よりも1、2年前の曲のほうがよっぽど楽しいかもしれないなと思う。

3分前後の曲ってのは結構インパクトが強い。プログレの6分、10分はどうすんだってのがあるわけですよ。アメリカでシングル・カットでレディオ・ミックス作ったりするのはそのためだろうと思うんです。やっぱり短い方がいいよな、インパクトあって。長いのは勝手にカネ出して聞けよ、みたいな。

1、2年前のいい曲をかけるというと、レコード会社のプロモーターにとってはあんまりおいしくないはずだ。

そこが日本のレコード会社の間違いで、日本の宣伝は映画もレコードも封切り前、発売前。ほんとは発売後にすべきなんです。でもお店が長く置いてくれない。発売後は次の作品の宣伝で手一杯。欧米の場合は発売後でも宣伝する。じわじわってね。レコード持って全米プロモーションして売ってくから。それが日本は発売前。ラジオもテレビもレコード会社の戦略に乗ることはないんで、ちゃんと自分なりの番組ってものを考えるべきだと思う。ディレクターがある程度そういった感覚や選曲のアイディアを持ってないと。もっと局トータルで「こういう曲をかけましょうね」と言えば、局がキャラクターとして強くなるだろうと思います。

◇

カメさんはかつては人気パーソナリティとして何枚かのシングルを出したアーティストだが、ロック史の貴重な目撃者でもある。66年に来日したビートルズの公演パンフレット作りにも参加していた。

■ビートルズ来日公演のパンフレット

あれは福田一郎さんがキョードー東京から頼まれて、僕にも（仕事が）回ってきたの。一人じゃ時間的にも間に合わなくて、朝妻一郎さんと「何か変わったことやろうね」って、詳細なディスコグラフィを作った。今じゃ当たり前だけど、ああいうディスコグラフィはどこにもなかったの、それまで。だからハンター・デイヴィスが書いた伝記本『ビートルズ』（草思社、69年）にも紹介されてます。ブライアン・エプスタインが「日本人はこんなに詳しいんだぞ」って言ってたって。≪世界でもっとも教養の高いファンだ≫≪学究的な解説がついて≫≪ロンドンでは、これほど細かに調べあげた人はいない》《ブライアンは、参考資料にするために一部をいつもデスクにしまっておいた》…。ほとんど資料がないから耳で聞いて、「この曲は誰がリード・ヴォーカルらしい」とか。今の正確な資料とはずいぶん違ってるけど、それはそれでね。

レコードの解説書く仕事は好きだった。朝妻さんとか桜井ユタカさんとか何人かで一緒に書いたこともある。LP1枚の解説を明日までに仕上げなきゃいけないっていうと、「頭の400字は書くから、残りの曲目はA面はお前、B面はお前」って手分けしてワーッと書く。「桜渕××」って名前で書くとかね（笑）。ほとんど遊んでたみたいなもんだね。遊んでてお金もらえる、こんないいことあるのか、みたいな。それは学生時代のバイトの頃。ビートルズのパンフレットはもうニッポン放送の社員の頃だね。会社に入ってからは番組作るので精一杯。レコード解説書くのも少なくなった。お金にはなるけど、異常なお金をくれることがあって、怖いよねみたいなこともあって、だんだ

Discography of The Beatle
Compiled by Ichiro Asatsuma・Akinobu Kamebuchi

BEATLES: John Lennon, Paul McCartney, George Harr
Pete Best, Stuart Sutcliffe

1. My Bonnie — with Tony She
2. The Saints — with Tony She
3. Why — with Tony She
4. Cry For A Shadow (Lennon-Harrison) — Instrumental
5. Kansas City (Jerry Leiber-Mike Stoller) — with Tony She
6. Sweet George Brown (Ben Bernie-Maceo Pinkard-Kenneth Casey) — with Tony She
7. Ain't She Sweet — John Lennon
8. If You Love Me Baby — with Tony She
9. What'd I Say (Ray Charles) — with Tony She
10. Nobody's Child — She

BEATLES: John Lenn … Harr
Ringo St

1966年のザ・ビートルズ日本公演パンフレット。亀渕さんが朝妻一郎さんと作成したディスコグラフィが掲載されている。

ん自分の好きなもの、書きたいものしか書かなくなった。

洋楽ディレクターを除けば、ラジオのＤＪは曲を最初に聞ける職業だ。数多くのヒット曲の誕生にも立ち会ってきた。

ＣＢＳソニーのディレクターがサイモンとガーファンクルの新曲持ってきた。それまでの「サウンド・オブ・サイレンス」とか「早く家へ帰りたい」とかはまあそれなりのフォーク・ロックだった。それに比べて今度のはピアノから出て重たくて、長くて、「暗すぎるんじゃないの？ 流行りそうもないよなあ」って。「でもメロディはいいねえ」なんてさ。それが「明日に架ける橋」だった(笑)。流行りそうもないと思ったのに流行った曲ってのはよく覚えてます。

シングル・ヒットが好きなんで、キンクスは「サニー・アフタヌーン」とか「オール・オブ・ザ・ナイト」とかよくかけた。でも『ローラ対パワーマン、マネーゴーラウンド組第1回戦』みたいなコンセプト・アルバムになってくると言葉も難しくなってくるし、「リスナーついてきてくれるかな」って感じ。ザ・フーも『トミー』くらいまではシングル・ヒットはほとんどかけてたと思います。「ピンボールの魔術師」なんかも、「シー・ミー・フィール・ミー」みたいなのも。でも『四重人格』とかに行くとむずかしくなって、「駄目だあ、これは大変だなあ、ややこしくなっちゃったなあ、どうすることもできないよなあ」って。「ＦＭ（向き）になっちゃったなあ」って。

今、アソシエーションとかパレードとか、〝ソフト・ロック〟って言われてるけども、当時はほとんど流行ってないよね。「ネヴァー・マイ・ラヴ」や「チェリッシュ」なんてある程度はヒットしたけど、カスケーズ「悲しき雨音」の方が日本では人気だった。シルヴィ・ヴァルタンとかね。日本で受けるってのはアメリカ、イギリスとはまた別ですね。

■FENはJ-POPの生みの親？

局アナらの〝DJ〟がフォーク、ニューミュージックやお笑い勢の〝パーソナリティ〟に替わったのと、AM深夜放送の〝洋楽離れ〟は連動していたように思える。番組がトーク中心になり、〝音楽離れ〟したと言ってもいいかもしれない。

誰かに言われたんだ。「亀渕さんがニッポン放送の社長になったらもっと音楽かけてくれると思ってたよ」って。でも、二百何十人の人間を抱えてると、そうもいかないんだよなあ。FMと競争できるかっていうと音質的にそうでもないし。音楽情報だったら競争できるよなと。でも音楽情報よりもアイドル情報の方が客は捕まえられるかもしれないなあと。するとだんだん普通の番組になってくる。「何だよ！」みたいな。決して音楽ファンを裏切ってるわけじゃなくて、そのレヴェルレヴェルで考え方が違ってくる。現場に音楽が好きなディレクターがいればいいんだが、洋楽の好きな子もだんだん少なくなっているのも事実だよね。J-POPは(洋楽と)ほとんどメロディ同じで言葉が日本語なんだから、かないっこねえよなって思いますね。

1955年頃にプレスリー聞いた時から50年以上たってる。その頃は、その50年前にあたる1900年代初めの音楽なんてほとんど知らなかったし、レコードでもラジオでも全然なかった。今は50年前の音楽も聴ける。ビートルズからも50年近くたってるわけだから。ということは、50年間もロックンロールは続いているわけ。

ロックンロールのいいところはいろんなものがくっついたことだと思うんです。白人も黒人もメキシカンもくっつくっついてできた。これからの音楽も世界中の音楽がくっついて、どこの国だっていうんじゃない得体のしれない新しい音楽が生まれてくるだろう。ただし、人間の中にビートってのがあると思うんですね。それからダンスも大事。ビートとダンスは残るけど、あとのものはどうかな。

1970年前後のカメ&アンコーのライヴで、左から二人めが亀渕さん。亀渕さんは、ニッポン放送のアナウンサーだった斉藤安行さんとコンビを組み、カメ&アンコーとしても活動していた。(提供=亀渕昭信氏)

ＦＭ放送が始まる時、レコード業界には「レコード並みの音質で録音できるらしい。レコードが売れなくなる」との不安の声が上がる黒船騒動があったが、杞憂だった。ウォークマンが登場した時にも似たことはあった。

１９２０年代にラジオが始まった時もそうでした。60年代前半のイギリスでもそうだったんですね。芸能ユニオンが強くて、生演奏家を大事にする。ラジオでレコードばっかり回してたら俺たちの仕事がなくなるじゃないかと。そこでそのぶん実演の番組も作んなきゃいけない。で、ＢＢＣに貴重なライヴ音源がたくさん残っているわけです。

イギリスといえば、Ｊ・ＰＯＰのルーツについて僕はこう思うんです。第二次大戦でアメリカの日系の兵隊さんはヨーロッパ戦線に送られて、極東には来なかった。逆にヨーロッパ系の兵隊がアジア戦線に来たかもしれない。イーストからアパラチアまで、あの辺の人たちが極東、日本に来たんじゃないかなと。あの辺の音楽はカントリー。だからFENでカントリーかけるの当然だ。それ聞いた日本の若者は「ハンク・ウィリアムズだ、ハンク・スノウだ」と、それこそ堀（威夫）会長も田辺（昭知）さんもね(笑)。カントリーは歌詞もわかりやすかったし。で、カントリーからロカビリー・ブームが起こり、ウエスタンカーニバルからGSが生まれた。ＧＳからロックが出てきて、Ｊ・ＰＯＰになるんだと。するとカントリーはＪ・ＰＯＰの生みの親みたいな気がするな。

一方リヴァプールにはブルースのレコードがたくさん入って、ビートルズがそれを聞いたみたいなことがある。公民権運動の前で、黒人のブルースはオーソライズされた音楽じゃない。FENはそういうものはかけない。でもアメリカにはブルースのSPがたくさんあったから、リヴァプールに直送で行ってたんでしょう。黒人の船員もたくさんいたはずだから。この辺に日本とイギリスの音楽の違い、出生の仕方の違いがあるんじゃないか。もしシカゴやニューオーリンズのブルースが日本にたくさん来てたら、もっと違うことになってたと思う。

■強烈だった66〜67年のサンフランシスコ体験

66年10月からの米国留学では、ウェスト・コースト・ロックの隆盛に直接触れるという貴重な体験をした。

アメリカにはFMの勉強に行ったんです。これから音楽番組ならFMだから「勉強しに行かしてください」「行ってこい」。でも休職扱いだった(笑)。会社に入って3年目。行った先はサンフランシスコだけど、「行ってこい」って言った常務の石田達郎さんと朝妻一郎さんが半年後にカー・ステレオの調査に来て、僕はその鞄持ちでアメリカを一周することができた。

留学の1年間で考え方とかいろんなものが変わって、すごく大きく影響されたと思うんです。高崎一郎さんが「シカゴとニューヨークとサンフランシスコとロサンジェルスに友達がいる。好きなとこに行け」って言うから「近いところがいいからサンフランシスコにします」って。何も知らずに知人のお宅に着いた夜の翌日、玄関開けたら、髪が長い女の子が裸足で歩いてて、それで初めて〝ヒッピー〟ってのがいるのを知ったんです。

近所にフィルモア・オーディトリアムがあって、毎晩コンサートやってる。毎週末に行って、ジェファーソン・エアプレインとかグレイトフル・デッド、ジミ・ヘンドリクス、クリームとかドアーズとか、もう大変。今じゃ大変だけど、当時は大変でも何でもないんですよ。たまたま見てるだけですから。うわあ、かっこいいなあ。すごいねって。馬鹿だねこいつこんなに長いジャム・セッションやってどうすんだとか。クイックシルヴァー・メッセンジャー・サーヴィスとか、イッツ・ア・ビューティフル・デイとか、うまくもなんともないね、もう面白くないなあとか思ったけど。見てるうちにどんどん人気出てきて。モンタレー・ポップ・フェスティヴァルがあって、ジミヘンもザ・フーもオーティス・レディングも出てた。

モンタレーは67年夏。ほんとにラッキー。皆さんに羨ましがられるの、すごくいいもの見ましたねって。他の都市だったら見られなかった。ビー・インなんてゴールデン・ゲイト・パークに見に行って、すごいなあ裸のお姉ちゃんが踊ってるし、ホモの人もたくさんいるし。あんな保守的なところにあんなものが生まれること自体がアメリカの底力みたいな。アレン・ギンズバーグとかビートの詩人たちもいたしね。エリック・バードンの歌じゃないけど、生まれたのはここじゃないけど、ここで死にたいね、みたいな気持ちになったぐらいで。人間ってのは自分の思い通りに生きることが大事なんだねえって、自分のやりたいようにちゃんと生きることが大事なんだねえって、そん時に教わって、それが今日まで続いているような気がするな。僕が弟子を作らなかったのも、たぶんそれが影響してるのかもしれない。それはあなたの問題だろ、俺の問題じゃないだろって思うし。

UCLAのアダルト・スクールのテーマは「ジェネレーション・ギャップ」「人種差別問題」「ロックンロール」。カントリー・ジョー&ザ・フィッシュのリーダーが講師で、英語難しかったけど(笑)片言はわかって。だいたい僕の知ってるようなことだったからさ。ブルースから始まってどうしたこうしただから。日本じゃまだビートルズを「こいつらは何なんだ」みたいに言ってる時代に、ロックンロールを学問として研究してんだから。やっぱりすげえよなあって。こんだけ差があるなあって思った。それがあの国のカルチャーに対する姿勢。商売になると思うから大事にするんだろうけど。

印象が強いのは音の大きさ。耳がキーンってなるじゃない。それがコンサートが終わった次の次の日まで続いたくらいのバンドってのはジミヘンとクリームだね。アンプのパワーもでかくなってたと思うんだ。当時エレクトリック楽器の研究はものすごい盛んだったわけじゃない。PAも含めて。ビートルズ武道館の時にはまだ日本にはPAなかった。でもアメリカにはあったからモンタレーも野外コンサートもできたんだと思うのね。

あとはオーティスもとても良かったし、キングストン・トリオも見た。ラヴィン・スプーンフルは見てない。バッファロー・スプリングフィールドも見てないね。今思うとほんと貴重で、ちゃんと写真でも撮ってどうかすればよかったなあと。フィルモアではいつもビル・グレアムが司会するの。「なんとかかんとか、ジャニス・ジョプリン」とか言ってすぐ引っ込むんだけどさ。その時ラジオの仕事なんかやめてあっちにずっと行ってりゃよかった。残ってね。たまに思うことあるよね。でもね、そしたら今頃麻薬漬けで死んでるかもしれないし(笑)。

『バークレー・バーブ』って新聞が出来たのもその頃だね、『ローリング・ストーン』創刊も67年。〝ヒッピー〟って言葉も知らずに行ったんだから。最初にフィルモアに行った時、この匂い、なんだこれはって。だんだんわかってきて、ああこれ葉っぱの匂いなんだ。後ろじゃ葉っぱ吸ってる人たくさんいたしね。後から映像なんかで見るとね、ああこのシーン見たことあるよねえって。当時はほとんどのアメリカ人も見てないわけですよ。ごく一部の人間のカルチャーだったわけですからね。ほんとラッキーだった。いろいろ経験させてもらったし。

２００９年の4月から久々にＤＪをやってるんです。ＮＨＫラジオ第1で隔週火曜日の夜9時から「いくつになってもロケンロール！」って番組。この前カントリー特集やったんですが、ハンク・ウィリアムズもジョニー・キャッシュもレディ・アンテベラムもかけた。幅広く「カントリーってこんな音楽だよ」って。昔音楽聞いてた人たち、あるいは40代、50代で僕のこと知らなくても「洋楽の懐かしい歌好きだよねえ」みたいな人たちに、ご紹介したいなあって。僕は聴く人たちに楽しんでもらいたいなっていう意味でしか、番組つくんないなあ、うん。

〔２０１０年4月27日　ミュージック・マガジンで〕

折田育造 氏

アトランティック・ソウルに魂をかけた男

おりた・いくぞう

1941年生まれ。65年、慶應義塾大学卒。同年日本グラモフォン(現ユニバーサルミュージック)に入社し、67年からアトランティック・レーベルを担当。70年にワーナー・パイオニア(現ワーナーミュージック)に移り、以後ウィアミュージック社長、ワーナーミュージック社長、ポリドール社長などを歴任した。

3人目は折田育造さん。日本グラモフォンやワーナー・パイオニアで洋楽を担当し、リズム&ブルースからレッド・ツェッペリンまでを手がけた。今回はグラモフォン時代のお話を中心にうかがう。

■FENを聞けたかどうかで音楽観が違う

1941年に（父親の仕事の関係で）北朝鮮の咸鏡北道で生まれ、その約十日後に真珠湾。すぐに帰国して、明石や鹿児島の川内、唐津などに住んでから横浜に移り、昭和29年から42年までは横浜市磯子で過ごした。昭和26年には「紅白歌合戦」がラジオで開始。中学3年でエルヴィス・プレスリーに触れ、フォスターとかセミクラシックも聞いた。雑多ですね、私の音楽体験は。横浜だって雑多なんだから。進駐軍、埠頭…。特殊な土地ですよ。美空ひばりは四つ上。ひばりはジャズとかちょっとポップス調がうまいじゃないですか。演歌を歌わせたのはコロムビアの間違いだったと思うよ。

中学でFEN（米軍のラジオ放送。Far East Network）ばっかり聞くようになった。FENが聞こえる場所で育ったかどうかで、人間の音楽性には違いが出るんじゃないかと思います。FEN文化圏。局があったのは三沢、横田、岩国、佐世保、沖縄など。その周辺の出身者の音楽はアメリカナイズされてる。大阪はない。FENが聞こえたかどうか、ビートルズ以前から音楽を聞いてきたかどうか。その二つは大きいね。

FENは最新のポップスもカントリーもR&Bも聞けた。それに比べて日本のラジオはプレスリーとパット・ブーンと映画音楽ばっかり。「今週も五十何週連続で『エデンの東』が1位です」って。いい加減にしろよ、みたいな。つまんなかったねえ。だって毎週「エデンの東」と「鉄道員」だよ。

ジェイムズ・ディーンが交通事故で24年の生涯を閉じたのは1955年9月。その年に公開された初主演作『エデンの東』で注目を浴び、次作『理由なき反抗』の公開を控え、次々作『ジャイアンツ』の撮影を終えたばかりだった。レナード・ローゼンマン作曲、ヴィクター・ヤング編曲のテーマ曲「エデンの東」は、死の直後の10月1日から始まった文化放送「ユア・ヒット・パレード」で翌56年から3年間、年間1位を続けた。「鉄道員」(56年)、「ブーベの恋人」(63年)なども長くチャートを賑わせた。ヒット曲の息の長い時代だった。

FENは毎週土曜夜8時半の「トップ20」を毎週聞いて、筆記すんのよ。ヒアリングがすごくよくなったと思う。リッキー・ネルソンが好きだったのよ。エルヴィスより好きだった。パット・ブーンは姉貴が好きでね。「エイプリル・ラヴ」とか「アイル・ビー・ホーム」とか。高校2年の時がポール・アンカかな。好きになったのは60年の「ロンリー・ボーイ」から。「ダイアナ」は向こうでは言うほど売れてないんだよね。日本で売れちゃったんだ。「クレイジー・ラヴ」とか、「ユー・アー・マイ・デスティニー」とか。

後に業界に入って、シンコー・ミュージックの草野昌一(ペンネームは漣健児)さんと知り合うようになって、あ、そうかあ、あれはみんな草野さんと星加ルミ子さんが訳詞したのか、とわかった。あと「みナみカズみ」ってのは安井かずみさんだ。あの人たちの意訳が素晴らしいんだ。ジミー・ジョーンズ「グッド・タイミング」（日本では坂本九「ステキなタイミング」）とか、デル・シャノン「悲しき街角」（同・飯田久彦）とか。こういう発想ってのはすごいなと思った。

好きだったのはハンク・ウィリアムズとか、美声のカントリー。ジム・リーヴズは64年の飛行機事故で死んじゃうけど。エディ・アーノルド、ファロン・ヤングとかね。「トップ20」の前の8時5分から30分まではカントリーの番組「グランド・オール・オープリー」を聞いた。10時5分から「ナイト・ビート」って番組もあって、これにリクエストしたら曲がかかったよ。

当時はチャートを覚えちゃうのよ。58年なら1位がドメニコ・モドゥーニョの「ヴォラーレ」。この曲は、最初のピアノとオルガンみたいなイントロのヴァージョンがいいんだ。2位エレガンツの「リトル・スター」、3位リッキー・ネルソンの「プア・リトル・フール」、4位ペレス・プラードの「パトリシア」、5位ジミー・クラントンの「ジャスト・ア・ドリーム」かな。当時は高校2、3年だった。

浪人して慶応の経済に入った。小泉純一郎と一緒、同い年。小沢一郎は一つ下だ。大学では4年間ヨット部で、だんだん「トップ20」に疎くなっちゃった。ビートルズがアメリカを席巻したのが64年の1月か2月だろ。それを知らないんだよな。馬鹿にしてたから。ビートルズはリトル・リチャードやチャック・ベリー、バディ・ホリーのマネだし、ハーモニーはエヴァリー兄弟だし。ただコード進行とかは独特だったんだねえ。俺は理解できなかったけど、バンドをやってる連中はそこがすごいとわかったんだろうね。

■R&Bを見開きジャケットで次々発売

折田さんはFENの聞きとりで培った(?)語学力を買われ、65年に日本グラモフォン(後のポリドール、現ユニバーサルミュージック)に入社する。同社の先輩ディレクターには、後に作曲家・筒美京平として活躍する渡辺栄吉さんがいた。

64年、東京五輪の年に就職活動だ。求人票に「日本グラモフォン」ってのがあって、レコード会社かなって、その程度の知識で応募した。採用が22名。グラモフォンにはポリドール・レーベルがあって、邦楽ではちょうど西田佐知子とか園まりとか日野てる子が当たってた時期だ。アルフレッド・ハウゼとかリカルド・サントスとかも。サントスはポリドールの時の名前で、ロンドンの時はウェルナー・ミューラー。入る時に「なんだ、ヨーロッパの会社かあ、俺の好きなR&Bとかカントリーとか何にもないじゃん」って思った。

グラモフォンは地味な会社だったんだけど、65年に俺が入ると決まった時にコロムビアからMGMが移ってきた。コニー・フランシスとか、傘下のヴァーヴ・レーベルも。筒美京平さんがMGMの担当だ。筒美さんはその前はポリドールの洋楽でトニー・シェリダンとザ・ビート・ブラザーズの「マイ・ボニー」とか、ベルト・ケンプフェルトとかやってたんだけど。筒美さんのアイデアで、ジョニー・ティロットソンに日本語で歌わせようということになって、それでできたのが「涙くんさよなら」。天才・浜口庫之助さんの作曲だ。MGMではコニー・フランシスがコロムビア時代に日本語で「ボーイ・ハント」を歌ってた。京平さんはそういうのをヒントにしてたと思う。

65年に入社して外国課でドイツやMGMとの契約とか、手紙書いたり、輸入業務を担当した。大事なのは印税計算。音楽出版社も作った。65、66年だね。『ビルボード』見て片っ端から出版社にテレックスを送るんだ、ワン・ショットで曲ごとに。A面は大手の系列で日本での権利もだいたい決まってるが、B面は権利の浮いてるのがあるんだ。同じ歌手でも作家が違ったりするから。そのうち邦楽の出版も始めた。菅原洋一の「今日でお別れ」とかがそうだね。

その頃キングの文書課にいた与田準介氏と、どういうわけか仲良くなった。後の橋本淳氏だ。あと、すぎやまこういちさんとも。与田さんはキングの工場所在地にちなむ「あらかわひろし」と本社にちなむ「音羽たかし」のペンネームを使い分けてた。作詞が与田さん、作曲が井上大輔（忠夫）さんで「ブルー・シャトウ」（ブルー・コメッツの67年の大ヒット曲）を作るのに泊まり込みで付き合ったりもした。洋楽やっててもそういう経験はあるんだ。その後、橋本・すぎやまの二人は作家コンビになった。筒美京平さんはアレンジのスコアとかをすぎやまさんに教わったの。俺はその周りでチャラチャラしてた。

67年1月にアトランティックのライセンスがビクターと終わって、イギリスのグラモフォン・インターナショナルが日本での権利をとってくれた。私が担当の洋楽ディレクターになった。

グラモフォンは64年にカラヤンが来る前は売れないクラシックばっかり。でも親会社が積極的に投資した。MGMやビー・ジーズと契約したり、ジミ・ヘンドリクス、クリーム。当時のロック・リヴォリューションの流れに乗ったんだね。MGMはイギリスのリヴァプール・サウンドなんかも契約をとってた。エリック・バードンとか、ハーマンズ・ハーミッツとかも。

でも俺はまずリズム&ブルースをやりたいと言って、渋る営業といつも喧嘩だよ。当時は「黒人の音楽は売れない」ってのが常識で、パーシー・スレッジ「男が女を愛する時」とかサム&デイヴの「ホールド・オン」とか、シングルは出してもアルバムを出さない。それで俺は敢えて『リズム・アンド・ブルース・スター・パレード』と称してソロモン・バーク、ジョー・テックス、ドン・コヴェイとかさ、そういう編集ものを出した。このシリーズは向こうでは"Solid Gold Soul"ってタイトルで出てたのをそのままいただいて。しかも見開きのジャケットに作り直したのもある。見開きはカネがかかるんだけど、当時は損益なんてあんまり関係ないんだよ(笑)。

ものによってはジャケットも独自に作っちゃう。こっちで絵を描いて似顔絵で並べるんだ。見開きでこんなの初回600枚とかさ、怒られるよ普通は。だけど当時はまだのどかな時代だったんだよ(笑)。社内稟議なんて見て見ぬフリ。向こうのジャケットそのまま使えるならいいけど、勝手に替える場合もあるよ。頑張って作りたいじゃん。持った感じとかさ、ペラペラじゃヤじゃない。みんな見開き(笑)。ひどいよなあ(笑)。

ＬＰで最初からリズム＆ブルースをズラッと並べるというのは、よその会社じゃやってないから、ちょっと目立ったね。しかも見開きでさ。レコード番号ＳＭＡＴの１００１が(アトランティックの)１枚目なんだ。これがソニーとシェールの『リトル・マン』なんだけど、タイトル曲のシングルがすごく売れたんで最初から営業も押してた。次はリズム＆ブルースにしようと思ってたからウィルソン・ピケットの『ダンス天国』。それから、さっき話した『リズム・アンド・ブルース・スター・パレード』。そして『これぞリズム・アンド・ブルース／メンフィス・サウンド』。何なんだ、みたいな(笑)。毎月出したよ。当時大スターだったけど日本では売れなかったアレサ・フランクリンもすぐ出した。

選曲は桜井ユタカ氏と一緒にやった。彼の言うことは全部聞いた。信頼してたから。だって彼が一番よく聞いてんだもん。解説もほとんど桜井さん。だって他は書けないんだもん。

オムニバスは『スター・パレード』が5集くらいまであって、『ビート・タイム』のシリーズでも黒人のヒット曲を集めた。選曲は放送局のディレクターに頼んだ。そのほかに『ソウル・パレード』ってシリーズも。いろんなのを手を替え品を替えて出したよ。

■すべてはオーティスのおかげ

67年12月10日、オーティス・レディングが26歳で死んだ。遺作となった「ドック・オヴ・ベイ」は日本でもチャート最高12位、約24万枚の大ヒットとなった。同じ68年発売のビートルズ「レディ・マドンナ」

が約10万枚、ローリング・ストーンズ「ジャンピン・ジャック・フラッシュ」が約16万枚だったことを考えると、「ドック・オヴ・ベイ」が洋楽としてはいかに大きなヒットだったかがわかる。折田さんのキャリアの中でも忘れられない出来事だ。

桜井さんとさ、67年の年末に立派なパネル作ったんだ、R&Bの。オーティスとかサム&デイヴとかアレサ・フランクリンとかアーサー・コンレイとかウィルソン・ピケットの。それをあちこちの店に飾ってもらおうとして、新宿の歌舞伎町の手前のジ・アザーってゴーゴー喫茶に行った。日本で一番R&Bの選曲がいいところで、客も立川基地あたりの黒人が多いんだよ。そしたら黒人が「オーティスが死んだ」って言う。夜の10時ごろだったかな。「プレイン・クラッシュだ」って。クリーヴランドからウィスコンシンに移動の時に。黒人客が「知ってるか?」っていうから「えっ!」。そしたらね、桜井さんが涙流して泣くんだよ。すーごいの、本当に。根っから惚れてたから。

ソウル・ミュージック、リズム&ブルースって、オーティスが好きな人、サム・クックが好きな人、レイ・チャールズが好きな人、みんな違うよね。俺は絶対オーティスだと、桜井さんとハモってね。パネルを全部配り終わって、夜中に防衛庁から乃木坂に行く角のところにあったスナック「ジョージ」に行った。そこにジュークボックスがあって、当時のモータウンからサザン・ソウルからスタックスまで全部入ってる。そこ行ってまたボロボロ泣くんだよ、彼が。

その翌年、「68年はリズム&ブルースの年だ」って、シングル3枚選んだんだ。1月から3月にかけて。その中にサム&デイヴ「ホールド・オン」とオーティスの「マイ・ガール」と、あとピケットかな、それを選んだんだ。サム&デイヴは「ソウル・マン」がアメリカで大ヒットしたのに、俺はそれをB面にしたんだよ。とんでもないねえ。

オーティスの録り残しの中に「ドック・オヴ・ベイ」があったの。で、アメリカでは68年の1月、2月にナンバー・ワンになった。それで「それ！」ってんでさ。ジャケットも覚えてる。真っ赤。レコード番号はＤＡＴの１０４４。１０４３が「男が女を愛する時」、１０３３が「ホールド・オン」だ。これが全米でオーティスの初めてのナンバー・ワン。日本では5月に出して、最初の2カ月で10万枚売れたの。俺がいた間に一番売れたのがこれだね、ダントツに。アルバムも2万枚くらい売れたんじゃないかな。それで営業も緩くなって、リズム&ブルースを次々に出せるようになった。あれだけたくさんのリズム&ブルースを出せたのは、オーティスがきっかけ、オーティスのおかげだったんだ。

◇

日本グラモフォン（現ユニバーサルミュージック）でリズム&ブルースのアルバムを見開きジャケットで次々に出している間に、ロックは確実に新しい時代を迎えていた。その代表選手が、折田さんが次に担当するレッド・ツェッペリンだった。

■国内初回盤のジャケットで大ミス

リズム&ブルースのシリーズがある程度売れたご褒美で、69年6月にアメリカを回った。ハワイ経由でLA、メンフィスと回って、スタックスの本社に行った。スタックスは白人と黒人の混合の会社だったんだね。キング牧師が殺された翌年だから、黒人音楽の会社の様子を見ていろいろと勉強になった。その直後、8月のウッドストックは見れなかった。惜しかったねえ…。

帰って来たら69年6月25日発売の7月新譜で、ツェッペリンの1枚目を鳴り物入りで発売だ。これも国内では見開きジャケットにして、裏には4人の顔写真と名前を入れた。そしたらデザインの人間が「折田さん、ちょっと大変なことしました!」。違うんだよ、4人の写真と名前が。ジミー・ペイジだけ合ってて、あとみんな間違ってるんだ。初回の1万枚のうち出荷前のは訂正の紙を貼り付けたり、お店には正誤表を入れてもらったり、大変。本国に報告? 知らんぷりだよ、そんなもん(笑)。

ひと頃、スーパーグループってのが流行ったよね。アル・クーパーとマイク・ブルームフィールドとか。ツェッペリンも「元ヤードバーズ三大ギタリストのジミー・ペイジ!」「ロンドンの誇るスタジオ・ミュージシャンで、ドノヴァンの『ハーディー・ガーディー・マン』などのバックでアレンジもやってるジョン・ポール・ジョーンズ!」とか宣伝した。でもあと二人は田舎出で(笑)、「元なんとか」じゃない。宣伝材料が何も来ないんだ、向こうから。「ついに20万ドルで契約!」って情報と、代わり映えしない写真だけ。

英語読みだと「ゼッペリン」なのに、どうして「ツェッペリン」にしたのかってよく言われるんだよね。だけどほら、ジャケットが飛行船だし、これはやっぱり日本では「ツェッペリン」。だから「ツェッペリン」にしたんだよ。

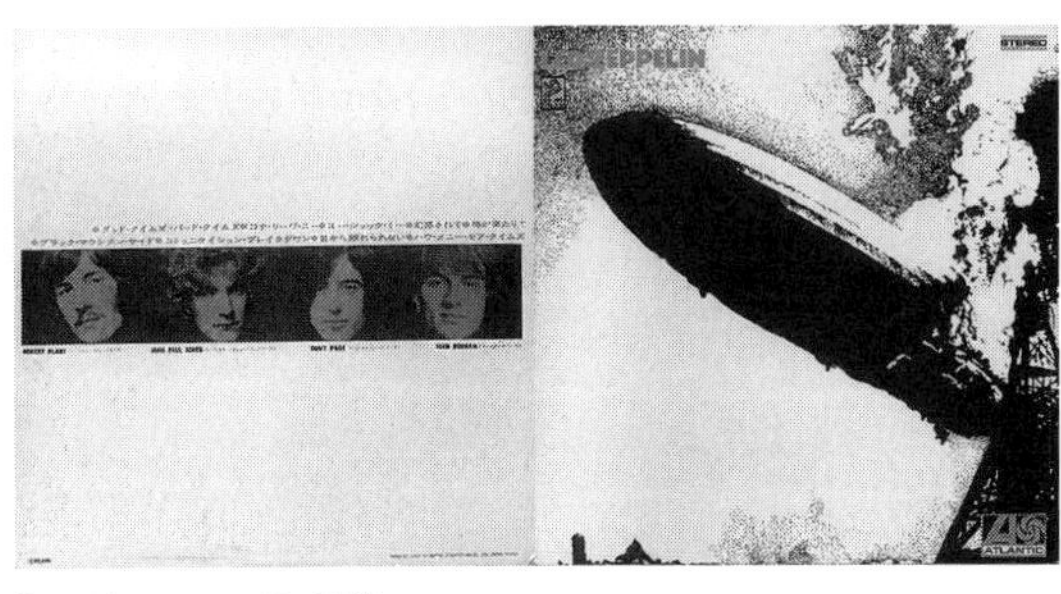

『レッド・ツェッペリン登場』
（アトランティック／日本グラモフォン SMT1067）
1969年6月に国内発売のファースト・アルバム。初回プレスは見開きジャケットだが裏表紙の写真と名前が入れ違っており、正誤表の紙（下）が入れられたものもある。

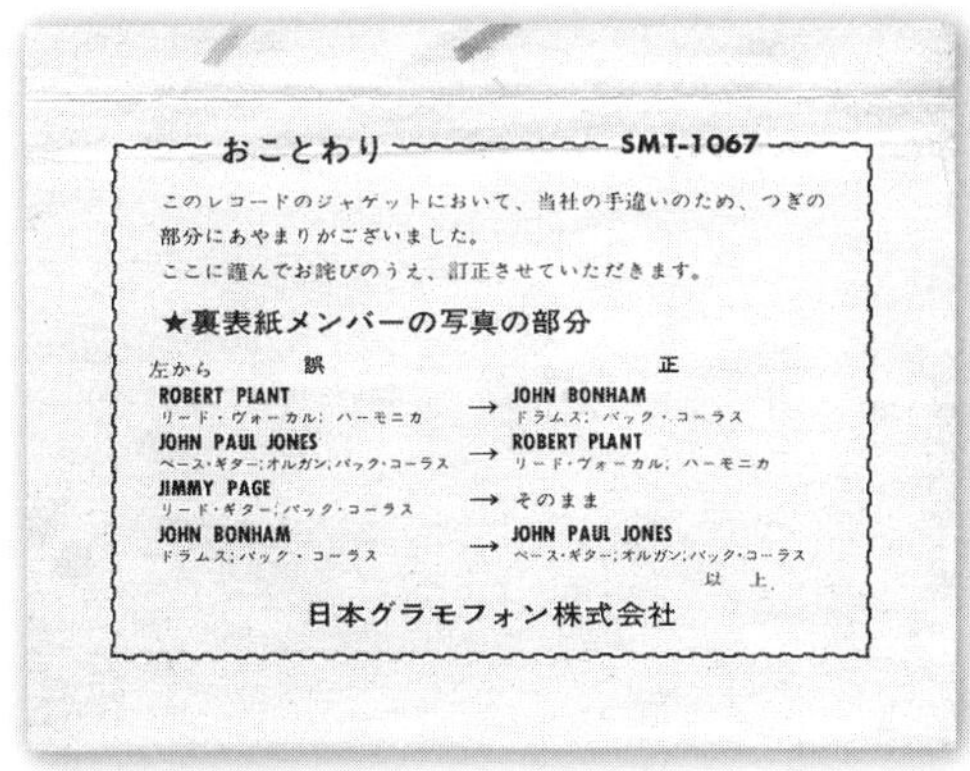
おことわり　SMT-1067

このレコードのジャケットにおいて、当社の手違いのため、つぎの部分にあやまりがございました。
ここに謹んでお詫びのうえ、訂正させていただきます。

★裏表紙メンバーの写真の部分

左から　誤		正
ROBERT PLANT リード・ヴォーカル；ハーモニカ	→	JOHN BONHAM ドラムス；バック・コーラス
JOHN PAUL JONES ベース・ギター；オルガン；バック・コーラス	→	ROBERT PLANT リード・ヴォーカル；ハーモニカ
JIMMY PAGE リード・ギター；バック・コーラス	→	そのまま
JOHN BONHAM ドラムス；バック・コーラス	→	JOHN PAUL JONES ベース・ギター；オルガン；バック・コーラス

以上

日本グラモフォン株式会社

本書の最初に登場した石坂敬一さんは、売り込むために様々な作戦を立てたという。折田さんは仕掛けやキャッチ・コピーで売ろうという作戦はとらなかったのだろうか。

ツェッペリンのファーストと同じ69年7月新譜が『グッバイ・クリーム』。ロックの黄金時代だよね。ロック・レヴォリューションじゃ言いにくいし、いいコピーないかなあと言ってたら、サンフランシスコから帰ってきた亀渕昭信さんが「そういやあ、『ビルボード』か何かにアート・ロックって表現があったよ」と。あ、それいただき、と。

アトランティックのロックではほかにヴァニラ・ファッジがあったね。彼らの「キープ・ミー・ハンギング・オン」は長くてね。7分とか8分あった。CSNの「青い眼のジュディ」も7、8分あるじゃない。当然、向こうでもシングル・ヴァージョンを作るんだけど、当時、日本でシングルを出す時には編集をし直したんだ。向こうで作ったのは音のつなぎがちょっとズレてたりするから。届いたシングルのテープは使わずに、それを参考にしながらもともとのアルバムのテープからエンジニアと編集した。「ここで切ろう」とかさ。ちゃんと作り直すわけ。

理論武装はあまりしなかったけど、ただ、ある程度のマーケティングをした上で、アーティストのパワー、迫力で売り込んだね。当時のWEAのアーティストは本当にパワーがあったよ。それと俺は邦題をつけるのが不得手だった。あの頃は何だか訳わかんないタイトルつけるのが流行ったんだ。CBSソニーのピート・タウンゼンド『現人神』とか。タイトルつけるのは難しい。ツェッペリンも日本語にして、ブルース好きな連中には顰蹙を買ったよ。「胸いっぱいの愛を(Whole Lotta Love)」「時が来たりて（Your Time Is Gonna Come)」「幻惑されて（Dazed And Confused)」とか。うまかったのはキングでカンツォーネやってた河合秀朋さん。「頬にかかる涙」とか、「花咲く丘に涙して」とかね。ウィルマ・ゴイクの「花のささやき」なんて美しいじゃない。嘆かわしいのはね、今は映画でもラップでもタイトルそのままでしょう。楽だと思うよ。

自作の邦題のお気に入りはあんまりないねえ(笑)。いつも落ち込むのよ、恥ずかしくて。ウィルソン・ピケットの'You Can't Stand Alone'だったかな。当時流行ってたから「ダンスでゴーゴー」なんてとんでもないタイトルつけたんだ。リズム&ブルース、特にブルースのタイトルは難しいよ。ダブル・ミーニングとか比喩的な意味もあるし。

69年の終わりにアトランティックがグラモフォンから離れて新設されるワーナー・パイオニア（現ワーナーミュージック）へ移ることになった。俺もそっちへ行くことが決まって洋楽から抜けて、タイガーズの最後の担当ディレクターになったんだ。メンバーと親しくしてたからね。出したのはシングルで「素晴しい旅行」、アルバムは田園コロシアムのライヴ『ザ・タイガース・サウンズ・イン・コロシアム』、そして『自由と憧れと友情』。1曲目がCSNYの「キャリー・オン」みたいな。当時はもうタイガースも解散寸前で、くたびれてたからね。

タイガースの2枚のアルバムを担当した折田さんは、その発売前にワーナー・パイオニアへ仕事の場を移す。ワーナーではアトランティック・レーベルだけではなく洋楽全体をまとめ、邦楽も担当した。

■ジョン・レノンの死の衝撃

ワーナー・パイオニアは70年11月11日に設立会見。ワーナーが50％で、あとはパイオニアと渡辺プロが25％ずつ。でも両方とも全然インターナショナル・ビジネスをやろうとしないんだ。それなのに天地真理とか、ナベプロで当時売れてたのはみんなCBS・ソニーでさ、うちは小柳ルミ子だけだよ。だからうちは頑張って、ペドロ&カプリシャスとか朱里エイコとか、ナベプロ以外でずいぶんヒットを出したんだ。

俺は洋楽ディレクターだけど邦楽もやっていいってことになっていて、内田裕也さんが「フラワー・トラベリン・バンドをやってくれ」と。フラワーは70年の大阪万博に出た時にカナダのライトハウスってバンドに気に入られて、カナダに行ったんだ。71年5月に『SATORI』を出して、トロント録音したのが『メイド・イン・ジャパン』。ジャケットは凝った。段ボールの箱に入れてELPの前座で出たときの写真と記事を貼り付けて。アリス・クーパーの『スクールズ・アウト』より早かったんだ。陳信輝と加部正義たちの『スピード、グルー&シンキ』の2枚組も凝ってて、全面帯。これもストーンズの『メイン・ストリートのならず者』（米国プロモーション盤には全面帯状のカヴァーがあったようだ）よりこっちの方が早いんだよ。
73年か74年に洋楽課長になって編成を全部やった。当時ＷＥＡはアメリカのチャート・シェアがだいたい25％あるわけだ。ロバータ・フラック「やさしく歌って」とか、ドゥービー・ブラザーズとか、一杯出したよ。途中からアサイラムのジャクソン・ブラウン、イーグルス、それからゲフィンも加わった。
そのゲフィンから80年にジョン・レノンがカムバックするというので、ヨーコさんから湯川れい子さんにインタヴューしてほしいと連絡があり、彼女が電話インタヴューしたんだ。12月の5日だ。電話にレノンが出て、俺もちょっとしゃべった。『ダブル・ファンタジー』のインタヴュー。これがラスト・インタヴューになっちゃった。日本時間で12月の9日、昼の2時ごろかな。たまたまワーナー・パイオニアの社内にいた内田裕也さんが飛んできた。「レノンがやられた！」。参ったよ。まさかねえ。インタヴューからすぐにそんなことになるなんて。

81年2月に出た『ミュージック・マガジン』増刊号『ジョン・レノンを抱きしめて』に収録されているのがそのインタヴューだ。アーティストの死は、担当ディレクターにとっては、ショックであると同時に商機でもあるという、つらい事態だ。

それはあるよねえ。こういう仕事だから、特にね。レノンのアルバムは実は思ったほど売れてなかった。『ダブル・ファンタジー』は営業に「最初に10万枚くらいぶっ込むよ」って言ってもめたんだ。ジョンってだけじゃ10万は行かない時代だった。ところが亡くなった後、翌年1月に品切れになっちゃってさ。当時で25万か30万くらい売れたのかな。トータルではもちろん100万はいくんだけど。ビジネス・チャンスっていうかねえ、オーティス・レディングも、悲しんでる場合じゃないって売ったしね。ジミヘンが死んだのは俺がグラモフォンを辞めるころ。ジャニス・ジョプリンはCBS・ソニーだし、ジム・モリソンはエレクトラで日本では当時ビクター。しかしレノンの死はすごい衝撃だった。

■破天荒で思い出深いツェッペリン

大物アーティストが次々と来日した。中でも日本で録音したディープ・パープルのライヴは、世界的なヒット作となった。

ディープ・パープルは72年だったかな。ジェフ・ベックとかフリートウッド・マックをプロデュースしているマーティン・バーチってエンジニアを呼んでライヴを録った。武道館と大阪。俺は何にもしないけど隣で曲のチェックとかやった。できたアルバムが日本では『ライヴ・イン・ジャパン』、向こうは“Made In Japan”。リッチー・ブラックモアが1曲目の「ハイウェイ・スター」のギター・ソロになる時に、少し走ってんだよな。これがまたいいんだ。後でマーティンがちょっと直したらし

1975年8月のワールド・ロック・フェスティバルで。左から折田さん、ニューヨーク・ドールズのシルヴェイン・シルヴェイン、そのサポート・メンバーのクリス・ロビソン、中村とうようさん。（提供＝中村とうよう氏）

いけどね。それでイギリスで出したら大ヒット、アメリカでも大ヒット。全世界で何千万枚も売れたんじゃないかな、あれは。

ツェッペリンも71年は広島以外の全部録ったけど、全部お蔵。当時8トラックもタムコもないし、オタリの4トラックを二つ合わせて8トラック風にして録った。でも終わるとすぐ、ジミーとリッチー・コールってロード・マネージャーが飛んで来るんだよ。で、音をチェックして"I hate these tapes"とか言って持っていっちゃうんだ。2インチのテープを十何巻も。ジミー・ペイジは何万本って録ってるんだけど、気に入らないのは全部お蔵にしちゃう。

当時の来日公演はたいてい録音してたんだ。ニール・ヤングも録ったんだよ。でもこれも一回も出ない。お蔵だよ。

ワーナー・パイオニア時代の最大の思い出はツェッペリンだな。70年の会社設立会見で、アーメット・アーティガンが「来年ツェッペリンを呼ぶ」って約束しちゃった。翌年の9月に来るんだけど、これが聞きしにまさる悪さ。ホテルの窓からテレビ投げ落としたり。でもまだ許せるのよ。東洋人を馬鹿にしてやるのならアタマ来るけど、彼らはオーストラリアでもアメリカでも同じことやってるから。

ツェッペリンのコンサート。この40年であれほど乱暴で破天荒なコンサートはないね。71年の9月21日だったかなあ、武道館が2時間20分。二日目の23日は2時間40分だったんだ。この日はプラントとボーナムがアンコールに出て来ない。バックステージに行こうとしても、伝説の大男マネージャー、ピーター・グラントが入れてくれない。ジョン・ポール・ジョーンズがセカンドに入っている「サンキュー」って曲をハモンド・オルガンで鳴らして時間かせぎ。やっと出てきたら、二人のどっちか忘れたけど目のところが傷になってて、もう片方は口のところが切れてて。なんだよ喧嘩じゃないかって。みんな当時二十代半ばだから。めっちゃくちゃ元気だよ。

それから広島に行って、広島のコンサートの収益金を全部寄付したんだよ。最初から寄付するつもりだったんだけど、プラントは朝早く原爆記念館に行って、いたく感じたらしい。それで目録なんかを市長に渡したんだ。かっこいいんだ。700万かなんか。たいしたもんだよ、あんな暴れん坊が。

広島に行く前に二日間オフがあって、メンバーとキョードーの永島達司さんと京都に行った。祇園でスキヤキを食べた後、近くのバーに寄ったんだけど、店のエレクトーンでジョーンズがジミー・スミスの「キャッツ」とかブッカー・TとMGズの「グリーン・オニオン」とかやるんだ。ところが店のお姉ちゃんなんか何もわかんない。物足りなかったのか、もう一軒、地下のライヴハウスに行って、いきなりステージに上がったから、客はびっくりだよ。ステージにあったセミアコのヤマハのギターの赤いやつをジミーがとって、太鼓はパールかな。プラントだけ出なかった。３人で40分ブルースやったよ。歌なしでさ。

最後の大阪フェスティバルホールはスタートが7時20分くらいで、なかなか終わんないんだ、これが。11時過ぎてやっと最後。３時間40分。アンコールを1時間以上。プラント、朝まで酒飲んでたせいで、最初は声がひどかったんだ。「移民の歌（Immigrant Song）」って頭のメロとるの難しいから、もう調子っぱずれ。それが20分くらいすると直ってきて、それから乗って、延々だよ。

あれ以上のものはないと思うな。いろんなバンド来たけどね。ディープ・パープルはあれはあれでいいんだけど、計算されてるから。賢い。みんな大人だから。70年代終わりになると、フォリナーとかうまいハード・ロック・バンドはみんな計算されてる。キッスにしても、きちっと計算されてるじゃない。ツェッペリンは関係ないんだもん。うん。

担当者は、来日アーティストと深くつきあう時代だった。

でも俺はアーティストとベッタリはいやなんだ。もともとレコード会社に来るつもりなかったから（笑）。これが天職だ！っていう感じもない。天の邪鬼なんだね。レコード会社の社長まで行って「これが天職です」なんて言いたくないじゃない。いいかっこしいなのかもしれないね。

〔２０１０年6月8日　ミュージック・マガジンで〕

金子秀 氏

戦後の洋楽トップ・ランナー

かねこ・ひづる

1926年生まれ。福岡、東京で育ち、国立山口高等商業学校（現・山口大学）卒。47年、日本コロムビア入社。洋楽を担当し、米国勤務や営業を経て64年から同社洋楽部長。70年に東芝音工へ移り、さらに71年にビクター音楽産業専務に。83年からはRVC（後のBMGジャパン）社長を務めた。

4人目にご登場いただくのは金子秀さん。1926年（大正15年＝昭和元年）生まれの84歳（2010年現在）。これまでの最高齢だ。終戦後に老舗日本コロムビアに入り、SP時代から日本の洋楽史を見つめてきた大ベテラン。西条八十らに可愛がられ、ミッチ・ミラーからアメリカの音楽ビジネスを学び、トリオ・ロス・パンチョスでラテン・ブームに火をつけ、美空ひばりの「真赤な太陽」まで手がけたといえば、そのキャリアの幅広さはお察しいただけよう。『レコード・コレクターズ』の「レコード・コレクター紳士録」にもご登場いただいているが（07年6月号）、改めて詳しく語っていただいた。

■広島の惨状を見てコロムビアの梁山泊入り

小学校の時から自分の蓄音機が与えられていて、クラシックはとことん好きでした。軍国少年でしてね。大日本雄辯會講談社の少年冒険小説を読んで特務機関に憧れてました。

昭和20年に現役召集を受け、「8月15日に群馬県沼田市の迫撃砲隊に入隊しろ」と。勤労動員先の下関を8月6日に出ようとしたら汽車が動かない。8日にやっと動いた。広島に原爆が落ちて1日おいた日の朝でした。昼頃、広島の一つ手前の横川で列車が止まった。降りたら山肌が全部真っ茶色です。木も家も全部広島と反対の方向に向いて倒れてる。何なんだと思いながらリュックサック背負って広島を歩いて、惨状を見ました。川なんかね、筏のように死体が浮かんでて水面が見えないんですよ。町も完全に真っ茶色でブスブスくすぶってた。被爆した人たちは皮膚がベロンと垂れ下がって真っ赤な筋肉が見えてる。ひどかったですねえ。今でも本当に口にするのも辛い。考えましたよ。お国のためもへったくれもあったもんじゃないな、と。

どうにか沼田に着いて15日の朝に入隊し、その昼に玉音放送のラジオを聞いたわけですが、1割も聞き取れなかった。「もっとしっかりしろよ」と言われたのか、「やめろ」と言われたのか、わからなかった。今紹介されるラジオ音声は相当コンピューター処理がしてある。あんなもんじゃなかったですよ。

広島を見て軍国少年の夢を捨てたわけですよ。逆に最も戦争から遠い職業がいいなと。親父に相談したら「レコード会社なんかどうだ」と。親父は東京芝浦電気の副社長で、当時はビクターもコロムビアも東芝の持ち物だったんです。昭和22年に日本コロムビアに入って洋楽部に配属された。サトウハチロー、西条八十、服部良一、米山正夫。歌手だったら二葉あき子、伊藤久雄、近江俊郎、並木路子、〝スイングの女王〟池真理子…。同じ大部屋にゴロゴロいるわけです。梁山泊ですよ。

僕は洋楽だから仕事は別だけど、ずいぶん可愛がってもらいました。西条さんは「金子君ねえ、歌ってのは詩が最初にあるのが本当なんですよ。見てご覧なさい、まずハイネやゲーテの詩があり、作曲家がその詩を見て感激して曲を書く。だから同じ〈野ばら〉の詩に20も30も曲がついてるわけです。歌ってのはそういう順番でできるべきものなんですよ」と。あの人の詩は難しい言葉は全く使わない。簡単な言葉でウムと言わせる。で、きれいないい詩を書くのに、素顔の時は猥談です(笑)。

コロムビアは明治43年(1910年)に日本蓄音器商会として創立だから今年(2010年)で1

００年。国内最古です。作っていたのはＳＰの10インチと12インチ。つまり25センチと30センチ盤。「ＳＰ」とは言ってませんでした。ＬＰが出てくる前は、ただ「レコード」と呼んでた。戦前のコロムビアのＳＰは材質とプレスの技術は世界一と言われて、黒光りして粒子の細かい、つまり針音の少ないいいレコード作ってたんですけど、戦後は古レコードを溶かして使ってた。社員も「要らないレコードあったら持って来い」と言われたぐらいですよ。

■米コロンビアから原盤が届いて大感激

洋楽といってもクラシックからポピュラーまで、なんでも担当する時代だった。発売はどのように決めていたのだろうか。

情報源はＷＶＴＲ（進駐軍放送、後のＦＥＮ）の“Your Hit Parade”。ドリス・デイとかフランク・シナトラとかスター歌手がトップ10を歌う。それで今アメリカで流行ってるのはこれだと。当時富士銀行にいた瀬川昌久さんとジャズ・プロデューサーの石原康行さんの二人がポピュラーに強いんで、とことん教えてもらいました。でも新しいのは入ってこないので、昔の原盤から戦前によく売れたのを引っ張り出して再発売。クラシックとかコンチネンタル・タンゴとかシャンソンとか。

1年ぐらいたった時に、ＣＢＳ放送の東京代表ウィリアム・コステロって特派員に会いに行きました。「新しいレコードを出したいんだ」と言ったら、「どんなものが欲しいんだ」と。で、瀬川さんや石原さんと相談して30枚だったか50枚だったかのリストを作った。しばらくして呼び出されたら部屋に積んであるんですよ、段ボールに入ったメタルの原盤が。ほんっとに嬉しかったですよ。10枚だって持ち上がらない重い原盤をどうやって持ち帰ったんだか覚えてない。コステロは帰りに「グッド・ラック」って肩叩いてくれてね。

中身はね、ドリス・デイ、ダイナ・ショア、フランク・シナトラ、ベニー・グッドマン、レイ・ノーブル、ジョー・スタッフォード、クラシックではブルーノ・ワルター…。再生品のガサガサのSPで最初に出したのが昭和23年の12月新譜ですね。ワルターでニューヨーク・フィルのベートーヴェン『運命』と、シナトラの'These Foolish Things'などの3枚。この曲は「思い出のたね」って邦題をつけました。

シナトラといえば、彼のあたりからアメリカのアーティストのあり方が変わったんです。それ以前はアーティー・ショウとかトミー・ドーシーとかバンドがまずあって、歌手はバンド付き。シナトラもトミー・ドーシーのバンドにいた。要するに歌手はサブなんですよ。バンドの名前でレコードが出て、「ヴォーカルは誰々」と。でもシナトラあたりから「ヴォーカルはフランク・シナトラ、伴奏は何々」っていう風に逆になったんです。「ビギン・ザ・ビギン」も最初はアーティー・ショウのバンドでヒットした。ところがシナトラ以後は誰が歌っているかが大事になってきた。

そこでさっきの西条さんの話に戻りますが、アメリカのティン・パン・アレーのシステムは、作詞家と作曲家が別々なわけです。出版社の人が歌詞を有名無名の作曲家に見せる。出版社の人間が納得する曲ができると、それを持ってレコード会社を回るわけですよ。デモに歌って聞かせるのを専門にするソング・プラガー（song plugger）っていう歌手がいて、レコード会社に売り込みに来て、そのプラガーが歌って聞かせる。そこでレコード会社が「いいなあ」ってのがあると、それから考えるんですよ、この歌は誰に歌わせようかと。

つまり、歌ってのはね、誰が歌っても良くなきゃいけない。まず曲がありき。詩がありき、メロディがありき。独立の歌ができてから歌手が決まる。これが本来のあり方。いい歌があって、色んな人が歌って、その違いが楽しみというのがホントだと思う。

日本でのLPの発売は昭和26年（1951年）から。しばらくはSPとの共存が続いた。金子さんはその過渡期を現場で見てきた数少ない証人の一人だ。CDの紙ジャケ・ブームの中で改めて注目を浴びている「帯」の誕生も見てきた。

帯は外国にはなくて、我々がつけ始めました。初期のLPは向こうのジャケットそのままですからね。LPの横文字がスラスラ読める人は少ないだろうと。簡単な理由なんですよ。帯なら「ベートーヴェン作曲　交響曲第5番『運命』」と日本語で書けるでしょ。最初のLPは帯はなかったと思います。発売から少しして、2回目の発売だったか3回目だったか、たぶんディーラーからの注文で、クラシックだったと思う。帯があの幅なのはね、帯の部分だけ見せて5枚でも10枚でも、重ねて置けるわけですよ。壁ぎわの狭い場所に、横に並べてね。

ＳＰ時代、『運命』５枚組とかのアルバムには帯や絵や写真はない。文字の箔押しだけ。それにアルバムは要らないよって言って紙袋に入った盤だけ持って帰るのが〝粋〟だったんですよ(笑)。アルバムに入れるとね、まずカビが生える。反る。場所をとる。扱いにくい。そもそも解説に書いてあることなんか「そんなもん、わかってら」っていう人が買ってましたから。

■思い出深い「別れのワルツ」と『ジャズの歴史』

実は金子さんは日本〝洋楽〟史上最大のロング・セラーの生みの親。「蛍の光」を3拍子にした「別れのワルツ」の仕掛け人なのだ。デパートなどの閉店時には必ず流れる、あれである。

私が生んだヒットというと、最大はやはり「別れのワルツ」でしょう。演奏はユージン・コスマン・オーケストラ。昭和24年にＳＰで出して以来、売れて売れて、原盤が古くなるとメッキがいかれてくるから、ＳＰだけで計4回吹き込み直してます。

『哀愁』（１９４０年、米）って映画があったでしょ。名画ですよ。主人公の男がヨーロッパに出征する時に、最後にキャンドル・ライト・クラブっていうバーで恋人と踊る。キャンドルが1本ずつ消えてくの。すごくいい場面でね。その時の音楽が「蛍の光」。で、「あ、これだな！」と思って、フィルムをその場面の1巻だけ、ブリキの缶に入ったやつを持ってきてもらって、当時はテープがないから、アセテート盤に直接音を切った。それで当時仲良くしてた古関裕而さんに聞かせて編曲を頼んだら、ちょっと考えてたけど、「やってみようか」って感じで。その辺はやっぱり梁山泊の仲間だから(笑)。だからアレンジ自体は映画の場面のムードのまま。スコットランド民謡、アイルランド民謡は日本人に向いてるんですよ。こういう種類の曲ですから飛ぶように売れるという売れ方はしません。でもジワジワジワ、ジワジワ(笑)。しつこく売れましたね。

演奏はコロムビアのオケ。でも日本の名前で出しては売れない。面白くないなあと思いながら外国アーティストみたいな名前で〝洋楽〟として出しました。それがユージン・コスマン・オーケストラ。

ユージン・コスマン楽団「別れのワルツ」
左上が1949年（昭和24年）発売のSP（コロムビア L10）のレーベル。右上が1956年発売の45回転モノラル盤シングル（同 LL10）のスリーヴで、後に同番号のまま左下に変更された。右下は1964年発売のステレオ盤シングル（同 45S10N）。B面はすべて「アニー・ローリー」。

そんな例は戦前にもたくさんあった。例えばビッグ・マックスウェルなんてのは服部良一さんですよ。「ユージン」は裕而から。「コスマン」は何気なくやっぱりそうなったという。理屈はないんだ(笑)。あまり売れたんで、「日本に呼びたい」って言ってきた呼び屋さんもあったくらい(笑)。2匹目のドジョウって話もあったんですけど、僕がとめました。古関さんは根がまじめでしょ。面白半分にやったかもしれないけど、とにかく「長崎の鐘」の人ですから(笑)。昭和24年、1949年録音で、発売はその年の暮れ。その時のヴァイオリン・ソロは巌本真理（後に巌本真理弦楽四重奏団で有名）でした。さらに45回転シングル用に再録音して、そっちのソロは高珠恵。ステレオでも同じ楽団名で録音したシングルが出て、CDシングルにもなった。歴史的なレコードですよ(笑)。

ちなみにユージン・コスマン・オーケストラ「別れのワルツ」はコロムビアからCDシングルで発売されたほか、02年にキングから出た『蛍の光のすべて』に2ヴァージョン収録されている。金子さんはさらに、日本の熱心なファンばかりでなく、ジャズの本場米国を驚嘆させるような企画も立てた。

昭和25年（1950年）ですかね。ジャズの流れを、1917年から1947年までの録音の、本当のオリジナルだけ集めてヒストリーのアルバムを作ろうと考えたんです。原盤も米コロンビアとその系列で揃えようと。当時コロンビアがジャズのレーベルが一番豊富だったんですよ。例えばSP時代からのオーケイ・レコードは内容が黒人系で小売値も安い。何人もの合議でそういう中から選曲し

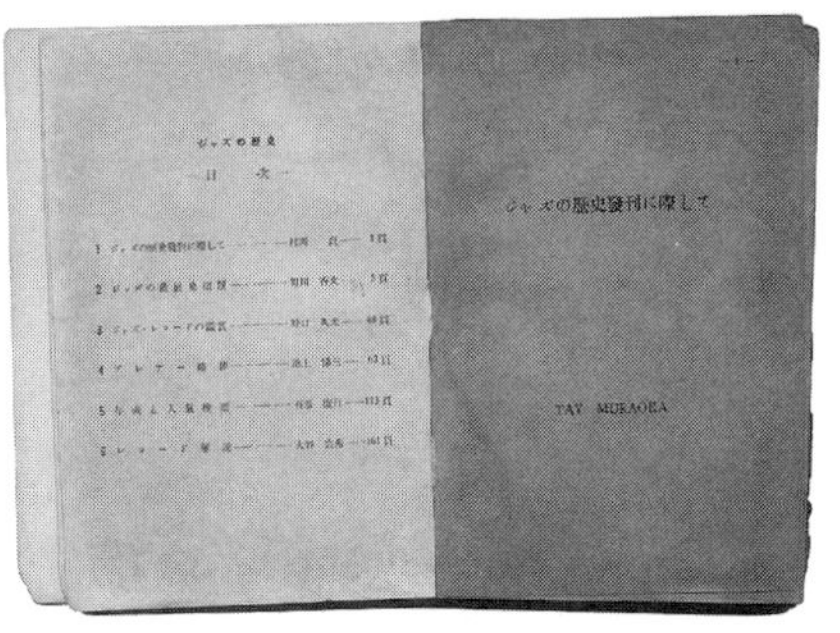

左上が1950年（昭和25年）に発売されたSP12枚組『ジャズの歴史』（コロムビア S1001〜12）付属の解説書で、右上がその目次。同作品は改訂版が56年にLP2枚で分売されており、左下がその1枚め（同 PL5020）、右下がLP用の解説書。

て、10インチのSP12枚組のアルバム『ジャズの歴史』にした。当時としては画期的な企画でした。SPは収録時間が短いから片面に1曲。全24曲。解説の執筆者は野川香文さんとか野口久光さんとか村岡貞(たい)さんとか。

さて選曲はできた。でも原盤を集めるのが大変でした。なにしろ20年、30年と使ったことのない古い原盤を米コロンビアの工場で探してもらうわけですから。手紙でやりとりしながら何とか頼んだ。向こうもよくあれだけ探してくれたもんだと思います。だいたい9割方揃いましたよ。ほんとにすごい。何万枚って原盤の中から探し出してくるんですから。後にアメリカに行ってみてわかりましたけど、向こうの工場にジャズの好きな人がいたんです。これはえらい違いですよ。彼が企画に協力してくれたらしいんです。

もちろん、たくさんは売れやしません。１５００セットくらいじゃないですか。アメリカの批評家が見て飛び上がってね、「日本でさえこんな企画が実現した。本家本元のジャズが生まれた国でも何とかしてもらいたい」と言ったらしい。当時ジョージ・アヴァキャンっていう、アルメニア人で、高名なジャズ批評家でもあったコロンビアのジャズものの大プロデューサーがいて、訪ねたことがあるんです。そこに黒人が二人いて、それがなんとね、ルイ・アームストロングと「セントルイス・ブルース」を書いたW・C・ハンディ。ルイのバンドがハンディの曲を集めたアルバムを作ってね、そのマスター・テープをちょうどハンディに聞かせてたんですね。ハンディは涙ふきながら何かつぶやいてるんです。アヴァキャンに「あの人何言ってるんだ」と聞いたら「ルイ・アームストロングだけがこういう演奏をできるんだ」と。嬉しくてしょうがないと泣いてたんです。僕はアヴァキャンに『ジャズの歴史』への意見を聞いて、ＬＰにもしました。ＬＰでは24曲を29曲に増やし、曲も一部入れ替えました。これが「別れのワルツ」と同じくらいの思い出の作品。ＬＰでは２枚に収まってます。

◇

終戦直後のレコード業界では数少ない英語の使い手だった日本コロムビアの金子さんは、その縁で昭和29年（１９５４年）に米コロンビアに研修に出かけた。ロックンロール誕生直前で、まだ古き良きアメリカン・ポップス全盛の時代だった。

■ミッチ・ミラーに学んだ業界哲学

英語は山口高等商業で叩き込まれて、英文タイプもバンバン打てました。会社に来る外人の相手も僕でした。入社数年で米コロンビアの戦前からのエグゼクティヴのアンドリュー・シュレイドが来日した。僕が案内したんですけど、帰りがけに「アメリカに来て勉強したいか?」って言うから、飛びついたんですよ。しばらくしたら手紙が来て「シュウ・カネコを研修生として預かる」と。昭和29年に5カ月行きました。

受け入れてくれた先の制作本部長があのミッチ・ミラー。天才的なヒット・メーカーとされていた。「こういう仕事は説明してもわかるもんじゃない。いつ部屋に入ってきてもいいから、私のしてることを見てなさい」と言う。まずティン・パン・アレーの売り込みに立ち会った。大きな吹き込みに立ち会った最初は、ミッチがディレクターをしたローズマリー・クルーニー。すでに「カモナ・マイ・ハウス」で大ヒットしてた歌手。当時ブロードウェイでミュージカル「パジャマ・ゲーム」が始まったばかりで、劇中歌の「ヘルナンドス・ハイダウェイ」と「ヘイ・ゼア」がヒットしてる。そこでローズマリー・クルーニーをLAから呼んで、一晩で録音した。それが3日目には店に並んでるんですから(笑)。あれ見た時はびっくりしましたねえ。

その頃の米コロンビアは本当に一家みたいな感じ。発売の翌晩に関係社員を集めてカクテル・パーティーですよ。協力した工場の連中も呼んで。一人がピアノで「ヘイ・ゼア」を弾き始めるとクルーニーも一緒に歌うんですが、リハーサルなしでしょ。ピアノも歌も間違うの(笑)。みんなではやし立てて。日本コロムビアの梁山泊の雰囲気に似てたですねえ。

ミッチに学んだのは「この仕事は人に嫌われてはいけない」ってこと。どこ行っても好かれる人格を保ちつつ、時には馬鹿も言い、一緒に女も買いに行き、飯も食い、酔っぱらえと。

アメリカから帰って、営業をやったんです。制作だけをやってたんじゃ偉くなれねえと。営業を知ってると全然違うと、だんだんわかってきて。第一給料が上がらない。やりたいことやるにはやっぱり地位も必要だと。ある時、大きなレコード店の二世経営者十数人を小売業界視察ってことで、費用会社持ちでアメリカに連れて行った。ニ

1965年、来日したミッチ・ミラーと金子さん。写真はミッチ・ミラーのサイン入り。(提供＝金子秀氏)

ューヨークの街を歩いてたらタクシーが急に止まって、走り出て来たのがミッチ・ミラーなんですよ。僕も驚いたけども、ディーラー連中はもっと驚いたでしょう。ミッチは「俺のレコードを売ってくれてる人たちだな。今晩うちに招待するよ」って。行ったらマグロとかいろんなおつまみ、日本酒とか並んでる。ミッチは僕がいた頃もニューヨークの日本料理屋によく一緒に行ってた。スキヤキに生卵つけて食べるんだ。外人は絶対に生卵食べないのに彼は平気。この人豪傑だなって(笑)。その晩は私の株も上がったし、ミッチの株も上がった。販売課長をしてた昭和39年のことです。

当時ミッチはテレビの「ミッチと歌おう」で大受けしてた。NHKでも38年から3年近く放送したけど、あれは向こうでのカラオケみたいなものです。"Sing Along With Mitch"、「みんなで歌おう」と。俺がお手本示すからついてこいという感じの番組ですね。あの簡単な伴奏が、すごく耳に受け入れやすい。曲もアメリカの善良な家庭の誰でも知っている曲ばっかり。映画の主題歌からカントリー&ウェスタンまで一切垣根がない。同名のLPは史上に残る売り上げなんですよ。彼のヒゲとしゃべり方と笑顔ってのはほんとうに魅力ありますよ、人間として。うん。グッド・オールド・アメリカンの感じ。

ちょうどロックが出始めたころでね、ミッチはロックはやらないから、米コロンビアはポップのレパートリーに売るものがなくなったんです。シナトラとかドリス・デイはもう時代遅れでね。それで半分せっぱ詰まってやったんじゃないかな、自分のコーラス隊でというのを。「じゃあ俺がやったらあ」という感じで(笑)。「ロックはまっぴらご免だよ」と。

米コロンビアの最初のロックらしいロックは、ドリス・デイの息子テリー・メルチャーがプロデュースしたポール・リヴィアとレイダース。テリーはビーチ・ボーイズのプロデューサーをしたり、スタジオマンとしての経験も豊富だった。

■日本人の好みに合ったパンチョス

ロックが全盛期を迎える前の日本の洋楽レコード界は、ずいぶん多様な音楽がヒットしていた。ムード・ミュージックからラテンまで音楽の幅も広かったし、ファンの年齢層も広かった。

水商売っていうと怒られるけども、レコード会社は浮き沈みがある。ある時、半年くらいヒットが全然なくなった。そこで引っ張り出したのがラテン。トリオ・ロス・パンチョスです。ラテンの曲がアメリカに行って英語のタイトルに変わってヒットして日本に入って来るというのは以前にもあった。でも、それじゃつまらない。原盤があるんだから、こっちでちゃんとラテンとして出そうと。ラテンってのはメロディが聞きやすいっていうか日本人向き。選ぶ基準は自分が好きか嫌いかですよ。自分がいいと思えば日本人全体もそう思うはずだと。洋楽の場合、売れ出す時は歌詞はあまり問題にならないんです。コロムビアが専売のようにしてたシャンソンも戦前からインテリに売れてた。あれフランス語がわかって聞いてたと思いますか?　違うでしょ。オペラにしても、始めから終わりまでわかって劇場に行ってる奴が、本場にだって何人いるんだと。だから言葉の問題は大丈夫だと。

昭和29年にSPで売り始めて、ゆっくりヒットしだしたのを見てアメリカに行って、帰ってきたらLPも売れ始めた。ヒットは「キエレメ・ムーチョ」「あなたを愛す（テ・キエロ・ディヒステ）」「ある恋の物語」「ベサメ・ムーチョ」…。日本でのラテンの本格的ブームはパンチョスからでしたね。売れ出したら今のキョードー東京の前身にいた嵐田三郎さんがパンチョスを呼びたいと言ってきた。彼らは音楽ものはまだ実績なかったからアーティストの扱いがわからない。僕の部下をツアーにつけました。当たりましたねえ。まあ日本人の好みに合ったということでしょう。初来日は昭和34年かな。

私は洋楽販売課長で直接タッチしなかったけど、楽屋には遊びに行きました。

なんであれだけ売れてるんだと各社思ったようですよ。それで後から出てきた代表選手がビクターのロス・トレス・ディアマンテス。「実力はこっちが上なんだ」と一所懸命に言ってたそうです。パンチョスなんかは向こうではどうってことないぞと。音楽的にはね、ディアマンテスの方が上だったかな。

トリオ・ロス・パンチョス
『東京のトリオ・ロス・パンチョス』
（コロムビア SL3031）
1960年発売のLP。59年12月～60年1月の初来日時に日本のスタジオで録音したヒット・アルバム。

昭和39年（1964年）に洋楽部長になってから売れたのは、アンディ・ウィリアムスですねえ。初来日の時にはヘンリー・マンシーニが一緒に来た。きっかけは「ムーン・リヴァー」です。映画『ティファニーで朝食を』のテーマ曲。特に何もしなくても、十分にレコードは売れてた。第一、テレビが毎週「アンディ・ウィリアムス・ショー」（NHKで昭和41年から放送）をやってたし。マンシーニと高い椅子に座ってのトーク。今も目に浮かびますね。

ほかにもいろいろとやりましたよ。洋楽部長の頃はブルー・コメッツも仕切ってた。昭和42年（1967年）、美空ひばりがちょっと低迷してた頃、彼女のお袋さんがやって来て「金子さんお願いがある」。あのお袋さんは大プロデューサーですよ。で、「お嬢に新しいレコード考えてるんだけど、ブルー・コメッツと一緒にやりたい」って言う。愕然としましたよ。例がない。渡辺はま子と霧島昇が一緒というのはあります。でも今回はコロムビア・レーベルとCBSレーベルという違いもあるし。コメッツの連中はまあ正直なところ、いやがった。絶頂の時ですからね。じゃあどんなに売れても絶対に2回目はやらないということで説き伏せてね。一番反対したのは井上大輔。当時は忠夫か。他の連中は「いいよ、やるならやっても」って感じでしたけど。とにかくやることになって、「真赤な太陽」を出した。そしたらまあ大ヒットして。その年のレコード大賞はブルコメの「ブルー・シャトウ」でしたけどね。

■「ハーレム・ノクターン」とストリップ

サム・テイラー「ハーレム・ノクターン」がストリップ劇場から流行ったというのは日本洋楽史の最

も有名な伝説の一つ。仕掛けたご当人からそのお話をうかがおう。

サム・テイラーに関しては話があるんですよ(笑)。日本コロムビアは昭和30年代には、米コロンビアのほかにワーナー・ブラザース、ユナイテッド・アーティスツ、イギリスEMI、オランダのフィリップスなど、たいへんな数のレーベルを持っていたんです。いま思うと夢のようだけどね。そのEMIにMGMレーベルの世界配給権があった。で、MGMから届いたサンプル盤の中に、リズム＆ブルースとして新譜が2枚あったんです。1枚は「ハーレム・ノクターン」。もう1枚は「レッド・セールズ・イン・ザ・サンセット（夕日に赤い帆）」。それがサム・テイラーだったわけ。

聞いてみたらちょっと違うんですよ、僕らの持っている感覚とは。「これ、どこかで引っかからないかな」と。それで、それこそ〃ふと〃ですよ。ふと思いついた。「ストリップはどうかな」と(笑)。ストリップに通ってたってわけじゃない。私は実行派で鑑賞派じゃないから(笑)。神田にラッキー商会っていう、僕が営業時代に回ってた卸屋さんがあって、その小売りの店が浅草の仲見世の一つ裏側にあった。そこの親父に「親父さん、こういうわけだ」と。そしたら「よっしゃ」って、もうその場で立ち上がってね。浅草六区の裏にあった奥山劇場っていう当時有名なストリップ劇場に行って、チラチラ裸の見える楽屋を通り抜けてオーナーに会った。そしたら、「あそう、じゃ置いときな」。で、SPレコードを2、3枚置いてきた。それでそれから半年くらいしたかなあ、流行りはじめた。

サム・テイラーは当時アメリカでは全く無名。「ストリップに」ってのは音を聞いた感じでしょうねえ。踊りに合いそうなテンポもあったし。猥雑さ、あの官能的で猥雑なのが向いてると思ったと、そうとしか言いようがないなあ。洋楽マンにはピンと来る何かがあったんですよ。「サム・ザ・マン・テイラー」という呼び方は最初からレーベルに書いてありました。「むせび泣くサックス」「哀愁のサックス」とかいうキャッチ・フレーズは、後から誰かがつけたんじゃないですか。

「ムード・ミュージック」というのは私の命名なんです。アンドレ・コストラネッツとかパーシー・フェイス、それからモートン・グールド。銀行でも喫茶店でもレストランでもいい。バックに流れてて、なんか気持ちよく鳴ってるなあ、というような感じの音楽で、人が集まる場所で静かな雰囲気を醸し出す。それで雰囲気だ、ムードだということでね、名前を作ったんです。当時アメリカにはそういうジャンルの呼び名はなかった。

サム・テイラー楽団
「ハーレム・ノクターン」
(コロムビア LL2003)
1957年発売のシングルで、B面は「セプテンバー・ソング」。初出は55年発売のSPで、B面は「夕日に赤い帆」だった。

最後に、長い間日本のレコード業界に携わってきて思うことをお話しいただいた。

今や大日本帝国は車からスシまであらゆるものを輸出してますね。ところが音楽だけはまったく行かないと。僕も洋楽部長でアメリカに通うたびに2、3枚ずつ、自分の作ったエミー・ジャクソンとかブルコメの「青い瞳」とか持っていって、向こうの知りあいのプロデューサーとかヒット・メーカーに聴かせた。何とか向こうで出せないかと。そのままじゃなくても英語の歌詞をかぶせるとかね。だけど駄目でした。1、2回聞いてみて首ひねって、"Something missing"って。表現は違ってもだいたいそういう感じでしたね。要するにガッツがないというか、感動がないと。これはもう理屈じゃないですね、その辺になると。数字にしたり字で書けるものならこんなに楽なことはないですよ。そうじゃないですから。フックがない。何か引っかかるものが。米コロンビア社長だったゴダード・リーバーソンが、京都の石庭とかに行くと立ち止まって考えるんですよ。後で「ああいうところでは人の力の及ばない何かを感じる」って言うんです。ミッチ・ミラーも桂離宮かどこかでそんなことを言ってましたね。日本の曲が売れないのもその辺の領分に入るから。わかりゃあ簡単ですよ。今は日本人コンサート・マスターが欧米の一流オーケストラでやってるくらいだからテクニックはあるんだ。でも歌そのもの、あるいはシンガーってことになると…。可能性がもしあったとしたら、やっぱりクラさん、浜口庫之助さんでしたよ。ちょっとバカラックみたいでね。

レコード会社に外資が入ってからは、4カ月、6カ月、1年で社長の評価をするわけです。株主は音楽の「お」の字も関係ない弁護士とか経理屋ばっかりだから、4半期で黒字が出ないと駄目。何年かかけて化けるなんてのは、これから出る余地がないでしょうねえ。

〔2010年8月12日　神奈川県葉山町のご自宅で〕

波田野紘一郎氏

NHK「ヤング・ミュージック・ショー」のディレクター

はたの・こういちろう

1939年、鳥取県倉吉市生まれ。62年、東京大学文学部社会学科卒。同年NHKに入局し、70年からラジオ「若いこだま」、71年からテレビ「ヤング・ミュージック・ショー」を担当。ロックだけでなく、芸能は宇宙意識とのチャネリングであるとの認識から、「音巡礼おくの細道」「東大寺ラプソディ」など新旧を問わぬ東西のコラボレーション番組を制作し、2004年に退職。75年開店の渋谷のライヴハウス「屋根裏」をプロデュース。

レコード会社のディレクターに続けてご登場いただいた後は、元ＮＨＫディレクターの波田野紘一郎さんにお話をうかがった。ラジオで「若いこだま」、テレビで「新八犬伝」などを手がけた名物ディレクターだ。読者にとっては、１９７１年から86年まで続いた「ヤング・ミュージック・ショー」のディレクターといえば馴染みが深いだろう。お堅いイメージが強かった70年代のＮＨＫで、最新の英米のロックのライヴを放送した功績は大きい。

■「ひょうたん島」から「若いこだま」へ

人口2万人の小さな町で育ち、音楽は映画とラジオが2大メディアでした。プレスリーよりもジェイムズ・ディーンの影響の方が大きかった。東京の大学に入り、60年安保では国会に突入しました。樺美智子さんが亡くなった60年6月15日の晩です。明け方日比谷まで逃げて、逃げ込んだ映画館でロベルト・ロッセリーニ監督の『ロベレ将軍』がかかってました。

就職活動で、東映や東京放送（現ＴＢＳ）に落ちて、友人が持ってたＮＨＫの願書をもらって出したら入っちゃった。教育テレビを始めたばかりで大量採用した年でした。最初「映画部」を志望して入ったら、外国から買い付けたフィルムの倉庫番みたいな仕事しかない。5年して「青少年部」に移りました。

偶然「青少年部」に行ったのが、結果的には僕がロックものを担当できた最大の理由でした。「音楽芸能部」はクラシックから歌謡曲まで藤山一郎さん以下がオーディションして、受からないとオン・エアできない。でも「青少年部」なら、ロックは現在の世界で起きている現象で、若い人たちの自己主張だから、インタヴューと同じ報道ということで、オーディションなしに放送できた。今起きていることのドキュメンタリーとして。

移ってきた67年から担当したのが、人形劇「ひょっこりひょうたん島」の最後の2年間。井上ひさしさんたちが作家で、風刺と野党精神にあふれてました。東大紛争の時には島の灯台を巡る攻防戦の物語をやった。「ポストアイランド」編には、郵便局長たちが空き巣に入るシーンがあった。ところがこれに特定郵便局長会と田中角栄がクレームをつけてきた。69年3月に番組が打ち切られたのはこれが原因と言われてます。

世の中は騒然としてました。70年安保の前夜ですから。取材で街に出てロックを聴いたり、アングラ劇を観たり、サイケデリックの美術に触れたり。でも同時多発的な文化の勃興に、NHKは番組の中で触れていない。民放ラジオでは深夜番組が盛り上がってました。一方若い人は「NHKなんか聴かねえよ」。上の方が危機感を持ったんでしょう。遅ればせながら「ディスク・ジョッキー番組をやれ」と。で、70年4月に月〜金の夜10時台、45分間ぐらいでスタートしたのが「若いこだま」。その当時でも恥ずかしいタイトル(笑)。タイトルをつける権限は上の方が持ってましてね。僕ら現場の感性じゃないんです。

馬場こずえさん、石原裕子さんたちが日替わりでDJをやって、僕が担当した日は森直也さんがD

J。若い人たちと旧世代が話し合うというコーナーを作り、4月は「スナック」「漫画」「長髪」「デモンストレーション」をテーマに俳人の楠本憲吉さんが若者とやり合った。5月は「ハレンチ」「家族帝国主義」「オートバイ」「進歩と調和」で、国文学者の池田弥三郎さん。若者の方には僕が外で目をつけた人を連れてきて、全共闘の論客、ビートルズ・シネ・クラブの浜田哲生くん、鈴木いずみ、成毛滋、西岸良平…。古い世代の方は真鍋博さん、なだいなださん、黒川紀章さん、佐藤忠男さん、田中澄江さん、手塚治虫さん、野坂昭如さん…。ゴチゴチの保守派じゃなくて、ある程度理解のある人たち。みんな喜んで出てくれました。

■ロックの合い間にディベートやドラマ

参考までに、6月以降のテーマのいくつかを紹介しておこう。美容整形、ドロップ・アウト、ビートルズ、スパルタ教育、コンピュートピア、非暴力主義、ニュー・ロック、やくざ映画、露出時代、解放区、艶歌、アングラ映画、ミニコミ、ウッドストック、女性解放、性のモラル、ユニセックス、自己顕示欲、グロテスク、ファン・クラブ、オールナイト映画、結婚制度、新宿、エロス、ボディ・ビル、シコシコ…。世相がよくわかる。もちろん生番組ではないし、内容はそれなりにＮＨＫ的だったのだろうが。

ディスカッションの前後には、僕の担当の木曜日はロックをかけました。僕はロック・ファンといえるかどうかという程度でしたが、当時はいろんなものが変わろうとしている時代で、いろんな意見がフツフツとわき上がっている。だからディベートすることがロックにふさわしいんじゃないかと。ロックＤＪ番組の真ん中にディベートを置く。討論をブレイクしてロックをかけたりして、これはとてもよく合いました。その前にＮＨＫにロックがあるのかいなとレコード室に行ってみたら、あるわあるわ、どころじゃないのね(笑)。発売したもの全部購入してた。しかも「流行歌」の棚にあった。「借り出しに来る人いるんですか?」「全然いません」(笑)。で、編集室に片っ端から持ってきて、毎日朝から晩まで聴いてました。

「ローリング・ストーンズ」のテーマの時は劇作家の福田善之さんがビートルズとストーンズを比べた。福田さんは「ストーンズはパフォーマー。ビートルズはコンポーザー。人間は生きている、パフォームなんだから、体を張って表現するということを忘れたら大作曲家だとしても今の時代に対してアクチュアリティがない」という論理。そっちの方が優勢でしたね。

ここで波田野さんに「ドラッグは取り上げなかったんですか」と聞いてみたら、「経験者を連れてこないと番組作れないから」とのお返事。たしかに、ＮＨＫでは難しそうでした(笑)。

で、翌年は番組内でフォーマットを変えて「ジョッキー・シアター」。アングラ劇の根本はロックに通じるものがあると思ってましたから、毎月テーマを決めて四つのドラマを競作する。ライターは井上ひさしさん、寺山修司さん、黒テントの佐藤信さん、早稲田小劇場の鈴木忠志さん。どこまでNHKの枠の中でできるか。世の中の多様な声を生で採用しようと。タブーはなしで行こうと。意気込みは壮たるものがあった(笑)。

最初に問題になったのは5月の「手紙」事件。連続射殺犯の永山則夫をモデルにした死刑囚と少女のやりとりのドラマ。「こんな暗いもの何でやるんだ」という上からのリアクションがありました。次に「毒きのこ」事件。睡眠薬で心中するはずの男女が宿のミスでワライダケを食べさせられた。そのせいで笑いながら互いへの猜疑心に苛まれる。最後にニュースのコール・サインを入れて「山の中で男女の心中事件がありました。両者ともあごが外れており、その原因について調査中です」と。コール・サインを使ったのがルール違反だとまた上が言ってきた。最後は寺山さんを使って「真夏の夜の夢」をやった。レッド・ツェッペリンとかピンク・フロイドとかかけて、合い間に今の若者が一番言いたいことを自由に叫ぼうと。天井桟敷の若者がいっぱい来て「天皇はホモである！」とか「上から読んでも山本山！」とか叫んだ。ロックにかぶさって明瞭には聞こえないんだけども。さすがに堪忍袋の緒が切れたんでしょう。71年の夏に人形劇の方に戻されました。

■「ヤング・ミュージック・ショー」の試行錯誤

その数か月後、71年10月に「若者月間」ってのが来て、テレビで若者が求めるような番組を提案しろといわれました。映画部にいた時に代理店がよくロックのフィルムを持ってきていたのを思い出した。ストーンズのハイド・パークとかクリームのラスト・コンサートとか。それでまずクリーデンス・クリア・ウォーター・リヴァイヴァル、CCRの放送を提案したわけです。最初にストーンズ出してたら通らないと思うんで(笑)。ところが「なんでNHKの中のドキュメンタリーをやるんだ?」と言われた。NHKでは「カメラ・コントロール・ルーム」のことなんです、CCRって(笑)。そのぐらいずれてました。とにかく10月24日の午後の遅い時間に放送した。ブッカー・T&ジ・MGズがゲストで「タイム・イズ・タイト」をやってます。これが「ヤング・ミュージック・ショー」の第1回。

放送が終わった途端にいっぱい電話が鳴って、「なんでこんな騒音を出すんだ」という旧世代からの非難ゴーゴー。CCRですら駄目なんです。ところがその後、今度は手紙がすごい来たの。300通くらい。「涙が出る」とか、「こんな番組をNHKでやるとは信じられない」とかね。すごい反響だったんです。こちらの目が熱くなるくらいの。それをガリ版刷りの小冊子にして編成とかに回したら、12月に再放送しましょうということになった。で、翌年の2発目はいきなり過激にストーンズをやっちゃった(笑)。3回目がクリーム。

「ヤング・ミュージック・ショー」もダサいタイトルですけど、一応横文字にしたということで。僕がつけたんだったかなあ。「ヤング」はその時点では珍奇でもないし斬新でもないし、中庸を行ったタイトルじゃないですか。放送は年間4本から6本。映像は全部ビデオではなくフィルムです。定期的にやる発想は編成にはなくて、いいフィルムが入るたびに現場が猛烈にプッシュした。放送は土曜日の夕方が多かったから、「部活を途中でやめて帰ってきた」とか、そういう手紙が多かったですね。

72年に初めて外国に行って、ストーンズのツアーをサンフランシスコのウィンターランドとロサンジェルスのフォーラムで見ました。バークレーのライヴ・ハウス「キーストーン・コーナー」に行ったら、僕も長髪だけど周りも長髪で、おお、自分が目立たないとこに来たなとホッとしましたけどね(笑)。エルヴィン・ビショップのバンドが出てました。武道館で遠くで見るのと違って、すぐそばでそうそうたるバンドが非常にアット・ホームな感じで演奏してるじゃないですか。これがベースなんだなって思いましたね。その思いがあって、数年後に渋谷に「屋根裏」ってライヴハウスを立ち上げたわけです。もちろん当時は内緒でしたけども。

73年にはグラム・ロックの匂いが残ってたロンドンに行きました。ライヴを撮ってる民放のグラナダ・テレビに行ったり、「ロッキー・ホラー・ショー」を見たりした。そういう体験が自分の中に蓄積していって、外にあるものの紹介もいいけど、自分も作らなくちゃ意味ないなという気持ちが出てきました。

それで73年に来日したリンディスファーンをスタジオで撮ろうってことになったんです。「若いこだま」時代から大喧嘩してる局長に伺いをたてたら、僕の顔をじいっと見てね、「その髪を切りなさい。そしたらOK出す」と(笑)。で、短く切ったんです。また生えてくるんだからどうってことない。そういうユーモアのあるやりとりがあって、やることになったんです。売り込んできた招聘元は、これならNHKでも放送できるだろうと目論んだんでしょう。いきなりツェッペリンじゃ無理だし。

撮るのは苦労しました。音楽番組には専門の技術陣がいたけど、僕らは「青少年部」だから彼らには頼めない。スタッフはみんなロックを聴くのも初めて、音楽番組を撮るのも初めて。まずレコードを聴いて曲の構成をわかりやすく図に表わす。どの辺ってのがわかるように歌詞カードをコピーして切って貼り付けて。小節数はコツを覚えればわかりますから、誰の何を何小節撮るか決める。当日のリハーサルの時にカメリハもやると、ライヴはレコードとはかなり違うんで、その場であわてて直しました。

客は友だち数十人。「リンディスファーンって?」みたいな人たちばっかりだったけど。ロックはNHKホールが使えないから、ドラマで使うスタジオに階段式の座席を作って。アイリッシュなフレイヴァーのある静かな曲が多かったですね。

今で言うカラー・シンセサイザーとか光が十字になるクロス・フィルターとか、エフェクトは色々使った。当時担当していた「新八犬伝」で辻村ジュサブローの洋風の人形を知っていたから、魔女の人形をスタジオに置いて映したり。ロックっぽく。今見るとチャチいんだけど(笑)。反省としては「ちょっとやりすぎたかな」と。それと、ロックはカメラマンのズームやドリー(移動)には任せないで、カットでポンポンやった方がいいってことがわかりました。

この時はギャラはない。テレビの全国放送だしプロモーションの一環です。ギャラが発生したのは77年のキッスとか79年のデイヴィッド・ボウイとか、マネージメント・システムが確立してから。それでも最初は安かったですよ。30万とか50万とかね。

「ヤング・ミュージック・ショー」（1976年8月28日放送）に出演したスーパートランプのロジャー・ホジソン（左）、ボブ・シーベンバーグ（中央）と波田野さん。
（提供＝波田野紘一郎氏）

2度目の国内制作は75年のストローブス。リック・ウェイクマンがいたくらいしか知らなかったんだけど、向こうでは非常に評価が高かった。クラシックとかケルトのイメージとかバックに持ってて、深みのあるバンドでしたね。ラストは海の曲でしたから天井からドライ・アイス。いわゆるロックの水準に近づいた(笑)。自分の中でも自信ができてきたかな。

次は76年のスーパートランプ。ギャラは「NHKの食堂で一番いいのを食べさせてくれればいい」って(笑)。「特食」ってのがあるんですよ。彼らが売れる直前。「ブレックファスト・イン・NHK」ですね(笑)。

非常にいい音でした。とっても好意的なバンドだった。この頃は「屋根裏」をやってましたから、その客に呼びかけて客席を埋めた。足りない分は渋谷、新宿の街頭で呼びかけて。もちろん無料。そのあと彼らは「屋根裏」に来てくれてセッションになったんです。いいバンドでしたね。偉ぶらなくて。その後アメリカで大ヒットしましたけど。彼らのキャラクターだったらその後も呼べたかもしれないですね。非常に礼儀正しくて、ジェントルマンでした。

◇

71年にスタートして、73年のリンディスファーンからは自前でライヴ収録を始めた「ヤング・ミュージック・ショー」にも、時代の波は押し寄せた。機材は進歩し、アーティストの力は強くなった。そしてロックは多様化、巨大化した。

■ビッグ・アーティストの国内収録

ベイ・シティ・ローラーズは76年収録で、77年放送。それなりにロックなラインアップの中で、ベイ・シティは異色でした。すごい人気だったから、妥協の産物ですよ。向こうのスタッフは打ち合わせでまず口パクだとはっきり言って、音については全部自分たちがやると。それまで音は全部、未熟ながらもＮＨＫでやってきた。でも彼らは強硬だった。妥協案としてステージ上の音は向こう、客席の音はＮＨＫが録って、ミックスもＮＨＫがやることになった。ミックスの時に彼らは観客の音を「もっと大きくもっと大きく」と。音楽にかぶさるぐらいに。収録はＮＨＫで最大の１０１スタジオ。放送で告知して申し込んだ人に、色つきの整理券をアシスタントの女の子が手作りして送った。ところが当日、押しかけてきた女の子たちのチケットの多くがモノクロなんですよね。どっかでコピーしてきてんの。追い返すのも可哀相だから入場ＯＫにして、立錐の余地がないくらいに入れちゃいました。

こちらは楽です。映像だけでいいんだから。盛り上げる時に風船を何百も落としたり、ステージの後ろに短冊形の大きなミラーを立てて、後ろ姿が見えるようにしたり。ところが演奏が始まった途端に下のＡＤから「波田野さん、危ない危ない」って。客が押してきて、急ごしらえのステージが揺れだした。するとベイ・シティはパッと演奏やめてレスリー・マッコーエンが「ちょっとみなさん、静かに静かに」って。慣れてるんですね。こっちも手のすいてる管理職が前に並んでるんだけど、女の子たちから殴られるの(笑)。「おじさん邪魔！」って。「自分の娘くらいの子に殴られたの初めてだ」って。その後も語りぐさになってましたね。

視聴率は15％。歴代第1位(笑)。普通は５％前後ですね。「ヤング・ミュージック・ショー」は当分続けなくちゃいけないって上の方でも認知したのがこの時です。それまでは、「今の時代が要求しているって波田野は言うけど、数字には出てないじゃないか」って。今みたいに数字数字とは言わない時代でしたけど、それでもそういうことはありますよね。でも「どうだ！」っていう数字。内心は忸怩(じくじ)たるものがありながら「どうだ！」という(笑)。

だが番組のテープはほとんど残っていないという。当時のテレビ番組は消耗品だった。

借りた映像の使用期間は1年とか2年だし。テープが高かった時代だから、消して何回も使ってた。だから「あの時代のをもう1回見せてくれ」って要求があったとしても、ないんですよ。「ひょっこりひょうたん島」なんかも残ってるのは1回目とか最終回とか記念的なやつだけ。80年代からはちょっと残そうってことになりましたけど。僕は消しちゃうのもったいないやつを30本か40本、個人的に

Uマチック（ビデオ）にコピーしていて、我が家の隅でこっそりと埃をかぶってました(笑)。

キッスの武道館は77年。この収録でNHKのロックを撮る技術が目覚ましく進歩した。それまでは全部その場でミックスする。「音声も映像もマルチでとってくれ」というのが向こうの要求だった。それまでは全部その場でミックスする。8チャンネルくらいでね。マルチ録音機なんてないですから。でもキッス側はそれを入れなきゃ駄目だと。ちょうどそういう機材も出てきていた。音声と映像とを別々にとって後でピタッと合わせる。今では当たり前のことですが。ウッドストックとかツェッペリンのライヴとかをやったエディ・クレイマーって腕っこきが来て、収録後に残ってミックス・ダウンした。その頃になるとアーティストの方が強かったですね。キッスはアーティストがいかに強いかってのを見せつけるバンドでした。

武道館での収録は初めて。収録した日は昼夜2公演で、両方とれた。メインの収録は夜ですが、マネージャーの注文で昼の映像と結構差し替えました。プレイのミスもあったし、ギターに火がついたりとかいろんなことがあったから。

次の国内収録はデイヴィッド・ボウイ。ボウイは僕は個人的にものすごく尊敬してました。非常にアーティスティックだったし。この時はボウイ側がNHKホールでやりたがったんです。でもNHKホールはクラシックの殿堂。その前にジェスロ・タルをクラシックって触れ込みでやったことがあって、ホールは「騙された」って(笑)。もう強硬だったんです。結局、番組を制作するために使うんだから、多少ロック風でもいいじゃないか、大目に見てよと。ホールはアングルがわかってるし、カメラ用の場所もちゃんとある。武道館なんかだとカメラ用に席を10とか20とか買うわけですが、それが

「ヤング・ミュージック・ショー」一覧（＊は国内制作）

回	内容	初回放送日
1	クリーデンス・クリアウォーター・リヴァイヴァル	1971.10.24
2	ローリング・ストーンズ	1972. 3. 20
3	クリーム	1972. 5. 7
4	スーパーショー（セッション）	1972. 8. 26
5	エマーソン・レイク&パーマー	1972.10. 8
6	ピンク・フロイド	1973. 3. 17
7	リンディスファーン＊	1973. 3. 18
8	レオン・ラッセル	1973. 8. 5
9	エルトン・ジョン	1973.10.22
10	キャット・スティーヴンス／ディープ・パープル	1973.12.22
11	エマーソン・レイク&パーマー	1974. 8. 4
12	フェイセズ	1974.10.12
13	スリー・ドッグ・ナイト	1974.12.31
14	ローリング・ストーンズ	1975. 3. 16
15	ストローブス＊	1975. 5. 10
16	モンタレー・ポップ・フェスティヴァル	1975. 8. 23
17	オールマン・ブラザーズ・バンド	1975.10. 4
18	リック・ウェイクマン	1975.12.21
19	ベイ・シティ・ローラーズ	1976. 5. 5
20	イエス	1976. 6. 20
21	スーパートランプ＊	1976. 8. 28
22	ロッド・ステュアート&フェイセズ	1976.10. 9
23	ロキシー・ミュージック	1976.12.30
24	ベイ・シティ・ローラーズ＊	1977. 1. 8
25	ローリング・ストーンズ	1977. 3. 12
26	キッス＊	1977. 5. 7
27	ベイ・シティ・ローラーズ	1977. 7. 23
28	ピーター・フランプトン	1977. 8. 6
29	ブライアン・フェリー＊	1977. 9. 10
30	グレッグ・オールマン＊	1977.12.17
31	サンタナ	1977.12.24
32	パット・マグリン＊	1978. 1. 2
33	ボブ・マーリー&ザ・ウェイラーズ	1978. 3. 11
34	フリートウッド・マック＊	1978. 4. 2
35	ロッド・ステュアート	1978. 5. 5
36	エレクトリック・ライト・オーケストラ	1978. 5. 6
37	レインボウ	1978. 8. 5
38	チープ・トリック／アース・ウィンド&ファイア	1978. 8. 27
39	ドゥービー・ブラザーズ	1978. 9. 2
40	グレアム・パーカー＊	1978.12.29
41	デイヴィッド・ボウイ＊	1979. 3. 26
42	ビリー・ジョエル	1979. 4. 1
43	アース・ウィンド&ファイア＊	1979. 5. 25
44	ジミー・クリフ＊	1979. 6. 5
45	ポール・マッカートニー&ウィングス	1979.10.13
46	エルトン・ジョン	1979.11.23
47	ビー・ジーズ	1980. 3. 22
48	ジャニス・イアン	1980. 4. 29
49	ブームタウン・ラッツ＊	1980. 8. 21
50	キンクス	1980. 9. 13
51	スペシャルズ＊	1980.10. 4
52	ブロンディ／ストラングラーズ	1980.12. 6
53	ポリス＊	1981. 4. 5
54	カンボジア難民救済コンサート	1981. 5. 4
55	ロッド・ステュアート＊	1981. 8. 1
56	クイーン	1981. 8. 19
57	ポール・サイモン	1981. 9. 12
58	10周年記念（総集編）	1981.12.12
59	スティックス＊	1982. 3. 30
60	クラッシュ＊	1982. 5. 8
61	TOTO＊	1982. 7. 24
62	ダリル・ホール&ジョン・オーツ＊	1982.12.31
63	ジャン・ミシェル・ジャール	1983. 2. 11
64	クリストファー・クロス＊	1983. 4. 2
65	ジャーニー＊	1983. 5. 7
66	リック・スプリングフィールド	1983. 9. 10
67	ホット・ライヴ＊（マイケル・マクドナルドほか）	1983.12.30
68	REOスピードワゴン	1983.12. 3
69	ドゥービー・ブラザーズ	1984. 2. 4
70	トンプソン・ツインズ＊	1984. 7. 21
71	ネーナ	1984.10. 6
72	ユーリズミックス	1984.12.29
73	カルチャー・クラブ	1985. 1. 4
74	モントルー・ロック・フェスティヴァル	1985. 1. 5
75	バンド・エイド	1985. 2. 3
76	クイーン＊	1985. 6. 1
77	カルチャー・クラブ	1985. 7. 6
78	スパンダー・バレエ	1985.12.29
79	ハワード・ジョーンズ	1986. 4. 26
80	ザ・カーズ	1986.12.28
81	エリック・クラプトン	1986.12.29

必ずしも撮影にとっていい席じゃないんですよ。NHKホールならホームだし。

収録は78年12月。放送は79年3月。『ロウ』とか『ヒーローズ』のベルリン三部作の頃で、ヨーロッパ的な匂いが非常に強い頃。実はステージはすごく暗かったんですよ。事前に大阪で見た技術の連中が「ちょっとこれでは」って言うくらいに暗かった。当時のレンズは感度が良くないんで、暗いとザラザラした汚い映像になっちゃう。で、当日までこっちは「明るくしてくれ」、向こうは「これはボウイの意図だ。全体のコンセプトだ」と。そこへたまたまボウイが通りかかったんで、アシスタントが「今日の観客は2千人か3千人だけど、放送されれば例えば5％としても百何十万人が見るんだ。こっちを優先させて欲しい」って。そしたらボウイはあっさり「あ、そうだなあ、そうしよう」と、スタッフに一言。そしたら明るくなっちゃった(笑)。

■ロックに無理解な部長も最後には感心

80年のスペシャルズは会場が変更になった。みな踊れというバンドでしょ。客を立たせたりステージに上げたりして一緒に盛り上がる。でも中野サンプラザはそれはできないと。で、当日に撮影機材持って行ったら「今日は都合により…」って(笑)。新宿の「カーニバル・ハウス」ってディスコに急遽変更。でもそこには駐車場がない。こっちは中継車など何台も並べるのに、警察は今日の今日でそんな許可出せないって。大騒ぎして、どうにか許可が出た。4階か5階、上の方のディスコだったから、ケーブルは窓の外から釣り上げた。でも会場は天井が低くて観客が立つと、カメラマンから見たら人の頭の上に彼らの上半身が出てるだけ。もう全部アドリブで撮った。しかも途中で映像が消えちゃうの。客がケーブルを踏んでコネクターのところがポンと外れて。客の中に潜り込んでつなぎ直す(笑)。でも後で見たら、荒っぽく撮ってるのがそれはそれでいい。スペシャルズにはこれで良かった。ボウイだったら駄目だけど。

81年、武道館のポリスには笑い話がある。3人のバンドはテレビ的には難しい。絵に変化がないの。ヴォーカル兼ベース、ギター、ドラム。この3人を順繰りにサイズを変えて映しても物足りない。でね、ドラムの撮り方がなんかぎこちないの。なんか撮るべきところを撮らないなあと思って、「どうしたの」って聞いたら、「波田野さん、これですよ」ってカメラを引いて見せたらスネアにね、「お」「ま」「ん」「こ」って書いてあるの(笑)。客には見えないけど、後ろから撮ると映っちゃう。もともとは「F」「U」「C」「K」って書いてあったのを、招聘元のスタッフが教えたらしい。

最後は85年のクイーンですね。国立代々木競技場。この頃になるとNHKでもロックは公認されてた。まあ僕は逆に潮時かなと。ビデオ・クリップも街に氾濫しているし。役目は果たしたなっていう。「ヤング・ミュージック・ショー」は非常に属人的で、僕がやめたらもうやらないって感じだった。これで終わりという心づもりで撮ったんですね。彼らも最後の日本公演だった。巨大な工場の歯車みたいなのが並んだ、ヴィジュアルも非常に効果的なセットだったですね。カメラは8台ぐらい。今は十何台使ってますけど、それに近づいてきてて、別撮りをしてミックス・ダウンする技術も機材も整ってきた。

前年に青少年部が解体されて、僕は音楽芸能部に移ってた。音楽芸能部はメインは依然としてクラシックと歌謡曲で、上役はその後サントリー・ホールの館長になった、非常にクラシックに強い人だったんですけど、クイーンのライヴを見て「ロックなんて全然評価してなかったけど、これはなかなかだ」って。それが非常に嬉しかったですね。クイーンは非常にクラシカルでコーラスもきれいだし。それが僕の最後の花道でした。放送はその次の年のクラプトンで最後。

計81回で、再放送を入れると百何十回になるんですね。

イギリスものではTレックスをやりたかったですね。ツェッペリンも単独のをやりたかった。その二つが心残り。アメリカではまずボブ・ディランをやってない。いい映像があったけど、権利関係が難しくて放送できなかった。ブルース・スプリングスティーン、ニール・ヤング、イーグルス、それからザ・バンドをやりたかったですねえ。アメリカの方は心残りが多い。でもまあ、それなりに15年間、その時代時代にときめいてるバンドを取り上げて一緒に走ってきたなっていう思いはありますよ。

日本のバンドは出なかったんですか?

リンディスファーンの時に前座に出てたジプシー・ブラッドだけ（笑）。とにかく海外で行こうと。ロックは一種の黒船みたいなもんですよ。明治維新の時にヨーロッパのカルチャーに巻き込まれましたよね。2度目は第2次大戦に負けてアメリカのカルチャーが入ってきた。で、僕個人にとってはロックは第3の黒船みたいなところがあったんですよ。

そのうち、今度は日本から発信すべきだと考えるようになった。ミック・ジャガーにそういうことを言われたことがあったんです。パリでレコーディングしてるところに取材に行った時に、彼が茶目っ気たっぷりにね、「僕らは君たちにロックをあげたじゃないか。君たちは何くれるの？」って。彼がスタジオを見回すと、カセット・レコーダーがあった。ソニーの。「あ、これだ。これを君たちが僕らにくれたんだ」って笑ったんだ。それは彼の皮肉なんだけど、正論だなと思ってね。我々は我々のカルチャーを向こうに返さないと不本意じゃないですか。忸怩たるものがありますよね。

1981年ニューヨークのホテルで、ミック・ジャガーに制作した番組のビデオと辻村ジュサブローの人形の写真集を渡す波田野さん。（提供＝波田野紘一郎氏）

■ロックが入ってくる時期に居合わせた幸運

僕はその後BSに異動し、神社仏閣に行くんです。単純に言うと今の世界の音楽の根源というと古代ペルシャなんですね。そこから西には教会音楽、グレゴリアン・チャントとして入って、変化して西洋のクラシックができた。東の方にはというと声明（しょうみょう）なんですね。ところが声明はそのまんまのオリジナルな形で残った。僕は四国のお遍路の寺を取材した時に、ある洞窟に入ったんですよ。八十八カ所一遍に回れるっていう場所(笑)。すると上から音楽が流れてきてね、「ピンク・フロイドかな」って思った。しゃれたお寺だな、でもちょっと違うなと。そしたらそれが声明だった。うわあああ、って感じでね。アカペラが重なって。人間の深層心理にしみこむような音楽だった。それから寺社を調べ出したら、これこそすごいマインド・コントロールなわけですよ。音楽は声明。目にはキンキラキンの仏像。さらにお香を焚いて、お寺が浄土の模型みたいに作ってある。そしたら信者はみんなトリップしちゃうわけですよ。僕らがロック・コンサートで最良の瞬間にトリップするような装置を、宗教では使ってた。これは面白いと思って、15年間、神社仏閣を放浪してそういう番組を作ってました。

波田野さんはライヴハウス「屋根裏」（初代）のプロデューサーでもあった。バークレイで見た身近なライヴハウスをぜひ日本でも作りたいとの思いから、ＮＨＫには内緒で始めていた。

75年ごろ飲み仲間が「うちのおばちゃんが渋谷にビル持っててパチンコ屋の上のテナントを探してる」って。「あ、ライヴハウスにいいな」と思った。早速そのおばちゃんを吉祥寺の「曼荼羅」に連れてったら、カルメン・マキがやっててお客が階段まであふれてた。おばちゃん、儲かると思ったらしくて即決(笑)。機材から何から向こうが買って、ブッキングは僕ら。75年の12月24日からスタートしました。情報誌もないから夜中に渋谷の電信柱にポスターを貼ってさ(笑)。最初の出演者はルージュ。大晦日は頭脳警察の解散コンサート。「紅白に対抗するライヴ」とか銘打ってね(笑)。売れないころのRCサクセションも出たし、サザンオールスターズも昼の部に出たはずです。僕が離れたのは81年頃。赤字だらけでした。経済性を考えないで理想を追いすぎた店でした。

今考えるとね、黎明期が一番面白いんです。僕は幸いなことにロックが日本に入ってくる時期に居合わせた。そういう時代はみな同志みたいな思いが強いんですよね。レコード会社のディレクターも、それを流すラジオのディレクターも、雑誌の編集者も、テレビの僕らも、同じ志で何かをやろうとする仲間。麻布に「スピーク・ロウ」っていう飲み屋があって、団長ってあだ名のマスターが映画も論じればジャズもロックも論じる幅の広い人。彼のところがたまり場になってた。一種のロック党ですよ。ロックを盛り立てる同志。競争意識ってのはなくて、「あなたのとこのこのレコード、いいよなあ」ってそういう話になるんですね。商業的な雰囲気っていうよりも同好者って感じでしたね。

〔2010年11月7日　ミュージック・マガジンで〕

寒梅賢 氏

カーペンターズを日本で大ヒットさせた男

かんばい・けん

1942年、群馬県佐波郡生まれ。66年、中央大学経済学部卒。67年にキングレコード入社。69年からA&Mレーベルを担当し、カーペンターズなどのヒットを連発。78年、同レーベルとともにアルファレコードに移籍し、ユーロビートの大ブームを起こす。92年からはWEAミュージック代表取締役専務を務めた。

今回は寒梅賢さん。老舗のキング、新興のアルファ、外資のＷＥＡと、性格の違う三つのレコード会社を渡り歩き、Ａ&Ｍレーベルのバート・バカラックからカーペンターズ、スーパートランプを手がけ、クインシー・ジョーンズ「愛のコリーダ」でディスコを席巻した人物だ。現在は音楽業界を離れ、高校生に進路指導をする仕事を天職と思っているという寒梅さんに、波乱に満ちたお話をうかがった。

■会社に泊まりこんで〝宝探し〟

群馬県佐波郡東村に生まれて、３歳から東京です。上州人は融通がきかない、頑固で口下手でつき合い下手。音楽業界には向いてないですね(笑)。父は講談社に勤める一方で詩吟の師範をしていた。当時のＮＨＫラジオは父「寒梅一窓」の詩吟で新年が明けたんです。ＳＰレコードもたくさん出して、三橋美智也さんもレッスンを受けに来てた。下では父のお弟子さんたちが詩吟の稽古。２階では私と弟が「ドルフィンズ」ってバンドでベンチャーズの曲の練習(笑)。変なうちでした。

ＧＳブームの真っ最中に寺内タケシとブルージーンズの前座で地方を回ったり、新宿ＡＣＢ(アシベ)で橋幸夫さんが着物姿で歌った後で私らが「パイプライン」やったり、そういう時代です。ナベプロの渡辺晋さんに「面白い奴だ」って見込まれたり。ザ・芸能界に近いところにいたんですよね。

中央大学経済学部を出た時に、バンド仲間に西郷隆盛の子孫がいて、父親が昭和天皇の主治医。その紹介で66年に安田生命に就職した。待遇も良かったし、業務部って一番大事な部署で金融の仕事を勉強した。でもなーんかね、嫌になったんですよ。保険や銀行は人からかすめ取る仕事の感じがして。1年3か月で辞めました。だけど研修は後にものすごく役に立った。「おはようございます！」「声が小さい！」って。軍隊式の特訓。人との約束は破らない、約束の場所には15分前には着いてろ、とかね。基本的な社会的マナーは全部教えてくれた。レコード会社じゃあ絶対にやってくれないですから(笑)。

67年に新聞で求人欄を見てキングレコードを受けたら採用になり、簿記の資格があったんで経理に配置された。でも僕は自分で生み出したい。日本のフィル・スペクターになりたかったから、邦楽のカタログを勉強して、入社2年目くらいに「伊東ゆかりにはこう、布施明にはこういう曲をやらせたらヒットするだろう」と建白書を作って経理部長に出したんです。それを見た社長は「いいね。制作部に検討させろ」。でも制作部長は火の玉になって怒った。「俺がいる限り絶対に制作部門に異動はさせない。死ぬまで経理やってろ」と(笑)。そりゃあ怒りますよ。現場は一所懸命作ってるのに、入りたての経理の若造が好き勝手に責任も感じないで、ただアイディア出しただけですから。でもその後、席が空いて洋楽に移れた。

洋楽には米ロンドン、つまり英デッカがあって、ジャズとクラシック、ムード音楽中心。マントヴァーニとかウェルナー・ミューラーとか。それとシャンソンやカンツォーネ。ちょっと元気がいいところでトム・ジョーンズ、そしてストーンズ。

洋楽部でも私は建白書のこともあって生意気だと見られてたから、お昼や夕飯に私だけ声がかからない(笑)。でも一人で仕事をするには絶好だから、1週間か10日会社に寝泊まりしてロンドン・レーベル傘下のサンプル盤を聴きまくった。当時の言葉で〝宝探し〟ってやつ。先輩が聴き逃してるものが絶対にあるはずだと。あと残った時間は他社の人間と付き合うことに専念した。社内で誰も遊んでくれないから(笑)。その仲間が折田育造さんとか、石坂敬一さん、石島稔さんたち。麻布の「スピーク・ロウ」って店で飲んだり食ったり仕事の話したりしてた。当時は自分の会社のイニシャルまで言うくらいに仲がよかったんです。「スピーク・ロウ」には中村とうようさんも時々いらっしゃったし、内田裕也さんとか俳優さんとかね。隠れ家みたいなところでした。

■建設作業員も歌った「イエスタデイ・ワンス・モア」

アシスタントを1年やってから最初に手がけたのが米ロンドンの〝宝探し〟で見つけたブーツ・ウォーカー「ジェラルディン」。アーティスト写真もバイオもない。アメリカでも全然ヒットしてない。でもあのコード展開は売れると自信満々で出して(笑)、売れたんですよ。TBSラジオ「パックインミュージック」で八木誠さんが死ぬほどかけてくれました。次に出したのがA&Mのクリス・モンテス「愛の聖書」。原題は'Nothing To Hide'。隠すものがないっていうんじゃ聖書しかないだろうって、「愛の聖書」。邦題は歌の内容からとる場合と、全く離れちゃうのとある。これは後者。キリスト教の歌でも何でもない。学生時代から詩が好きでね。気になる言葉はいつも頭のどこかに入ってたんです。それで邦題には死ぬほどこだわろうと思ってた。「愛の聖書」は売れたから盗作も出ました。

この曲はモンテスの自作だが、日本独自のシングルA面曲。当時の彼のアルバムはカヴァー曲の寄せ集めばかりで、先輩ディレクターが見逃していたのも無理はない。ちなみに盗作と騒がれたのは辺見マリ「経験」。その作曲者は後にアルファの社長となりA&Mを獲得する村井邦彦だ。

次がバート・バカラック。それまでのアルバムはモデルさんのジャケットでムード音楽として出てたんですけど、私は69年のアルバムのジャケットをオリジナルどおりにして、『サウンド・クリエイター〜バー

1971年、ハリウッドのA&M本社前で、ポール・ウィリアムズと寒梅さん。(提供=寒梅賢氏)

ト・バカラックの世界』というタイトルで出した。〝サウンド・クリエイター〟をキャッチ・フレーズにした。これは売れました。音楽ライターとか作家とか音楽関係の人たちの間で「バカラック聴いた？」が合い言葉みたいになった。その後〝サウンド・クリエイター〟が会社やスタジオの名前になったりして、気持ちよかったですよ。なんか世の中を動かしたっていう感じ。自分で音楽作った訳じゃないけど、新しい音楽の流れを作ったみたいで。71年にバカラックが来日した時は出迎えに行って、「♪レインドロップス・アー・フォーリン・オン・マイ・ヘッド」ってスタッフが羽田で歌ったんです。大声で。本人も喜んで、指揮して一緒に歌ったんですよ。初公演はアルバム『ライブ・イン・ジャパン』になった。映画『明日に向かって撃て』のサントラ盤はキング。その主題曲「雨に濡れても」のシングルはB・J・トーマスでテイチクからという変則的な契約でした。

その後キングにはアイランドとかクリサリスとかデラムとかロックのすごい連中がいるレーベルがいっぱい来て、若手のディレクターも入った。キングのムードもずいぶん変わりました。

だが寒梅さんは不本意ながらソフト路線が続く。

アメリカの中流階級の坊ちゃん嬢ちゃんに毒のない音楽を売っていこうというのが、ジェリー・モスとハーブ・アルパートがA&Mを作った時の趣旨ですからね。クローディーヌ・ロンジェ、サンドパイパーズ、ティファナ・ブラスの路線。バカラックがいてセルジオ・メンデスがいて、クリード・

テイラーが途中から入ってきて作ったCTIにはウェス・モンゴメリー、ハービー・マン、クインシー・ジョーンズでしょ。なんかハイカラで、ドロドロしてない。私は反対の下品なものをやりたかったわけ、本音は。でもディレクターは自分の趣味を絶対に言ってはいけない。禁句です。言うと「あいつはイヤでやってんだ」と言われる。僕は本当はR&Bが好きで、黒人の泣き節、ソウル・バラード聴いてビール飲んで泣いてるのが人生最高の喜びなんです。でもそれを言っちゃうと、あいつはカーペンターズは嫌々ながらやってんだ、そんなの誰が応援するか、ってなるじゃないですか。死ぬほど好きだという顔でやらなくちゃあプロじゃないです。

でもプッシュするのがカーペンターズではかっこ悪いんですよ(笑)。テレビで「私のイチ押し」っていうような宣伝合戦のコーナーがあって、他社のディレクターはピンク・フロイドやツェッペリン、エルトン・ジョン、アース・ウィンド&ファイア。かっこいい。でも私はカーペンターズ(笑)。ただ、一生忘れられないことがあった。池袋の駅で建築現場で働いてる手拭いで鉢巻きしたニッカボッカのおじさんが、階段を走り上がりながら「イエスタデイ・ワンス・モア」を歌ってたんですよ。これは嬉しかったなあ。ピンク・フロイドにもツェッペリンにもできない。カーペンターズだからできたんだ。これは素晴らしい仕事だと、本っ当に実感しましたよ。

カーペンターズのシングルは「涙の乗車券」も「遙かなる影」も日本で売れなくて、「愛のプレリュード」も「雨の日と月曜日は」も「ふたりの誓い」ももうひとつ売れない。向こうではヒットしてるのに。で、私がシングルの発売を決めようと。リチャード・カーペンターと延々とやりとりをして、それで日本で先行発売したのが「トップ・オブ・ザ・ワールド」。これでブレイクして、「イエスタデイ・ワンス・モア」の大ヒットにつながったんです。

リチャードにとってはあまり愉快じゃないから、その話と初来日の話はタブー。70年にヤマハの第1回東京国際歌謡音楽祭（後の世界歌謡蔡）のゲストで武道館に出た時、時間が押したんで客の大半が帰っちゃった。向こうは夜11時くらいから始まるコンサートはザラだけど、こっちは地下鉄の時間とかあるから。1万人のホールで7千人帰った。これはちょっとね。私も居心地悪くて帰りたかったですよ。リチャードは「今に見てろ」って思ったんじゃないかな。その後リチャードと二人だけになることも多かったけど、この話だけは一度もしたことがない。

日本で出した74年のベスト盤『ゴールデン・プライズ第2集』にはいわくがあります。シングル曲が売れてるうちはベスト盤に入れることを本国は絶対に許可しない。後進国のインチキレコードみたいな匂いもあったし。でも前年からロング・セラーになっていた「イエスタデイ・ワンス・モア」をどうしても入れたかった。入門編を買って気に入って「じゃあオリジナル・アルバムも買おう」という客もいるんだからって、本国とやりとりを1カ月くらいやって、ようやくOKが出たんです。

カーペンターズ
『ゴールデン・プライズ第2集』
A&M／キング GP225
1974年4月発売のLP。3度目の来日を記念した日本編集のベスト盤で、『オリコン』第1位。

■ラジオで覚えやすい邦題にこだわる

カーペンターズの邦題はずいぶん凝ってますね。

'Close To You'はリチャード・チェンバレンが歌って「遥かなる影」って邦題がすでについてた。後は全曲自分でつけました。'We've Only Just Begun'は「愛のプレリュード」。結婚式の歌としてアメリカでよく使われた。'I Need To Be In Love'は「青春の輝き」。いいタイトルでしょ？『草原の輝き』って映画が元。カーペンターズでいい曲があったら使いたいなあと思ってた。'Rainy Days And Mondays'は「雨の日と月曜日は」。この「は」がいいんだ、とか言って(笑)。'For All We Know'は「ふたりの誓い」。当時はラジオ時代だったから、ラジオで聴いて買いに行くことを考えると、原題より邦題の方が覚えやすくていいかなと。

カーペンターズは紙媒体では苦戦しました。理屈がないから。ライヴァルのエルトン・ジョン、ミッシェル・ポルナレフ、レオ・セイヤーなんかは話題がたくさんある。でもこっちは「心地よくてきれいで爽やかで」で終わっちゃうじゃないですか。記事にしようがない。そういう苦労はありましたよね。でも隠れカーペンターズ・ファンは多かった。隠れ巨人ファンみたいなの。今じゃあ槇原敬之とかが「カーペンターズで育った」みたいなこと言ってるけど、当時はそーんな、あなた、「カーペンターズが好き」なんて言うとプロの世界では「そんなの聴いてんの?」なんて(笑)。でも、いつも耳もとに残ってる。いいものってそういうものかもしれない。
キャロル・キングには苦労しました。『つづれおり』のオード・レーベルはA&M系列だったんですが、A&Mってのはコミュニケーションのいい会社で、宣伝とか来日とかいろんなことをやってくれるんです。でもキャロル・キングだけは写真1枚とバイオグラフィが届いただけ。電話インタヴューも来日も全部断わられた。一切パブリシティなし。表には出ませんと。担当してる間、生の声を聞いたこともない。

私はアーティストじゃない、作家だ、っていうことですかね。作曲家としての地位は築いてたわけだし。

でも最近しょっちゅう来るじゃないですか、腹立つんですよ(笑)。売れ方はバカラックと似てました。「『つづれおり』聴いた?」って、みんながヒソヒソして。だからたくさんは売れてないのに、売れたような感じがするレコード(笑)。邦題はねえ、『つづれおり』も決して親しみのある言葉じゃないから、『タペストリー』の方がよかったのかなあと、まだ思うんです。'It's Too Late' は最初「心の炎も消え」って邦題つけた(笑)。まさかシングル盤で出て全米1位になるとは思わなかった。それで国内盤シングル発売前後にアルバムのジャケットも作り直して「イッツ・トゥー・レイト」にした。だからアルバムの初版だけ「心の炎も消え」。今聴くと名曲ですけど。'You've Got A Friend' は「友」にした。ジェイムズ・テイラーが先に「君の友だち」で出していたから、オリジナルは「友」でいこうと。

邦題をつける時は本国に許可とるのが本当ですけどね、私は1回もとらなかった。アーティストは来日するとレコード屋さんに行くじゃないですか。それで怒るんですよ、変な日本語がついてるって。うるさい人もいますから。

カーペンターズは75年に武道館で大コンサート「サウンズ・ウィズ・コーク」を何回かやった。抽選にしたら応募葉書が34万通くらい来た。倉庫に葉書がワ〜ってあって、そのうちの何万人かが当たる。世界歌謡祭の「今に見てろ」の復讐が完成したわけですね。

◇

A&Mの「上品で心地よくて爽やか」路線で実績を上げつつあった寒梅さんが、ブラック・ミュージック通を唸らせたのが69年の『熱い想い〜R&B、ソウル・バラード集』だった。

■板起こしで作ったソウル・バラード集

米ロンドンとA&Mを任されてるけど、俺には別の世界もあるってのを見せたいなあと思って、米ロンドン系列のカタログから作ったのが『熱い想い〜R&B、ソウル・バラード集』ってアルバムです。当時、向こうから送られてきたアルバムのサンプル盤はきれいな棚に番号順に収めてあったけど、シングル盤は段ボールで山積み。それを倉庫から出して、黒人だけ選んで、バラードに絞って、さらに音がなんとか我慢できる状態で出せるものを選ぶ。マスター・テープがなくて米国の本社に問いあわせても「そんなアーティストいたっけ？」みたいな話なんだから、こっちにある現物のお皿からとるしかない。だから半分以上は板起こし。雑音が入るのをスタジオでミキサーと一所懸命に直して。当時だからジャリジャリ音がなかなか消えない。お皿も1枚だけですから、録音しながら「無事にエンディングまで行ってくれよ」って(笑)。

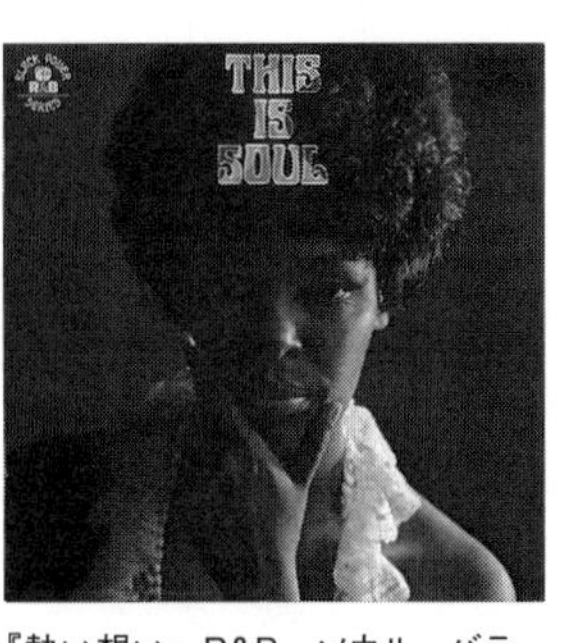

『熱い想い～R&B、ソウル・バラード集』
ロンドン／キング SLC268
1969年9月発売のLP。ドン・ブライアント、メリー・ウェルズなどを収録。

『熱い想い』は『ニューミュージック・マガジン』70年4月号の第1回レコード賞でリトル・ウォルターとともにブルース・R&B部門の2位に選ばれた。1位はマディ・ウォーターズ。

自分が死ぬ時に持っていく1枚のアルバムですね。中村とうようさんも「お前もいいレコード作ったなあ！」って褒めてくれた。嬉しかったですね。中身はディープ・ソウルばっかり。泣けますよ。よく集まったと思います。他社からオーティスやサム&デイヴが出たりウィルソン・ピケットの泣き節が出たり、そういうのを横目で見てたから、特に嬉しかった。「あなたの一番いい仕事はこれだ」と言ってくれる人もいるんです。桜井ユタカさんとか黒人音楽の評論家たちがすごく評価してくれた。

■A&Mとともにノリのいいアルファへ

78年にA&Mがアルファに移りましたね。

キングとA&Mは何度か契約更改して順調に行ってたんですが、カーペンターズが化けて条件が上がっちゃった。そこで村井邦彦さんのアルファが獲得した。村井さんは若くて魅力がありましたよ。作曲家だし。A&Mもそう感じたんでしょう。どの会社の偉い人も数字の話ばっかりだけど、村井さんは音楽がわかる！みたいな。若い音楽好きの作曲家が経営者だというのは、A&Mと一緒なんですよ。逆に、村井さんがモデルにした会社があったとしたら、まさにA&Mだったでしょうね。

当時、私はキングで邦楽制作に異動して寺内タケシさんや江利チエミさんのディレクターになってた。そこにアルファとA&Mから「一緒にやってみるか」と誘われた。私はキングですべて教わって、音楽の世界で生きていけるようになったわけですから、裏切りみたいなことはしたくなかったけど、年齢とかこれからのこと考えた時にね、「ここで毎日スタジオ入って寺内さんのレコード作ってる場合か」と。業界でも「寒梅もきっとくっついてくぞ」みたいに噂されて、それに乗っちゃったところ

1978年、A&Mとアルファの契約成立時。左からアルファ取締役の川添象郎さん、A&M国際部長のデイヴィッド・ヒューバートさん、アルファ社長の村井邦彦さん、寒梅さん。（写真提供＝寒梅賢氏）

もある。キングの仲間を3人連れて移籍しました。寺内さん、江利さんとそのまいってたら、もう少し人生、平和に過ごせたかなと思うんですけどね（笑）。

A&Mも新しいことを始めようという時に、アルファはいいパートナーだったんじゃないですか。YMOが出てくる直前。すごい会社でしたね。会議いっぱいやって○だ×だなんていうんじゃなくて、「面白い、いこう！」っていうノリの会社。若いもんに好きにやらせてくれた。あの頃はA&Mもピーター・フランプトンが『フランプトン・カムズ・アライヴ』で大爆発した後で、スーパートランプ、スティックス、ジョー・ジャクソンがビッグになるわ、ポリスが出てくるわ、みたいな上り調子。

例えばね、スーパートランプの『ブレックファスト・イン・アメリカ』を出す時に、本人たちを呼ぼうとしたら日程が合わない。そしたら村井さんは「じゃあ、このおばちゃん呼ぼう」。ジャケットに写ってるウェイトレスを。こういう発想ってキングとか大手の会社にはない。おばちゃん呼んで、ホテルで記者会見やって、朝メシ（ブレックファスト）を出そうとしたんです。結局おばちゃんが来たのは記者会見の翌日だったんだけど、新聞から雑誌から、みんな書いてくれた。

もう一つ面白いことやろうというんで、部下の実家が日立の加盟店だったんで紹介してもらって、日立の宣伝部に行って「この曲を使ってくれ」って。そしたら「ブレックファスト・イン・アメリカ」がＣＭで流れた(笑)。大ヒットですよ。宣伝部の若い人は怒られたらしいですけどね。レコードばっかりヒットして日立のオーディオは売れなかったようで。

ウィンダム・ヒルのジョージ・ウィンストンを売る時は「ニューエイジ・ミュージック」って言葉で大宣伝して、車のＣＭに使った。そしたらジョージが怒った。ＣＭに使うなら発売中止、契約解除だと。それ聞いたら普通やめるでしょ。でも村井さんは違う。「売れたら後で喜ぶんだから。ＯＫなんか要らないから流しちゃえ」って。それで大ヒットして、あの裸足のピアニストは以来毎年公演で来てたでしょ。まあ感謝してるかな。

ポリスも私のアイディアでディレクターに「難しいこと説明する暇があったら、貸衣装屋にいって、お巡りさんの格好して日本中回れ」って、北海道から九州まで回らせた。本物の警官からしょっちゅう不審尋問されたらしいですけど(笑)。

この方法はアルファに定着したらしい。ＹＭＯを売る時にも担当者が人民服を着て歩いたそうだ。

売り込む方法はいろいろ考えました。キング時代にクリス・モンテス「愛の聖書」を売る時は豆本の聖書を作った。当時〝小物〟って呼んでましたけど、今で言うノヴェルティ。ハーブ・アルパートの「マルタ島の砂」の時は小瓶に「マルタ島から持ってきた」って砂を入れて配った。原題は'The Maltese Melody'。砂なんか無関係なんだけど、かっこいいじゃないですか(笑)。海があって島があって、砂じゃないかと(笑)。

アルファでの最大の仕事は「愛のコリーダ」。「クインシー・ジョーンズはシングル盤売るアーティストじゃない」って反対されたけど強引にシングル出して大ヒット。私もディスコ回って踊ったんですよ。背広にネクタイで(笑)。アメリカ本社は「何でこんなに売れるんだ」って。クインシーはレイ・ブラウン以下ものすごいジャズ・ミュージシャンでバンド作って来日した。ところが武道館を埋めたお客さんの半分以上はただのディスコ・ファン。クインシーがお得意のナンバーをやっても聴いてない。「〈愛のコリーダ〉聴きにきたのに、何これ」って。音楽業界で仕事してきて、一番成功した例です。一番売れたけど、気分はよくない。死ぬ時は持っていかない(笑)。

これが、A&Mの契約が切れた後のアルファのユーロビートの仕事につながったんですね。クインシーの遺産がそのまんまダンス系で。アルファはそれで生きのびたんです。

アーティストが売れた後はつまんないですね。どんどん離れますから。売れるまでは楽しくてやり甲斐あって、売れてからは寂しい。ジャネット・ジャクソンがデビュー間もない頃、3週間くらい全国の放送局を回った。ジャネットとお母さんと私とで安宿に泊まって。テレビ局のアンテナが見えるとジャネットの脚が震えるんです。怖くて。そういうシャイな子だった。僕らはそういうのを見てるわけじゃないですか。売れてない時を知ってる。そういう人とは気まずくなるでしょ。そういうもんですよね。変わらないのがブライアン・アダムス。あいつは売れても売れなくても(笑)「お前には世話になった」。ポリスの連中も売れた売れないに関係なくつき合ってくれた。

■ワン・ショットでユーロビート買い

そうこうするうちに信じられないことが起きた。村井さんがもうアルファを辞めてた80年代の中頃。A&Mからジェリー・モスたちが来て「村井邦彦が好きでアルファと契約したんで、今のアルファとは更新しない」と突然言い出したんです。前触れもなく。条件面なら交渉できるけど、最初から「村井さんがいないといやだ」って言われたら、話がもう先にいかない。

そうとは知らず契約更改のお祝いをするつもりで待ってた部下たちと、居酒屋でヤケ酒ですよ。「田町の夜」って、今でも語り草なんだけど。A&Mがなくなったら洋楽の音源がゼロ。売り上げはゼロ。人も要らない。私は取締役になってたかな。一人一人聞いたんです。私の元で勉強しただろ、どこへでも移れ、紹介してやるって。そしたら十何人全員が残るって。A&Mがポニーキャニオンに移る話は聞こえていたけど、そっちからお誘いもなかったし、移ろうとも思わなかった。キングから移った時とは違った。アルファが好きだったからかなあ。

翌日、社長に「明日から世界中に散って音源を探す。だからしばらくこの人数をおいてくれ」と。そしたら「経営陣にも落ち度があったかもしれないんだから、時間をあげるのは当たり前だ」と。それからあらゆる知り合いにファクスや電話で「音源をくれ」って。行ったこともなかったMIDEMにも毎年行って、カイリー・ミノーグのいたPWLレーベルとかジェイソン・ドノヴァンとか。そのうちユーロビートがめっちゃくちゃ売れて、2年目くらいかな。利益率がA&Mの3倍くらいになった。儲かっちゃったんですよ。A&Mは契約金が高かったから、売っても売ってもあまり利益が出なかった。今度は最低だとワン・ショット1000円くらいで買ってきて出すんですから(笑)。私も契約のプロになりましたよ。毎日契約書作ってました。こっちは下請けのような立場。それまではライセンサーが偉そうに日本に来て、パーティーやって契約更改して帰る。でも今度はパートナーだから「出してくれてありがとう」っていうつき合い。精神的にも楽だしね。いろんな会社が音源を送ってくれるようになった。

アルファには14年いました。そこにワーナーでWEAを分社した折田育造さんから「俺が両方の社長やってて手が回らない。寒梅さんが来て助けてくれない?」って、悪魔のささやき(笑)。92年2月に移りました。代表取締役専務って肩書きで。

ソウルの好きな寒梅さんにとってはワーナーやWEAは魅力だったでしょう。

面白い世界が見られるかなあと。世界のワーナーですからね。いつ契約切られるかわからないんだけど。

私たちが心底思ってるのは、出したレコードを歴史に残したいってこと。文化としてね、いいものを残したい。あいつはいい仕事をした、カーペンターズなら寒梅だって、そういう仕事をしたい。それが支えで寝ないで仕事してたわけだから。

今の一番の問題は単年度契約や四半期決算。これですよ。3か月ごとに売り上げをチェックして、人件費はどうで宣伝費がどうで。これで音楽に夢なんか生まれます？　売れてる実績のあるのをよそから引っ張る時はOKなんですよ。でも新人で2年待ってくれってのは駄目。だから外資には夢がない。数字だけ。若い頃に勤めた安田生命時代に戻っちゃったみたいなね。「おばちゃん呼んじゃおうよ」っていう会議が外資系にはないんですよ。向こうから経理や監査役が来て数字の打ち合わせしかしないんです。音楽の話なんかひとっことも出ない。「これきっと来年は売れるよ」「俺たちは日本人のこういうの見つけたよ」って、そういう会議はワーナーでは一度もなかった。「宝探し」なんてとんでもない。これじゃあブライアン・アダムスが生まれるわけない。

洋楽はもう駄目だということですか。邦楽には「もう少し育てよう」とかあるじゃないですか。

洋楽もまだあると思いますよ、やり方は。A&Mみたいに、35ドルとかかな、出し合って作った会社。ああいうものが今できたっていいんです。でも大会社ではちょっとね。私はWEAでは個室でハンコ押しになっちゃった。世界がガラッと変わって、あまりすることがない。現場とも離れるし。そのうちワーナー本体の業績が悪化して、WEAをつぶすことになった。で、ワーナーの役員をしばらくやってから業界を去ったんです。

実はそれからの話の方が面白いんですけどね。職を20ぐらい転々としたんです。TDKコア、ツタヤの顧問、ロックの専門学校の講師、児童劇団の校長、自分で作った浦和の劇団、パチンコやカラオケの会社の人事部長、不動産屋の音楽の窓口をやって、怪しい証券会社にも3日ぐらいいた。あとは病院の深夜の窓口。あらゆる業種をやりましたね。

今は高校生の進路指導をする会社で講師をしてます。前は面接や採用をする側で、その後50代で面接を受ける立場。両方経験した。今の会社はそこを気に入ってくれた。もう6年になります。楽しくて楽しくてねえ。話題には困らないですもん。先生方は元警察官とか元先生が多くて、音楽業界の人いないですもん。聞く側の高校生には面白いですよねえ。安田生命の研修も受けてるし(笑)。今までの経験が全部生きてます。ただ、今の子供はカーペンターズ知りませんね。ジャネット・ジャクソンと槇原敬之（WEAに在籍）が辛うじてわかるくらい。私は人前でしゃべるのは苦手だったんですけど、今は大好きですよ。うちの奥さんは「あんたもようやく死ぬ前に天職を得た」って言ってます。

〔2010年12月25日　ミュージック・マガジンで〕

石川博明 氏

CBS・ソニーの創業メンバー

いしかわ・ひろあき

1942年、東京生まれ。65年、早稲田大学第二政経学部卒。在学中から日本楽器銀座店嘱託、卒業後にミューズ貿易勤務。68年5月のCBS・ソニー創業時に入社し、洋楽を担当。ビデオソフト事業部などを経て、93年からWOWOWに出向(2000年に転籍)、専務取締役などを務めた。2007〜9年早稲田大学情報通信センター客員教授(非常勤)。現在H&Mインコーポレーテッド嘱託。

1968年、ソニーは米CBSと合弁でCBS・ソニーを設立した。資本自由化の第1号。当時のレコード業界にとっては〝黒船〟だった。石川博明さんはその最初からの乗組員で、サイモンとガーファンクルの最盛期を手がけた。お手元にシカゴの2枚組LP『ライブ・イン・ジャパン』（72年）があったら、よく見ていただきたい。ジャケット内側のクレジットやレーベルの曲名、そして内袋を埋めた歌詞などの英文字は、すべて石川さんの手書きだ。ジャケットの〝Chicago〟のロゴも、石川さんらが革に焼き印を押して作る発案をした。そんな自由な仕事が可能だった時代や〝黒船〟の社風を聞いた。

■シカゴのライヴ盤の英文字を手書き

シカゴの日本でのライヴはとにかく早く出したかったんです。マネージャーのジェイムズ・ウィリアム・ガルシオとアートワークを相談してたらいつになるかわからない。すぐOKをもらえるように、全部ロットリングを使って手書きで書きました。そしたら一発でOK。大成功でしたね。僕は製図やってたからレタリングは自信があった。皆頑張りましたねえ。でも大賀典雄社長には怒られた。「誰の許可を得て（レーベルの）会社のロゴをこんなに小さくしたんだ」。「CBS・ソニーのロゴを大きくするとシカゴのロゴに合わないと思いまして」「会社のロゴは大事なんだ。シカゴのロゴをどうするかとは別の問題だ」って（笑）。ジャケットも担当ディレクターの磯田秀人君と考えた。革に焼きゴテ当ててジュッとやり、煙が立たなければタバコの煙を吹きかけて写真を撮る。煙がうまく写らなくて悔しかったですけど(笑)。僕の名前は入れてないです。僕は担当ディレクターに好きなことをやらせてもらっただけ。CBS・ソニーって、変わった特技を持つ人がいっぱいいたんですよ。

このジャケットが社内制作でしかも文字が手書きだということは、現在は社内でも知られていないようだ。

実はマスターにも問題があった。片面が長すぎるんですよ。30分近かったかな。それでガルシオ側から「そんな長いのはカッティングできない」って言ってきた。クラシックではあるんだけど、ロックは音圧が重要だから普通はやらない。長くなると溝が混み合うのでレベルを下げなきゃいけないから。でもレコーディング・エンジニアの鈴木智雄君が「レベルを下げずにやれると思う」って言った。カッティングの早川通夫さんも「やってみよう」と。だからこれは世界で唯一、本国で作らなかったのにガルシオが文句言わなかったアートワークで、しかも異例の長尺カッティングでアメリカの人がみんな舌を巻いた作品。ガルシオはそれ以来文句言わなくなった。

■レコード店や輸入業者で修行

生まれは東京の中野です。一回り上の兄が米軍がらみの仕事でPXに出入りしていて、10インチの

LPを買っていた。モダン・ジャズの初期。14歳の頃、日記に「CBSの仕事をしたい」と書いたんです。CBS放送のマークをデザイナーのルー・ドーフスマンが進化させた「ウォーキング・アイ」って呼ばれるマーク、あれに憧れた。気に入った輸入レコードにはとにかくこのロゴの盤が多かった。日本盤とは匂いが違うし。

高校2年の文化祭では、レコード・コンサートでレイ・アンソニーやグレン・ミラーをかけた。ポール・アンカやロカビリー三人男が人気の時代。でも僕は変なレコード買ってました。憧れたのはDJ。ロックンロールには糸居五郎さんとか大物DJがいた。でもスタンダードものはアーティストなどのくわしい情報がわかる番組がなかった。僕はドリス・デイやパーシー・フェイスなんかまじめに研究してたんで、「ストリングス・オーケストラの違いについて三つに区分して述べよ」なんて言われたら、たぶんスラスラスラスラっていっちゃうと思う(笑)。

大学では放送研究会。1年上に亀渕昭信さん。2年上に露木茂さん。大学祭ではカメさんはポップスで僕がスタンダードもの。バーブラ・ストライザンドのマネージャーのマーティー・エリックマンに「日本でプロモーションしたいから、宣伝材料送ってくれ」って手紙書いたら、宣伝セットを送ってくれた。

大学2年で銀座の日本楽器にアルバイトで入った。ショー・ケースにぎっしりあるLPのビニール袋の埃を毎日拭いていると、ジャケットの上端の色柄を上から見るだけで全体の絵柄が自然にわかるようになる。お客さんに「ジミー・スミスの『クレイジー・ベイビー』下さい」って言われたら、「はい、こちらですね」って、その上端だけを見てピッと引き抜くんです。それで「これは店に出てたものですから、在庫からお出しします」って。そのお客さんは絶対また来てくれますよ。

日本楽器ではブルー・ノート盤を全部揃えた。当時ブルー・ノートは、アルフレッド・ライオンとフランシス・ウルフの方針で海外のレコード会社でプレスする契約はせず、しかも決められた相手にしか輸出しなかった。大阪のシンセイサービスの増井さんという人が日本でただ一人、直接輸入できたんです。日本楽器も増井さんから買ってたんですが、数百枚以上の単位で発注しました。そうすると卸し値を大幅に下げてもらえた。続いてプレスティッジやヴァーヴも大量に輸入しました。

当時CBSのレコードを発売していた日本コロムビアさんの翻訳の仕事もしました。土曜日に『ビルボード』『キャッシュボックス』『レコード・ワールド』などを受け取って、CBSがらみの記事を訳して月曜に届ける。ただ当時は日本コロムビアさんのレコードは邦楽以外は買っていませんでした。僕はいつも輸入盤を買ってましたから。日本のレコード会社の発売を待ってられないし、出ないかもしれない。

大学を出る時に放送局に入ろうかとも思ったけど、もう少しレコードの勉強をしてからと思って、放送局に輸入レコードを納入するミューズ貿易って会社に入った。1タイトルにつきステレオ2枚、モノラル3枚くらい輸入するんです。文化放送に1枚、NHKにも1枚とか。放送局はモノラルだけ。ミューズではアメリカのオリジナル盤の復刻もした。世界的にも初めてだったはずです。ベツレヘムのBCP6045。マル・ウォルドロンがビリー・ホリデイを偲んで弾いたと言われている、でも実は生きているうちに録音したんじゃないかと僕は思うけど、『レフト・アローン』です。日本で出てなかった。アメリカでも廃盤。ニューヨークの知り合いに調べてもらったら、地方の会社だった。そこに復刻を依頼したんです。３００枚。ミューズ貿易の社長さん、びっくりして。いつもはステレオ2枚、モノ3枚の会社が突然３００枚(笑)。大変ですよ。外貨の準備とかまったく配慮せずに進めていたから。でも売れました。

日本コロムビアに入りたいとは思わなかったんですか？

ＣＢＳでボブ・ディランが出たのが62年じゃないですか。サイモンとガーファンクルが64年。そういう新しい流れは、それまでの日本コロムビアさんが作ってきたキャラクターの中ではこなせないと思った。当時は各社ともそうだけど、新人アーティストのアルバムは1枚目と2枚目を1枚に編集して出しちゃうとか、12インチを10インチにして出すとか。輸入盤を聴いてきた人間からみると、そういうやり方はちょっと違うなと。

ジャケットの作りが一番優秀だったと僕が思うのは東芝さん。国内盤の背文字が潰れないんです。で、古レコード屋さんで安いのを買って切り開いてみたら、なんと背の部分に竹ヒゴが入ってた。偉いなあと思った。ここまでやってるんだ。でも僕はＣＢＳのジャケットの方が良かった(笑)。

僕は学生時代から、お気に入りの日本盤のジャケットはボール紙で補強してたんです。背文字がきれいに出るように。で、そのボール紙を買っていた文具店の今も尊敬している若いオーナー、江藤利雄さんが、「ソニーがレコード会社作るらしいけど、試験受けてみたら?」って。「私はCBS・ソニーで何をするか」っていう応募の課題作文には、今まで考えてきたことを書いた。「アーヴィング・タウンゼントはこれこれのレコードを作ったけど、マイルスのこのレコードを作るとは思っていなかった」とか、「そういう素晴らしいプロデューサーの作品を日本の多くの人に広めたい」、みたいな。

■業界の慣行を破ったCBS・ソニー

朝日新聞に募集広告が載ったのが68年3月17日。募集として異例の時期だが、7000人が応募した。

僕は5月16日の採用。26歳でした。全部で80人かな。洋楽担当は僕とロックにうるさい丸野正孝、映画に強い柳生すみまろ。ほかに日本コロムビアさんから美空ひばりのディレクターだった人とか、酒井政利さんとか。テレビからの人もいたし、元薬屋さんとか、雑多な創立メンバーでした。

入社して最初の仕事は、日本コロムビアさんにCBSのマスター・テープを取りに行くこと。丸野君と二人でトラックでコロムビアさんの倉庫に行って、マスター・テープを飯倉片町の事務所に運ぶ。何往復もして二日かかったかな。あちらの棚がどんどん空になっていくんですよ。辛い仕事でした。

実はアメリカのCBSの、大プロデューサーが統括するそれまでのシステムが良かったのは、60年代初頭まで。アーティストが自分で曲を書いて自分のレーベルまで作るという動きが出てくると乗り遅れた。でも、それに気づくとCBSの動きは早かった。フィルモアのイーストとウェストに出ていったんですよ。それが66年から67年。日本のCBS・ソニーがラッキーだったのは、会社創立時にはそのCBSのロック魂が出来てたってこと。ニュー・ロックとかアート・ロックとかが出てきた68年に、CBS・ソニーはスタートしたわけだから。

だが、CBS・ソニーの船出は業界には歓迎されなかった。

だって、CBSは50年間も日本コロムビアさんにお世話になってたわけでしょ。それを突然切るのにソニーが与する結果になったわけだから。ずいぶん業界の慣行を破ったし。例えば手形はやめて現金決済にした。それまでは90日の手形での商売。レコード店はレコード会社が出すものを売る。だからせめてセールス担当に、手形を渡すときに注文や苦言を直接言うとかできたのに、その機会がなくなっちゃった。返品率も10%までというのが徹底されたし。お店からしてみると、人間味に欠ける会社に見えたのではないでしょうか。ソニーは真空管じゃなくてトランジスタだからかなあ。でもそのうち現金決済の方がいいってわかったら、他社も「ソニーもやってるんですから」って始めたそうです。いっつもそう。最初は横っ面を叩かれるの。ほかにはファクトリー・シールで密封したこと。ジャケット全部厚くしたこと。帯のかわりに袴をアタマにかぶせたこと。みんな最初は抵抗があった。

レコードの解説も最初は執筆してもらえないケースがあったんです。当初はレコード協会に入ってなかったからかなあ。そういう場合は社員が書いていました。

CBS・ソニーは最初、45回転シングル盤の穴が小さかったですね。いわゆるドーナツ盤じゃなくて。なぜだったんです？

「アダプターをつけるのは面倒」という判断。ジュークボックス用には大きな穴が必要だから、打ち抜いて出荷してました。ズボッと。簡単な機械があるんです。ところがこれがうっかり指を入れると怪我する。事故があって即刻やめました。33回転のコンパクト盤と紛らわしかったし、放送局はドーナツ盤中心だからずいぶん文句を言われましたし。

ファクトリー・シールもCBS・ソニーが最初。お店では売るときに盤を出して反りがないことを確認する。その手間をかけずに売るにはどうしたらいいか。で、シールにした。厚いジャケットにしたことで反りは減るはずだし。レコード店の針でかけてほしくないかもしれない。それでも不安なお客さんはシールを切って見る。試聴したい人にはお店に配布するサンプル盤でどうぞと。ノイマンのカッティング・マシンと世界最新のプレス機で生産しているのも売りでした。

CBS・ソニーの最初の発売は68年8月21日で、その目玉がサイモンとガーファンクル。映画『卒業』の上映がその年の6月だったから、なんとしても早く出したかった。丸野君担当のサントラLP

も、僕が担当したシングル「サウンド・オブ・サイレンス」も大ヒットした。そのシングルは「ミセス・ロビンソン」との両A面扱いで、盤のレーベルは一応「ミセス・ロビンソン」がA面。映画のサントラで最初に出てきた曲だから。この曲は全米で1位になったし、当然A面でいいんだけど。

『オリコン』では68年9月に「サウンド・オブ・サイレンス」で、人気絶頂のタイガースから1位の座を奪っています。両A面といいながらヒット・チャートではそちらがA面扱い。

ちゃんと仕事してなかったんだと反省します。統一とれてないんだもん。盤はA面が「ミセス・ロビンソン」。でもジャケットのタイトル文字は「サウンド・オブ・サイレンス」が上。やっぱり言ってみれば「サウンド・オブ・サイレンス」の重さってのがあったんですよ。「ミセス・ロビンソン」はアメリカでは1番になったかもしれないけど、ディレクターのカンというか、自信のなさというか、いい加減さというか(笑)。今日初めてここで問題として追及されました(笑)。

日本コロムビアからはすでに「サウンド・オブ・サイレンス」がA面でシングルが出てたから、ソニーは「ミセス・ロビンソン」で行こうというような事情があったかもしれませんね。

両A面にして野崎達也次長に叱られたもの。「こういうのは別々に出して両方売るんだ」って。サイモンとガーファンクルではほかにひどい失敗がありますよ。「7時のニュース／きよしこの夜」ってあるでしょ。あのシングルの曲名を2段で入れたんですよ。でも、どう見てもね、「7時のきよし」「ニュースこの夜」って読めちゃうの(笑)。あれは恥ずかしい。刷り上がりを想像する力がなかった。

◇

68年のCBS・ソニー設立後、最初にブレイクしたのがサイモンとガーファンクル「サウンド・オブ・サイレンス」だった。新会社への反発を受けて特約店作りに悩む営業担当にとっては神風だった。さらにS&G人気を決定的にしたのが、今も邦題の傑作とされる「明日に架ける橋」だ。

■アーティストの意思が伝わる邦題に

69年末に“Bridge Over Troubled Water”のサンプルが来た。アルバムは同期入社のアーティスト担当、丸野正孝君が訳詞を進め、シングルは僕が担当。最初にラリー・ネクテルのピアノの音を聴いた時、「これは何か言いたいことがある」という気がすごくした。だからこれは日本語のタイトルでなきゃいけない。これだけ重たい曲だから、この曲の何を聴かせたいのかというポールの思想が伝わらないといけない。

歌詞の中の"lay me down"には「身を横たえる」「犠牲になる」の両方の訳しかたがある。橋のように横たわるのか。それとも「私が犠牲になって君を渡してあげる」のか、どっちなのか。犠牲になるっていうニュアンスの方が強いんじゃないか。

「橋」っていうのはどこかからどこかに架ける。矛盾にあふれているのがこっち側の現実、今日だとすると、向こう側は将来のわけですよね。こちらが現実の今日、向こうは理想の未来だから「明日」だ。「明日」っていう言葉が出たのが一番大きかった。写植打ってもらって字面が悪くないかを見ました。最初はひらがなで「明日にかかる橋」。でも「かかる」では身を横たえて君を渡してあげようという能動性が出ない。「身を横たえて」なんだから「かける」だろうと。でも真ん中が「かける」だと締まらない。アタマが「明日」2文字だから後ろも「何とか橋」ってのを考えたんです。でもいい言葉がない。じゃあ「かける」を漢字にしたら引き立つ。漢字の数がアンバランスでかえってよかった。もちろん、DJになりたかったくらいだから、音の響きも何回も口にしてみました。

サイモンとガーファンクルは70~71年にこのアルバムとベスト盤3種が『オリコン』1位となり、邦楽中心だった市場を変えてしまうが、それもこの曲があったからだ。

作業中に丸野君が退社して、アルバムも僕が担当することになった。アルバムの裏ジャケットにはポールがアートの肩におでこをつける写真が1枚ある。連続写真で撮ってるらしい。ニューヨークに、

「あの写真の全部のコマが欲しい」と頼んだ。やりとりの末に、日本盤には見開きのところに4枚の写真が入った。日本のファンへのささやかなサービス。洋楽のディレクターはそういう小さい技を、苦労してやってるものなんです。

後にポールが来日した時に、以前に作られたアーティスト・ブックレットを誰かが見せたらしい。少ししてCBSから「日本でブックレット作っただろ」。向こうからこういうこと言ってくる時はだいたい悪いことが心配なんですが、「何百部か送れ」って。ポールが「日本ではこういうことやってくれてる」って言ったらしいんです。アメリカでは何もやってくれないじゃないかって気持ちだったのかもしれない。

■年末恒例企画になったギフト・パック

68年の発足当時の担当振り分けは、まず丸野君がやりたいものと企画性が強いものを選ぶ。最優先。映画がらみは柳生すみまろさん。で、彼らが絶対に手をつけないのを僕がやる。アンディ・ウィリアムズとか(笑)、ムード音楽、それにシングルは僕。そういう風に割り振って毎月20枚くらいかな。翌69年には有力な新卒1期生が入ってきた。ジャズに強い伊藤潔君、フォークの鈴木啓輔君、ギターのプロで前年からアルバイトで来てた堤光生君。洋楽担当の野崎達也次長（後に部長）はアイヴィーの人で、短髪にネクタイだったから、最初はみんなも髪は短くさせられてた。でも次長はある時外国人

1968年、CBS・ソニー創立1年めのスタッフ。左から（敬称略）、秋山、田代、野崎、相沢、堤、田村、澁谷、丸野、石川、坂東。（提供＝石川博明氏）

客に「ずいぶん地味なネクタイしてるな」とか言われたという話もあって、ある日からTシャツに変わった(笑)。

石川さんはシングルの担当。シカゴやサンタナがヒットした。

シカゴのシングル「クエスチョンズ67／68」は解説も自分で書きました。誰も書いてくれなくて。ジャズみたいなロックみたいな。ヒットしたのは「長い夜」でしたね。

印象深いのは「ブラック・マジック・ウーマン」。68年の第1回発売でフリートウッド・マックのシングルを出したんです。『英吉利の薔薇』ってアルバムに入ってた。いい曲だったけど全く売れなかった。その時「いい曲だから、次に何かあったら必ず当ててやろう」と思ったんです。そしたらサンタナの『天の守護神』に入ってた。僕のDJの先生、糸居五郎さんのところに「これすごくいいんですけど」って飛んでったら、すぐにかけて下さった。「いいねえ。早速1曲目でやりましょう」って「ゴーゴーゴー」って感じで(笑)。嬉しかったですねえ。

〝玄関プロモーション〟ってのもやりました。うちの会社の玄関で社員に「今これをプッシュしてます。よろしく」ってビラを配るんです。役員たちにも。あとで近所の人から「おたくはいつもストライキやってますね」って言われました(笑)。

70年の年末からは毎年ギフト・パックを出しました。贈り物にレコードをっていう発想。向こうでシカゴの2枚組が1枚半の値段で出たんですね。GPの1番。GPの意味を聞いたら、なんてことはない、ギフト・パック。その名前が耳に残った。元はそれです。ギフト・パックは2枚組で3000円、箱入り。ジャケット・デザインはアカデミー賞やグラミー賞に輝く石岡瑛子さん。最初の70年は、ロックではS&G、ボブ・ディラン、ドノヴァン、ジャズではマイルス・デイヴィス、後はアンディ・ウィリアムズ、パーシー・フェイス、カラベリ…。71年にはさらにシカゴとBST。他社も同じようなことをやりましたね。

日本の業界は何か勝手に編集盤作るというイメージがあった。

うちは合弁会社だから、できるだろうと思ってました。でも向こうから見れば「あれ、知らないうちにこんなの出てるんだ」ということにはなる。シカゴのマネージャー、ジェイムス・ガルシオさんも「この箱モノはなんだ」っていう話になったらしい(笑)。BSTなんかアルバム2、3枚しか出てないのにギフト・パック作っちゃうからほとんどの曲が入ってる(笑)。

当時はヒットさせるためなら何やってもいいでしょっていうのと、シングル・カットの曲は自分たちで決める、みたいな感じがあったんですよ。そうするとCBSからクレームが来る。「なんでスライ・ストーンのレコード出さないんだ」とか。「じゃあ、四の五の言わないで向こうで売れた曲をパッと出すシリーズを作りましょうか」と。品番はCBSA。Aってのはエアプレイ。「エアプレイ・シリーズ」です。CBSAの最初の発売は69年8月でディランの「レイ・レディ・レイ」。それまでのシングルはSONG。このSONGも僕が提案して始まったんですけど、ソニーだからSONは使いましょうって。シングルは曲だからSONGにしました。EPならSONEだ。

でも、CBSが〝COLUMBIA〟の商標を日本コロムビアさんに登記させちゃったのは、失敗だったんじゃないかな。あの商標の権利は、日本では日本コロムビアさんにあるんです。

■アーティストとお客さんと会社の間で

石川さんは一時洋楽を離れ、ファミリー・クラブの立ち上げに参加するが、すぐに課長として洋楽にもどってくる。

課長になってからも色々ありました。サンタナの多面体ジャケットは始末書ものでした。73年の大阪公演を入れたライヴ3枚組『ロータスの伝説』。横尾忠則さんに作っていただいた22面体。褒めてもらえると思ったら、専務の小沢敏雄さんに「製版代が全部でいくらかかったか知ってるのか」って怒られた。製版代だけで何百万円。印刷会社にも「幾日間でやってくれ」って無理を頼んじゃったでしょ。だから徹夜の連続だったんですって。世界でも未だに22面体ってのはCBS・ソニーしかやったことがない。そんなとんでもないことは(笑)。でも売れましたよ。アメリカからもジャケットのオーダー来たんですもん。海外のアーティストが日本にコンサートに来ると、買って帰る人が多かったんですよ。だから向こうでも話題になってた。

マイルス・デイヴィスが73年の2度目の来日で全国ツアーした時はくっついて歩きました。ディレクターは現場に集中してるからビジネス回りを僕がやった。実は69年にCBS・ソニーは『マイルス・イン・トーキョー』を出していた。64年の東京公演のテープを使って。でもアメリカの許可が必要とは知らなかった。それを来日記念盤として再発した。プログラムのセンター・スプレッドにはジャケットが全部出てる。真ん中にデンと『イン・トーキョー』。許可が要るとわかってすぐに刷り直しました。で、来日の間は僕か担当者がついてくことになったんですよ。ファンがLP持って「サイン」って来たら、『イン・トーキョー』だけは「駄目です」ってやるつもりで。

その時はサンタナ『ロータス』の録音と重なっていたから忙しかったんだけど、ある晩マイルスからあの独特の低い声で「ハウ・アバウト・『マイルス・イン・トーキョー』？」って。ゾッとしましたねえ。うまくいってるつもりだったのに。僕らがすべてついていたわけではないので。たぶんその間に誰かがサインもらった中に『イン・トーキョー』もあったんでしょう。「売れてるか？」。一番怖いですよ。アーティストにそう聞かれたら。なんて答えたか、全く覚えてないんです(笑)。ドキッとして。たぶんイエスって言ったんだと思うけど。

よく印税で揉める話がありますね。一つのパターンですが、関係会社間でアカウンティング締めるのはだいたい半年に1回。だから最大で6カ月後でしょ。それをニューヨークに送って、ニューヨークは全世界の分をまとめるからまた6カ月。それからまたアーティストの本国へ回って6カ月。時差が出るんです。アーティストから見れば、あんな大変なツアーやったのに、一銭も入ってこない。2年たっても全然貰ってないってことになる。

ずっと後ですが、ノーランズの時は、ライヴ録音の機材並べて電源が入ってて、テープがセットされてて、お客さんがシーンと待ってるのに、彼女たちもマネージャーのお父さんも出て来ない。去年のプロモーション・ツアーで私たちは夜中まで働いた。その時はほんとノー・ギャラで。しかも「ダンシング・シスター」は大ヒット。イギリスよりたくさん売れた。みんなは「ヒットした」って言ってるのに、私たちには一銭も入ってこない。日本人はインチキなんじゃないか。彼らのご両親は舞台の仕事でお金を持ち逃げされたりもしてるんだそうですね。ミッシェル・ポルナレフだってマネージャーに持ち逃げされたらしい。ヨーロッパってそういう話が割に多いですよ。で、お父さんは「今私の目の前に小切手くれ」と。でも今から銀行に行っても、もう6時過ぎてる。無理だと。じゃあやらない。

録音は中止。コンサートはできましたけど。見てる前で機材の電源落として。そしたら「テープも外せ」という。そこまで言われて正直腹が立ちましたねえ。ここまで一緒にやってきたのに。タイム・ラグの説明しても駄目。「今すぐ小切手」だもん。今ならもっと色んな対応ができると思うけど。

70年に来日したフィフス・ディメンションでも問題が出た。ベル・レコードと契約したので、来日公演を録音しようと。その時はレコーディング・バンでストップがかかったんですよ。レコード会社はアーティストを育てヒットを作るためにたくさんのお金をかけてる。だから自分のところにいた時にヒットした曲を、移籍した先のレコード会社には一定の期間録音させない。それがレコーディング・バンなんですね。僕らは「輝く星座」入れたかったけど、これに引っかかった。コンサート始まる寸前で、ネゴする時間もない。発売遅らせるということもできない。録音しちゃいけないっていう契約だから。

失敗はほかにもたくさんありましたが、いつも助けてくださった野崎部長をはじめ、いい上司や仲間に恵まれたことに、ただただ感謝ですね。大賀さん、小沢さんにも多くを学びました。

石川さんは「お客」には必ず「さん」をつける。お店の仕事も経験したからだろう。

大学時代にアルバイトした日本楽器銀座店は、3年間の嘱託契約でした。給料は3万4000円で、高校の新卒入社より多かったかな。名古屋や小倉の分店に行って飾り付けや接客法を提案したり、輸入盤の仕入れを教えたり。輸入盤も選んで送ってた。社員じゃないのに何千枚分も輸入をセレクトしてました。

カントリーのジョニー・キャッシュの輸入盤が入るといつも買って下さるお客さんがいたんですが、僕は「どこがいいんだろう」と。で、自分でも買って聴いてみた。そうするとありがたみが出てきて、テープに録って何回も聴く。40回聴くと、さすがに嫌いじゃなくなる。少なくとも、何でもなくなってきた。自分が聴かないからってそれで終わりにしちゃいけないんだ、レコードになって出てくるってことは好きな人がいるからであって、それがわかんないってことは、聴けば愉しめるのにそれを放棄してるってことじゃないかと。それを3年の間に覚えた。

お客さんが「メロディはわかるけど曲名がわからない」ってことあるでしょ。恥ずかしいからって隅の方で口ずさむ。「それってコーラスじゃないですか」「そうそう」「ブラザーズ・フォーの〈七つの水仙〉ですね」みたいな。お客さんすっごい喜ぶんだよね。こっちも嬉しい。一番駄目なのはあまり詳しくないお客さんがやっと曲名を確認できて「悲愴」を下さいって来た時に、「ベートーヴェンですか？　チャイコフスキーですか？　演奏者は？」と質問攻めにする。いい加減にしてくれと言いたい。レコード店の仕事はそうじゃないでしょ、と。

〔2011年2月17日　東京都中央区のご自宅で〕

瀬川昌久 氏

チャーリー・パーカーを生で見た男

せがわ・まさひさ

1924年、東京生まれ。東京大学法学部卒。1950年、富士銀行(現みずほ銀行)に入行し79年まで勤務。学生時代から日本コロムビアの選曲や解説執筆を担当。その後音楽評論家としてジャズやミュージカルの魅力を紹介してきた。著書に『瀬川昌久自選著作集〜チャーリー・パーカーとビッグ・バンドと私』(河出書房新社)ほか。

今回は初めてジャズやミュージカル評論界から、最長老の瀬川昌久さんにご登場いただく。ニューヨークのパラマウント劇場でデューク・エリントン、カーネギー・ホールでチャーリー・パーカーを見たという、おそらく日本で唯一の方だ。コロムビアの金子秀さんのお話（68ページ）にも登場されているように、長年ファンの立場から洋楽紹介に携わってきた。

■帰還兵用の船の甲板でジャズ演奏会

1924年（大正13年）東京生まれです。東京市の職員だった父が、関東大震災で借りた外債の返還交渉のために1927年（昭和2年）から1年間ロンドンに駐在することになり、それについて行きました。ちょうどジェローム・カーンのブロードウェイ・ミュージカル『サニー』が上演中。両親が劇場に行っている間、私は留守番で、手回しの蓄音機で『サニー』の主題歌'Who'を聴いていました。今から3年前に102歳で亡くなった母の愛唱歌でもありました。

昭和3年に帰国して、毎日聴いたのが浅草オペラ、カジノ・フォーリーにいた二村定一の「私の青空（夕暮れに仰ぎ見る）」や「アラビアの唄（砂漠に日が落ちて）」。堀内敬三の名訳詞で昭和3年発売。日本のジャズ・ソングの第1号です。ジャズ・ソングは最初はジャズに日本語の歌詞をつけたものを指したが、次第に日本人作曲の洋風の歌もそう呼ぶようになった。シャンソンもタンゴもすべてジャズ・ソング。SPレコードには「歌謡曲」か「ジャズ・ソング」か書いてあった。私は昭和10年頃から紹介されだしたベニー・グッドマンなどと同時にディック・ミネとかも好きだったんです。今も日本人が戦前から歌ったジャズ・ソングが非常に愛おしい(笑)。これを広めたいという気持ちがものすごく強い。

昭和18年に東大に入りまして、最初の学徒動員は免れた。昭和19年夏に海軍の主計科に。戦地には行かなかったんで、せめてものご奉公として敗戦の時に復員省に入りました。海軍病院船の氷川丸に乗ってニューギニアやラバウルから瀕死の兵隊さんを乗せて横浜に帰ってくる仕事。それを1年間近くやった。1万何千トンの船に1回に3、4千人くらい載せて5往復くらいしたかなあ。船に着くと安心してそれで息を引き取るという傷病兵の方もいましたね。栄養失調が非常に多かった。

昭和20年の11月頃、船の甲板で「船上音楽会」を開きました。乗組員の慰安会。日劇に出ていた楽団南十字星に来てもらいました。ギャラは米や肉やコンデンス・ミルク。こっちは軍だから物資はいくらでもある。私が伝票にサインすればいいんです。司会は漫談家の福地悟郎。歌は宮川五十鈴、永岡志津子。みんなプロです。「センチメンタル・ジャーニー」を歌ってもらった。赤十字の看護婦も一緒で、病院船の中は華やかでした。

昭和21年に大学に戻って23年に法学部政治学科を卒業。さらに法律学科に学士入学して、大蔵省に行こうと思って高等文官試験を受けた。1000人くらい受けて200人ほど合格した中で私は50番。ところが大蔵省内局には成績順に30番までしかとらない。私は外局の公正取引委員会に配属になった。で、富士銀行の方が給料が良かったから、昭和25年にそっちに入りました。

■コロムビアに通って選曲／解説執筆

洋楽の知識はどこから?

戦前は『スタア』や『ダンスと音楽』、レコード関係の雑誌などで野川香文さん、野口久光さん、油井正一さんたちの記事を読んでました。戦後は3人を中心に始めたホット・クラブ・オブ・ジャパンに出席したり、進駐軍放送WVTRで毎週ヒット・パレードを聴いて、アメリカのヒット曲を勉強しました。昭和13年に野川さんが三省堂から出版した『軽音楽とそのレコード』という本はたいへんな名著で、デューク・エリントンからガイ・ロムバードまで詳しく書いてある。戦前のSPレコードの解説も立派なものでした。

それと神保町にリズム社という輸入レコード店があって、そこの村岡貞（たい）さんにいろいろ教えていただきました。そこで2010年に亡くなられた石原康行さんと知り合い、コロムビアの方や放送局の方など、いろいろな方を紹介されました。

その縁で学生時代からコロムビアで選曲や解説を書くアルバイトをしていたのですが、昭和22年に金子秀さんがコロムビアに入社した。金子さんは一人でクラシックから何からやってて忙しくてしょうがない。私と石原さんは毎日のように通い、アメリカから来る目録とか毎月のリリースを見て、日本発売の候補を決めるアドヴァイスをしました。

その選ぶ基準というのは？

日本の歌手がカヴァーしている曲は、もちろんなるべく早く出した方がいい。一方アメリカにはコミカルな歌も多いんですが、これは歌詞がわからないと面白さがわかんないから外すんです。戦前に音源が届いていて出せなかったものもあった。例えば「イン・ザ・ムード」。日本では昭和21年にグレン・ミラーの出演映画『銀嶺セレナーデ』が封切られたのでよく知られていた。ただ日本のビクターはまだ契約がなくて、グレン・ミラー盤が出せなかった。そこでコロムビアが「よし、うちで出そう！」。テディ・ウィルソン楽団の「イン・ザ・ムード」がある。「これだ！」ってね(笑)。ちょっとサウンドは違うけど、「イン・ザ・ムード」には変わりない。もう1曲、グレン・ミラー盤「ムーンライト・セレナーデ」の裏面の曲「サンライズ・セレナーデ」のキャロル・ギボンズ楽団による音源がコロムビアにあったんで、ウィルソンの裏にした。これが戦後最初に出たジャズのヒット曲のレコードでしょう。

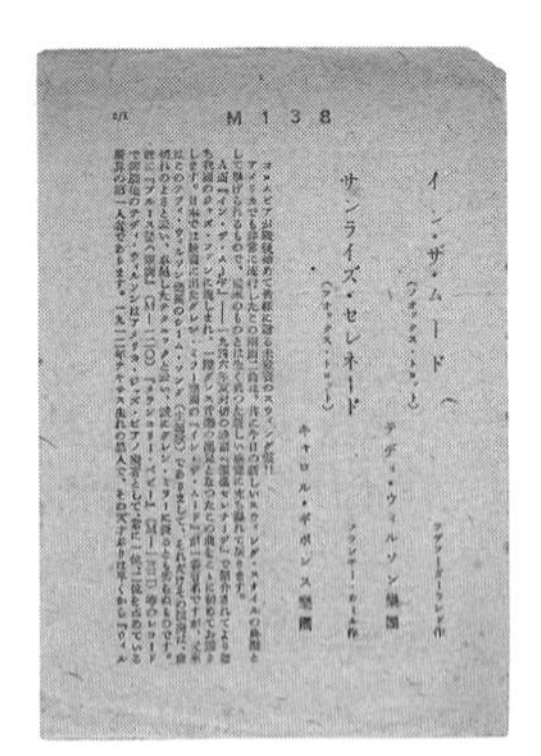
M 138

イン・ザ・ムード

テディ・ウィルソン楽団

サンライズ・セレナード

キャロル・ギボンズ楽団

テディ・ウィルソン楽団「イン・ザ・ムード」(コロムビア M138)
1948年発売のSP。左は添付の解説で、瀬川さんが無署名で執筆。

瀬川さんが無署名で書いたこのSP添付の解説から拾う。

＜コロムビアが戦後始めて皆様に贈る未発売のスウィング盤!!アメリカでも非常に流行したこの両面二曲は、共に今日の新しいスウィング・スタイルの典型として挙げられるもので、従来のものとは全く違った新しい感覚に充ち溢れて居ります。（略）日本では映画に出たグレン・ミラー楽団の「イン・ザ・ムード」が一番有名ですが、元来はこのテディ・ウイルソン楽団のシーム・ソング（主題歌）でありまして、それだけその演奏は、歯切れのよさと云い、卓越したテクニックと云い、まことにグレン・ミラーに優るとも劣らぬものです＞

当時はアメリカの曲がヒットすると、どこのレコード会社が真っ先に出すかが競争だったわけですよ。パティ・ペイジの「テネシー・ワルツ」はマーキュリーなんだけど、日本では米マーキュリーとの契約がまだなかったので、キングが出した江利チエミの方が早くてずいぶん売れたんです。コロムビアはジョー・スタフォード盤を出しました。とてもきれいな声で僕は大好きでしたが、それほど売

ドリス・デイ「センチメンタル・ジャーニー」（コロムビア M165）1949年発売のSP。同番号でピクチャー・レーベルになっていない盤もある。左は添付の解説の表紙で、瀬川さんが瀬川志郎名義で執筆。

れなかったようです。
僕が一番出したかったのは、ドリス・デイの「センチメンタル・ジャーニー」。日本の歌手が猫も杓子も歌ってましたから。金子さんに交渉してもらって、昭和24年4月新譜で出した。レス・ブラウン楽団、唄ドリス・デイ「センチメンタル・ジャーニー」。裏は「朝は太陽、夜は月」。レコード番号はM165です。これに「歌詞によせて」と題して書いたのが、僕が署名入りで書いた最初の解説です。でも名前は歌詞の翻訳をしてくれた友人の「志郎」をとって「瀬川志郎」にした。

その一節もご紹介しよう。

〈戦後のWVTRの音波に乗って、私達が始めて耳にしたセンチメンタル・ジャーニーの曲、その印象的な哀切な調べは長い苦難に疲れ荒んだ私達の心に、ほのぼのとした灯りを點し、忘れて居たメロディーの面白さを喚びさまして、アメリカで一九四五年に最もヒットした此の曲はそのまゝ忽ちの中に日本中を風靡しました〉

■感激のエリントン、パーカー体験

こうしてレコード作りにずいぶん参加させてもらいましたが、やがて日本のレコード会社もアメリカの本社とじかにやりとりができるようになって、向こうの出すものをそのまま出せるようになる。僕らが寄与できる余地は段々少なくなりました。

勤務していた富士銀行は国際業務に力を入れていた時。昭和28年に選ばれてニューヨークに行きました。ファースト・ナショナル・シティ・バンクに1年間ぐらいの研修。アメリカに行くのが夢だったわけですから、勇躍して出かけました。仕事はずいぶん頑張って評価も受けましたが、ジャズの方も熱心に聴きました。

映画『ベニー・グッドマン物語』にパラマウント劇場が出てきます。ベニー・グッドマンが「レッツ・ダンス」を演奏しながらセリで上がってくる。お客が総立ちで騒ぎ出すという場面があるんですが、そのパラマウント劇場にデューク・エリントンが出ていた。これが大感激。1953年だからエリントンも良い時で、幻の人たちがみんないるわけ。ジョニー・ホッジスだけは不在でしたが、ポール・ゴンザルヴェス、ハリー・カーネイ、

1953年、ニューヨークで。左が瀬川さんで、右は一緒に研修していた銀行の先輩。（提供＝瀬川昌久氏）

ジミー・ハミルトン…。伝説の黄金のサックス・セクション。涙が出ました。53年12月にはカーネギー・ホールにチャーリー・パーカーが出る、ディジー・ガレスピーも出るとラジオの夜中のＤＪで聴いて、さっそく聴きに行きました。

パーカーを生で見た日本人はいないいんじゃないですか？

非常に少ないでしょうねえ。彼は55年に亡くなってるし、日本に慰問にも来てない。動いてる映像も一つぐらいしかないですしね。これはもうたいへん嬉しいことでした。第1部がバド・パウエルのピアノ・トリオにガレスピーとパーカーが入ってやる。既に二人がダイアル盤とかサヴォイ盤で続々とビバップを吹き込んだあとですから、そういう曲をやる。ビバップは勉強不足でまだわからなかったけど「ラヴァー・マン」もやりました。2部はスタン・ケントン楽団のソリストでまた二人が出る。「マイ・ファニー・ヴァレンタイン」を覚えてます。

アメリカでは当時まだ白人系のスタン・ケントン楽団を出した方がお客が来た。つまりイースト・コーストの黒人のモダン・ジャズメンはようやく出てきたばかりで、ジャズ界では有名だけど一般にはまだ受け入れられてなかった時代。だからケントンの方がトリ。カーネギーは何千人と入るところですしね。こちらがショーとしてはメインでした。僕はホールの一番後ろ、3階にいたんだけど、まわりはほとんど黒人客です。カーネギー・ホールは普通は黒人は少ない。でもその時は3階はほとんど黒人でしたね。それだけ黒人の間で人気があったんでしょうね。

パーカーはもう病気でヨレヨレになってるというようなことも言われていたけど、全然そんな感じはなかった。とにかく音が大きくて、あのカーネギー・ホールの全体に響きわたる。しかも音色がきれいで。足を開いて非常にいい姿勢で、堂々としていて。日本人の音色とはスケールが数倍違った。感動しましたね。彼は50年代になって『ウィズ・ストリングス』ってのをやってた。ヴァーヴのノーマン・グランツがパーカーを売るために、きれいなスタンダードをストリングスとやれば、つまり彼は音色がすばらしいからスタンダードをやっても、他の人がやるのとは違うわけなんですよ。

バードランドのライヴでもパーカーはストリングスとやってた。パーカーはストリングス好きで、やりたくてしょうがなかったんです。これが非常に売れて、ニューヨークの街を歩いてもレコード屋でも外に聞こえてくるくらい。それからラテンのパーカッションを入れたのもやってた。これがまたいいんですよ、とってもね。しかも、あんまり崩さない。だから厳しい批評家はアドリブの度合いが少ないとかジャズ的でないとか言う人もいたんだけども、パーカーくらいになれば、アドリブしなくても、メロディをそのまま吹いてもジャズになるんですよ。

この時代、ケントンは日本でもバンド・リーダーがみんな注目してた。すごくモダンなんです。日本で戦後すぐにできたニュー・パシフィック・オーケストラのテナー・サックスの松本伸さんも、ケントンを一所懸命に研究してた。ケントンとウディ・ハーマン。この二つに50年代のアメリカの一番プログレッシヴなバンドとして、日本のバンドが憧れた時代です。グッドマンとかグレン・ミラーらのスウィングからもっとモダンな音楽へ。当時は大衆の間にも〝モダン志向〟があったんです。新しいものを吸収しなければいかんという。そういう気持ちが非常に強かった。難しいけどそういうのを聴かなきゃって。

パーカーが始めたビバップは日本ではあまり大衆に広がらなかった。ビバップはとにかくタララタララって細かいフレーズの上がり下がり。速いテンポで。メロディを覚えるってのが素人にはできない。みんな同じに聞こえちゃうわけ。ところが50年代後半にアート・ブレイキーが登場してくると、「ブルース・マーチ」とか「モーニン」とか、素人にも口ずさめるファンキー・ジャズが出てきた。みんなそっちに行って、パーカーのオリジナル・バップ研究は下火になった。渡辺貞夫さんとか秋吉敏子さんはアメリカで研究してきたわけだけど。日本では一般のコンサートなどでは演奏されなかった。だからビバップを軽視して情報も途絶えた。ところが最近若いジャズメンがパーカーを研究している。非常に嬉しいことです。

ニューヨークでは古レコード屋回りもしました。ヒット・ソングとかジャズの45回転のシングル盤を安くしこたま買い込んで、54年に帰国しました。いろんなラジオ局からそれをかけて番組を作ってくれと言われましたね。『スイングジャーナル』にアメリカでの見聞記を書いたり、新譜の紹介をしたりしました。

◇

ジャズがある意味最も面白かった時代を瀬川さんはニューヨークで過ごした。羨ましいお話である。

■ニューヨークでジャズ・クラブ通い

1956年にまたニューヨークへ行きました。今度は3年近く。勤めていた富士銀行が支店を開設したんです。この時も熱心にジャズ・クラブ回りをしました。特によく通ったのがバードランドです。

この時期はイースト・コーストのモダン・ジャズの全盛期。アート・ブレイキーのコンボにクリフォード・ブラウンがちょっと在籍して、バードランドに出てた。バードランドは「2バンド・ポリシー」って言ってね。オーケストラとコンボと、二つ出るんです。カウント・ベイシー楽団の次にバド・パウエル・トリオとか。大変な豪華版ですよ。客は最後まで入れ替えなしで、カウンターにいれば3、4ドルで済む。バードランドが一番行きやすかった。名門だし、バンドが二つ出てるし。あと50丁目くらいにあったメトロポール・カフェにはスウィング系が多くて、ライオネル・ハンプトンなんかがよく出てた。ヴィレッジ・ゲイトはズート・シムズとアル・コーンがしょっちゅう出て、非常に人気があった。ローヤル・ルーストはもうなかった。ブルー・ノートができたのはずっとあとですね。

58年にはドキュメンタリー映画『真夏の夜のジャズ』にもなったニューポート・ジャズ・フェスティヴァルに行きました。秋吉敏子さんがちょうどバークレー音楽院を出て、夏はニューヨークのレナード・フェザーの家の留守番をしていたんで、彼女にチケットをとってもらった。みんなで車でニューポートに行きました。ディジー・ガレスピーがひょうきんでね、しょっちゅうステージの外に出てくるんで話をしたり、トニー・スコットというクラリネット奏者と仲良くなったり。マイルス・デイヴィスもセロニアス・モンクも出ていた。チャールズ・ミンガスも出てました。でも『真夏の夜のジャズ』にはマイルスは出て来ない。ステージには午後出てたんですけど、夜の本番には出てないんで、映画には出て来ないんです。

58年に帰国して、後に富士銀行の頭取や日本経団連副会長になられた岩佐凱実さんの秘書になりました。60年から55歳の定年（79年）まで岩佐さんの秘書。岩佐さんは財界人の国際交流に力を入れて年に10回くらい世界中に出張する。そのたびに随行しました。日曜日はレコード屋を歩いたりコンサートに行ったり。平日で接待がある時も、岩佐さんが夜10時くらいに寝ちゃうと僕は一人でジャズ・クラブに通った。アメリカのナイト・クラブってのは遅いわけ。夜9時から午前2時くらいだから。翌朝は7時くらいに岩佐さんの部屋に行って一緒に食事。あの頃は若かったから、2、3時間寝れば大丈夫でした。岩佐さんには自由にやらせてもらえたのでありがたかったです。

学生時代からアルバイトしていた日本コロムビアとの関係はどうなっていたのだろう。

2度目にアメリカに行った時に、コロムビアのディレクターは金子秀さんの後任で吉岡孝保さん。アメリカのジャズ情報をずいぶん手紙で送りました。帰国後、「これからは黒人のモダン・ジャズの時代。これをどうやって売り出したらいいか」と相談を受けて、じゃあいろんなグループのおもしろい曲を選んで編集盤にしようと。この時代、まだ1アーティストでLP1枚はきついから、米コロンビア音源のいろんな曲を集めた入門編を出して親しんでもらうのがいいんじゃないかって。それが60年に出した『魅惑のモダン・ジャズ』。最先端のモダン・ジャズを紹介する企画で、マイルス・デイヴィス五重奏団の「ブードー（Budo）」に始まって、アート・ブレイキーとジャズ・メッセンジャーズの「ニカス・テンポ」、デイヴ・ブルーベック・カルテットの「メイキン・タイム」まで10曲。当時ホレス・シルヴァーの「プリーチャー」がすごく流行ってたけど、ブルー・ノート盤は日本で出せなかったんです（石川博明さんの回132ページを参照）。ところがコロムビアにはカイ・ウィンディング・セプテットの「プリーチャー」があったんですよ。それからマイルスの、私が好きな九重奏団はキャピトルだから出せないけど、同じ編成でジジ・グライスのジャズ・ラブがあった。テオ・マセロの実験的九重奏団もあった。で、それらをみんな入れました。テオ・マセロの曲なんかその後もLPが出なかったんで、このアルバムでしか聴けないんです。

これが幸いに好評だったので、次には初期のモダン・ジャズを紹介する企画で『魅惑のモダン・ジャズ第2集〜モダン・ジャズの夜明け』を出した。こちらに

『魅惑のモダン・ジャズ』
（コロムビア SL3018）
1960年1月発売のLP。文中のアーティストのほか、ジェリー・マリガン、J・J・ジョンソン、ドナルド・バードも収録。

はレスター・ヤングとカウント・ベイシー楽団の「レスター・リープス・イン」のほか、チャーリー・クリスチャンとベニー・グッドマン楽団、ジーン・クルーパ楽団、ウディ・ハーマン楽団などを収録しました。この2枚が私の思い出に残る編集アルバムです。

50年代にはＪＡＴＰやジーン・クルーパが来日していたけど、61年にアート・ブレイキーが初めて来日して、モダン・ジャズがちょうど後のビートルズのように世の中を動かした。蕎麦屋の出前持ちが「モーニン」を口ずさんだという話があったぐらいだから。日本の本当のモダン・ジャズ・ブームはアート・ブレイキー来日からですね。62年にはホレス・シルヴァーも来た。ブレイキーの産経ホールはすごかったです。ブレイキーのナンバーを採り入れてた白木秀雄クィンテットの白木さんが自宅にバンドを全員呼んで歓迎会。ボビー・ティモンズと世良譲さんが盛んにピアノ談義をしてた。朝方までみんなで騒いだんです。トランペットはリー・モーガン、テナー・サックスはウェイン・ショーターで、ベニー・ゴルソンから代わった時です。

■CBS・ソニーやビクターで好企画連発

瀬川さんの一番お好きなアーティストは？

クロード・ソーンヒル楽団とギル・エヴァンスですね。ソーンヒルはピアノ。40年から47、48年に米コロンビアから出てた。ここにギル・エヴァンスがアレンジャーで入っていて、パーカーの「アンソロポロジー」とかバップの3、4曲をビッグ・バンド用にアレンジした。これがものすごくいいんです。「スノーフォール」「ラ・パロマ」「展覧会の絵」とかも。ギルのアレンジがすごく斬新。アンサンブルがものすごくきれい。今までのビッグ・バンドで使っていない木管のフルートとかバス・クラリネットとかバスーン、フレンチ・ホルン、チューバ。そういうのを入れたんです。万華鏡のようなサウンド・アレンジで、アメリカでも高く評価されていた。金子秀さんも好きでね、日本コロムビアでSPを出したんです。その後レーベルがCBS・ソニーに移ってからも、ディレクターの伊藤潔さんたちがギルを好んでくれて、「じゃあソーンヒルのギルのアレンジのを全部出しちゃいましょう」と。アメリカでLP化されていなかった音源を全部こっちで組んで、71年にLPにしました。「展覧会の絵（The Troubador）」なんて、アメリカでSPも出なかった音源なんです。

47年にマイルスが九重奏団を組んだ。これはソーンヒル・ビッグ・バンドのギル・アレンジのサウンドを表現できる最少のユニットだと。キャピトルで出したアルバムが『バース・オブ・ザ・クール（クールの誕生）』。ソーンヒルはその大元だというんで、タイトルは『ザ・リアル・バース・オブ・ザ・クール』にした。これはおかげさまで高い評価を得ました。

CBS・ソニーの伊藤潔さんはまだ若かったのに私の考えをよく理解してくれて、72年には編集盤を3組出しています。まずビリー・エクスタイン・オーケストラの『ザ・ファースト・ビッグ・バップ・バンド』。これはサヴォイの音源を集めて編集した。70年代初頭にはサヴォイ音源がCBS・ソニーにあったんです。ベニー・グッドマン楽団でペギー・リーが歌ったコロンビア音源を全曲集めた『エルマーズ・テューン』も出しました。それとボイド・レイバーン・オーケストラの『ザ・プログレッシブ・ビッグ・バンド』。これはまたサヴォイ音源で、40年代にやった「ボイド・ミーツ・ストラヴィンスキー」なんていう斬新な曲も入っているんです。伊藤さんは当時の評論家たちを総動員して、ビリー・ホリデイ、テディ・ウィルソン、チャーリー・パーカーなど日本独自編集の全曲入りアルバムを次々出して、CBS本社からも敬意を表されていましたね。

ビクターのMCAレーベルでも忘れられない編集盤をたくさん出しています。74年に4枚組の『ジミー・ランスフォード全集』、エラ・フィッツジェラルドの3枚組『アーリー・エラ』、そのエラが在籍した楽団の3枚組『チック・ウエッブ全集』。いずれもアメリカでもLP化されていない音源を集めた画期的なもので、ビクターのスタッフが熱心に仕事をしてくれました。76年には「MCAビッグ・

1974年、『ジミー・ランスフォード全集』で『スイング・ジャーナル』ジャズ・ディスク大賞の編集企画賞を受賞し、ビクターのスタッフと祝う。左から大森文郎さん、瀬川さん、田口晃さん、石井康男さん。(提供＝瀬川昌久氏)

バンド・ジャズ・シリーズ」も出した。全12巻。おもに黒人系のオーケストラがバップやR&Bバンドに移っていった過程に焦点を合わせて、ラッキー・ミリンダー、アール・ハインズ、バディ・ジョンソンなども収録した。これは大変でした。富士銀行の寮に泊まり込んで、思い切り長くて詳しい解説を書いたんです。このシリーズと『ジミー・ランスフォード全集』は、『スイングジャーナル』ジャズ・ディスク大賞の編集企画賞をいただいて、ビクターのスタッフと乾杯しました。

最近では、BMGから私の監修ということでデューク・エリントン、ベニー・グッドマン、グレン・ミラーをそれぞれCDの2枚組で出しました。グレン・ミラーでも普通はベストっていうと必ず「イン・ザ・ムード」とか、入る曲が決まっているわけですね。その中に入ってなくて、しかも戦後日本のバンドがずいぶんやったのにいつの間にかやらなくなって今のジャズメンが知らない曲、昔の人なら知ってるって曲、そんなのを入れたりしています。

■日本の戦前ジャズを記録に残す

アメリカでもLP化されていない音源の復刻に力を注いだ一方で、瀬川さんは日本のジャズの復刻を各レコード会社にはたらきかけてきた。

実は私は自分のやった最大の仕事は日本の戦前のジャズの復刻や再評価だと思っているんです。私は『スイングジャーナル』で70年から90年くらいまで新譜紹介をやっていましたが、あまり目立たないところでは戦前ジャズの記事を書いていたんです。60年代くらいから日本のジャズをしょっちゅう聴きに行って、戦前のジャズも勉強したいという気持ちが非常に強くなって、戦前のジャズメンでご存命の方に頻繁にインタヴューを重ねたんですよ。歴史を記録しておきたいと。再評価の光も当てたい。その流れで75年からは谷口又士とオールド・ボーイズをプロデュースしました。銀行でお金を借りてホールも自分で予約して。自分でギャラも払ってね。コンサートをずいぶんやりました。リーダーがジミー原田さんに替わってから、中国・上海の古いホールでもコンサートをやりました。中国では戦後初のジャズ・コンサートだった。ジミーさんが中国の女性歌手を抱くようにしながら「月光価千金」をデュエットして大喝采。私は富士銀行からダウケミカル、ダウバンクと会社が替わって、時間も楽になってきたんで、そういう仕事もできたんです。

彼らは戦前にいい時代があって、戦時中は慰問。戦後の10年間ぐらいはまたいい時代。でも65年ごろから若手のモダン・ジャズの人たちが出てきて、古い世代はキャバレーなどに移った。みんなバラバラに仕事してました。初めて谷口さんを口説きに行った時、「この瀬川ってのは一体どんな人間なんだろう」と。「俺たちを食いものにするんじゃないか」と疑念を持った人もいたらしい。でも付き合っていくうちに親しくなって、「瀬川の言うことなら信用しよう」ということになったようです。

並行してレコード会社のディレクターたちにもことあるごとに戦前のジャズの話をしていたんです。僕は自宅は空襲にあって焼けちゃったけど、戦後、神保町のレコード社なんかで古いSPを買い集めていましたから。それが実って、76年にコロムビアから『オリジナル音源による「日本のジャズ・ソング」戦前編』が出ました。LP5枚組。二村定一や、昭和7〜8年にアメリカから帰国してジャズ・ソングのブームに火をつけた川畑文子、リキー宮川と宮川はるみの兄妹、笠置シヅ子…。するとビクターもその年の暮れに創業50年を記念して『オリジナル原盤による「日本のジャズ・ポピュラー史」戦前編』を出してくれた。こちらはLP10枚組。これには岸井明や灰田勝彦が入ってる。77年になるとビクターはその『戦後編』を8枚組で出した。ジーン・クルーパ楽団が来日した時の「荒城の月」などの音源を入れたボーナス盤も1枚つけた。キングも77年に『戦前日本のジャズ・ポピュラー傑作集』2枚組。79年になるとテイチクから『SP原盤による日本ジャズ・ポピュラーの歩み』3枚組。ポリドールも『不滅の日本ジャズ・ポピュラー史』3枚組。これで5社揃いました。レコード会社には原盤があまり残っていなくて、私が買い集めたSPが役立ちました。

こうしてLPに復刻した戦前ジャズも、当時は懐メロ・ファンにしか受けなかったんですが、最近になって若い人たちの間での関心が高まってきたんです。不思議なんですがね。ブリッジがコロムビア音源などを次々とCD化したり、メタ・カンパニーがあきれたぼういずをCD化したりしています。特にブリッジから最近出た『ハタノ・オーケストラとその時代』や『オ人形ダイナ〜戦前童謡・ジャズとタップ』のCDが意外に広く評価されていて、LP時代から苦労して復刻してきた甲斐があったなと思っています。

〔2011年4月19日　東京都新宿区のご自宅で〕

本田悦久 氏

ビクターのポップス黄金期を担当

ほんだ・よしひさ

1934年、中国・天津生まれ。58年、中央大学法科卒。同年日本ビクター入社、レコード制作部門である文芸部（現ビクターエンタテインメント制作部門）に配属。洋楽部長、米国JVC社長などを経て94年に退社。川上博の筆名で執筆活動。60〜70年代にはNHK-FM「ミュージカルへの招待」にレギュラー出演。

今回は本田悦久さん。ビクターのワールド・グループでフランク・シナトラからパット・ブーン、ビリー・ヴォーン楽団などポピュラー音楽の王道を手がけ、ニニ・ロッソと親交を結び、リチャード・クレイダーマンを仕掛けた人物だ。「悲しき街角」「レモンのキッス」などの邦題をつけたのもこの人。現在はミュージカル三昧で、浩子夫人と共同で英『ミュージカル・ステージズ』誌に「ジャパン・スルー・ホンダズ・アイズ」という1ページの連載を持つ。『レコード・コレクターズ』では川上博の筆名で創刊当時からドリス・デイ、ヘレン・メリルなどの記事を執筆してきた。同誌2000年3月号の「レコード・コレクター紳士録」にもご登場されているので、生い立ちなどはそちらをお読みいただきたい。

■歌詞・解説から販売まで経験

大学は中央大学で、「質実剛健」の校風が社風に合うと日本ビクターから募集が来たので受けました。1958年（昭和33年）の入社です。弱電機器の会社ですから、大卒の採用40人のうち理科系の20人は研究所か工場、文化系の20人はほとんどがテレビなどのセールスへ配属。私一人だけレコード制作部門である文芸部の編集課に配属され、初仕事がRCAビクター原盤のプレスリー。7インチ盤で、それに歌詞を載せてちょっとした解説をつける。これを「文句カード」と呼んでました。原盤には歌詞なんかついてない。でも向こうでは既に発売されているヒット曲だから、米国の音楽雑誌を買って歌詞を探すんです。

ビクターはRCA以外の音源は日比谷にあった米人の会社、コスデル商会経由で契約していました。ドットとかインペリアルとかですね。そこの社長秘書のリタ嬢にも歌詞の聴き取りをやってもらいました。

最初のうち、私はLPの『南太平洋』あたりまで自分で解説を書いてました。ところが、ハッと気がついた。評論家に書いてもらえば評論家へのプロモーションにもなるんだなと。そういうこと、誰も教えてくれなかったんです。

RCAはビクターが直で契約していましたが、スムーズにはいかない。発売日が近づいてもマスターが届かないなんてこともある。そういう時には先に来てたサンプルや、進駐軍のPXで売っているレコードからダビングしてそれをマスターにしましたね。当時〝リ・レコ〟と呼んでました。ダビングといってもデジタルじゃないからどんどん劣化するわけですね。サンプルだって何回か聴いたやつでしょ。それを日本でのマスターにしちゃう。今では考えられないけど、初期にはそんなこともありました。

入社した58年終わりか59年初めにポピュラー担当の部屋ができました。企画課からは後に日本フォノグラムの初代社長になる伊藤信哉さん。洋楽課からはRCA担当の町田寛さんと古郡巽さん。編集課からは生田斌さんと私。課長がいない部屋で、ここでRCAもそれ以外も、ポピュラーは全部やりました。その後、組織変更でレコード本部ができて、洋楽1課がRCAとクラシック、洋楽2課がそれ以外の洋楽を扱うワールド・グループで、私はそこに入りました。

会社に入ってすぐ、青木啓さんが編集長の『ジュークボックス』誌に書くようになって、大橋巨泉さんと交互に「作曲家物語」を連載しました。巨泉さんがコール・ポーターを書くと私がアーヴィング・バーリン、巨泉さんがジョージ・ガーシュウィンを書くと私がジェローム・カーンという具合。『ジュークボックス』では、各社のシングル盤紹介のページも担当しました。だから各社のサンプル盤が集まるんです。こちらは公平に紹介しても、他社の洋楽担当者に「これ書いてるのはビクターの人間だ」って知られるとちょっと、となって、ペン・ネームを川上博にしました。ジャイアンツびいきでしたから(笑)。

次に『ミュージック・ライフ』誌に書き始め、「英米ヒット・パレード」というページも担当していました。福田一郎さんが書いていた「スターの花かご」ってゴシップ記事みたいなページを引き継いで何カ月かやったんですよ。明日が締め切りという晩に、築地の会社から銀座のイエナ書房に飛び込んでアメリカの雑誌を数冊買い込んで、下宿で一晩で書き上げたこともありました。だんだん負担になって福田さんに話したら、湯川れい子さんを紹介されました。

64年に29歳でいきなり販売課長になって、大阪のセールスマン会議に出たら先輩のつわもののセールスマンたちから総スカン食っちゃいましてね。「セールス経験もない奴が本社の販売課長だなんて言っても俺は信用しない」と会議で面と向かって言われた。これには参った。でも毎月でしょ。憂鬱になっちゃってね。そこで一つ名案を思いついた。「私はたしかにセールスマン経験はない。でもレコード好きで、今でも自分の金でレコードを買い続けている。皆さんの中でこの1カ月、自分のカネでレコードを一枚でも買った人がいますか。手を挙げて下さい」って言ったんですよ。「会社のテスト盤聞いたなんてのは駄目ですよ」と。そしたら誰もいないんですよ。立場が逆転してね(笑)。「私はいろんなレコード会社のポピュラー・レコードを安月給はたいて買ってる。だからお客さんの立場でものが言えるんだ」。これにはみんな黙ってしまった。まあじきに編成課長に変わったんですけどね。

■街角シリーズとフルーツ・シリーズ

62年にできたばかりのリプリーズがビクターにきました。フランク・シナトラのレーベルですね。ディーン・マーティン、サミー・デイヴィス・ジュニア、ジョー・スタッフォード、ローズマリー・クルーニー、ダイナ・ショア。大人のムードのヴォーカリストばっかりです。シナトラは62年4月に来日して、赤坂のミカドと日比谷野外音楽堂でライヴをやった。向こうはもう親分格だから、ボディガードみたいなのが先に乗り込んできてホテルの部屋でも何でもチェックして「OK」って。それから御大が乗り込んでくる、そんな感じ。呼んだのは協同企画エージェンシーの永島達司さん。できたばかりのリプリーズのプロモーションを兼ねた来日だったんでしょうね。

実は本田さん、担当アーティストに関する生々しい苦労話をあまりなさらない。手がけたのは大物アーティストばかりだから、苦労をなさらなかったわけはない。たぶん、その時には集中しても、終わると全部切り替えて次の仕事に向かうタイプなのかもしれない。

パット・ブーンは爽やかな人柄で印象深かったですね。実際に売れましたしね。熱心なクリスチャンで、朝ホテルに行くといないんですよ。ちゃんと教会に行ってた。さすがでした。ポール・アンカなんかは遊び歩いて日本の女の子を追っかけてたのに。ビリー・ヴォーンはドット・レコードの音楽監督みたいな人で、ドットのスタジオ・オーケストラでアレンジと指揮をやってました。67年頃だったか、パット・ブーンのコンサートとビリー・ヴォーン楽団のコンサートが東京で鉢合わせになって、パットがビックリしてるんですよ。向こうではスタジオマンのヴォーンがステージに立ってオケ振ってるなんて見たことないって。ビリー・ヴォーン楽団は米国でもレコードは売れるんですけど、客を集めてライヴはやらない。でも69年には日本での実績を背景にアナハイムのディズニー・ランドでやったそうですよ(笑)。

1964年3月、来日したパット・ブーンと本田さん。
(提供＝本田悦久氏)

ビリー・ヴォーン楽団の宣伝にはどんな工夫をなさったんでしょう。

入社前からヒットしていた「浪路はるかに」、あれをイメージして、爽やかな感じの曲をリストにして向こうに送って録音してもらった。その中の一曲が「真珠貝の歌」で、小編成でいい感じのサウンドになった。それをNHKに持って行って石田豊アナウンサーの午後3時の番組のテーマ曲に使ってもらったんです。パット・ブーンにもこちらの企画をずいぶんやってもらいました。山の歌を集めた『ワンダーフォーゲル歌集』も当たりましたね。66年には『パット・ブーン・イン・東京』を出しました。ビリー・ヴォーンもパット・ブーンも日本での売り上げが大きかったから、こちらのリクエストには快く応えてくれました。

インペリアルにはリッキー・ネルソンがいました。アメリカの人気番組「陽気なネルソン」が日本でも放送されて、人気でしたね。62年頃はベスト10のうち8曲がうちのワールド・グループの曲なんてこともあった。黄金時代でした。リッキー・ネルソン「ヤング・ワールド」、ボビー・ライデル「スウェイ」、ニニ・ロッソ「夕焼けのトランペット」、チャビー・チェッカー「ツイスト・USA」…。

じゃあディレクターとしてはあんまり努力しないでも売れたんですか。それとも何かの工夫が?

初めの頃の邦題は私が片っ端からつけました。あの頃はやはり日本語の題名をつけないとね。タイトルの比重は大きかったです。例えばデル・シャノンの'Runaway'は「悲しき街角」にしました。これは歌詞のどこか一部をとらえたのかなあ。で、だいたい三部作にしたんです。2曲目は「花咲く街角」。どうして「花咲く」にしたかって言われるとわからないけど(笑)。3曲目は'So Long Baby'だから「さらば街角」。まあ、「悲しき何とか」ってつけるとわりとヒットしやすいんですよね。「涙の何とか」もね。

ナンシー・シナトラの'Like I Do'は元はクラシックの「時の踊り」に歌詞をつけたやつですね。あれは「レモンのキッス」とつけました。いや、なぜレモンかなんて、そんなややこしい問題じゃないですよ。曲を聞くと、ちょっと甘酸っぱいからですかね。で、レモンが当たったらフルーツ・シリーズだというんで、次は「イチゴの片想い」、3枚目は「リンゴのため息」(笑)。

■日本人好みのニニ・ロッソとクレイダーマン

CBS・ソニーの石川博明さんは様々な検討の果てに「明日に架ける橋」という邦題に辿り着いたが、本田さんは直感的な人らしい。

無責任ですかねえ。曲を聞いて、そのイメージから邦題をつけました。社内会議でも問題にならなかったし。40年後に『レコード・コレクターズ』の読者を納得させることなんて考えなかったし(笑)。

三部作といえばニニ・ロッソですね。最初は映画の主題曲で「トランペットのバラード」という曲があったから、これを「夕焼けのトランペット」で出した。次は原題が「バガボンド」だったから「さすらいのトランペット」。3作目は「静寂」だから「夜空のトランペット」。最初の「夕焼け」にも特に根拠はないなあ。ニニ・ロッソはとても気さくな人でね、この私の家にもよく遊びに来てくれた。ここで一曲気軽に吹いてもらったこともあります。録音していたテープを「これで海賊版作るぞ」って言ったら彼は「いや、それは海賊版じゃない。オリジナル盤だ」と。「それをコピーして売った奴が海賊だ」と(笑)。

日本の大衆にサックスの魅力を教えてくれたのはサム・テイラー。ベンチャーズはエレキの魅力を教えてくれた。トランペットの魅力を教えてくれたのは間違いなくニニ・ロッソだ。

ニニ・ロッソは、はじめにシングル盤が送られてきて、甘さと哀調があって、これは日本人向き、間違いなくヒットすると思いました。その後、彼の飾らない温かな人柄に接して、互いに意気投合しました。68年12月の来日の時には、帰国直前に新橋の飛行館スタジオで一日にアルバム3枚とシングル1枚分を吹き込んでもらいました。朝11時ぐらいから12時間で、全部一発録り。そのアルバムの一枚は『哀愁の軍歌集』で、一曲ごとに私が曲について説明して、吹いてもらいました。「水師営の会見」を「これは日露戦争の時の歌だ」と説明したら、ニニ・ロッソは「日本はロシアと戦争したのか?」

って。「どっちが勝った」「日本だ」。すごくビックリしてました。全44曲、見事な出来映えのすごいレコーディングでしたね。後でニニ・ロッソは「あれ、ギネス・ブックに載せろ」って(笑)。

　カンヌでの音楽国際見本市ＭＩＤＥＭには71年から25回続けて行きました。私の「ホンダ」という名前は覚えてもらいやすいから便利です。「世界のホンダ」ですから。リチャード・クレイダーマンの契約をしたのもＭＩＤＥＭです。76年にクレイダーマンのデビュー曲を聴き、これは日本人向きだと直感しました。ちょうどムード・ピアノが欲しかったので、いけるぞと。それが「渚のアデリーヌ」です。


原題は「アデリーヌのためのバラード」。もちろん、「渚」は本田さんがつけた。


そうねえ、「渚」ってなんでしょうねえ。まあ、カンヌにいるとなんとなく砂浜の気分だったからかなあ。

　ニニ・ロッソのローマの家には8回行きました。アーティストは売れると他社に引き抜かれることも多いし、ニニにもそんな話はあったようですが、互いの信頼関係が幸いして、ずっとビクターでした。毎年クリスマスには彼から花束が届いて、うちではそれを新年に飾るのが長年の習慣でしたから、94年に彼が亡くなって、次の新年には寂しくて花を飾る気になれなかったですねえ。

〔２０１１年6月14日　神奈川県鎌倉市のご自宅で〕

石島稔 氏

RCAのロック担当ディレクター

いしじま・みのる

1942年、東京生まれ。65年、一橋大学経済学部卒。同年、日本ビクターに入社し、洋楽部でRCAを担当。75年に同社RCA事業部がRVCへ、87年にはBMGビクターへと変わるなか、洋楽部長などを歴任して98年に退社。99年にユニバーサルミュージックに入社し、2009年まで特別顧問。現在はオフィス・イシジマ代表。

今回は石島稔さん。前回ご紹介した本田悦久さんは1958年に日本ビクターに入ってワールド・グループのポップスを担当したが、その7年後輩として入社し、RCAのロックを担ったのが石島さん。ジェファーソン・エアプレイン、ニルソン、ホール&オーツなどを手がけ、エルヴィス・プレスリーの復活劇にも立ち会った。60年代後半以降のヒット曲のエピソードには事欠かない人物だ。

■アルバイトがきっかけでレコード業界へ

僕はこういうインタヴューあんまりやらないできたんです。というのは僕は基本的に音楽屋じゃないから。音楽屋は音楽に詳しくて楽器ができて曲も作れるとか編曲の基礎もあってというような人か、あるいはとことんマニアックな研究家。僕はただの音楽ファンです。でも逆に言えば消費者の立場で音楽を送り出せたわけだけど。もう一つ、業界というのは「あれはオレがやった」という人が多いでしょ。どの立場の人も自分でやったつもりになりやすいんですよ。会議で後押ししたというだけでも「オレがやった」になっちゃう。ある時代まで各社ともシングルとアルバムの担当者が別々だった。そうすると「あれはオレがやった」という人が二人はいるわけでしょ。アーティストが来た時も、誰がアテンドするか。大ヒットしたアーティストの場合、たくさんの「オレ」「私」が出てくる。私自身もその一人ですが。そのヒット・シングルを担当して現場でかけずり回った担当者は蚊帳の外。来日したアーティストもおごってくれた人、いいように世話してくれた人のほうを恩人だと思っちゃう場合がある。

最初の音楽体験はＮＨＫラジオで聴いたハリー・ベラフォンテ。最後「マティルダ」で聴衆を巻き込みながら終わるカーネギー・ホールのライヴ。感動しました。歌ってこんなにすごいのかと。知ってる曲は「バナナ・ボート」「ダニー・ボーイ」くらいだったけど。ベラフォンテを聞かなかったら別の方に行ってたかもしれない。いいアーティストにぶつかりましたね。

日本ビクター入社のきっかけは一橋大経済学部2年の時に高校時代の先輩とマーケティング・リサーチ会社の起業を参画したこと。ＥＶＯＮって会社。"ever onward"の意味で。この会社、今もまだありますよ。学生企業、ヴェンチャー企業のハシリですね。そこで吉祥寺にあったノザキ楽器店からコンサルティングを頼まれた。当時のレコード店は競争も激しかったから、お客を固定化する策を考えた。まず会員組織にして大事なお客には値引きもする。スタンプを20個貯めたら千円引くとか。それから新譜情報も送る…。そういう提案をしたんです。後でレコード会社に入ってから、これが大問題だったって知りました。値引きですから再販制度の維持に触れちゃう。ノザキの社長は相当矢面に立たされたそうです。

もう一つ、当時は店員の音楽の知識がなさすぎて売り逃しがかなりあった。これを避けるために全社のアーティスト別、曲目別のあいうえお順のカタログを作ろうと。これにはすごい時間がかかった。全部手作業の人海戦術です。アルバイトを何十人と雇って全カタログをカードにして、アーティスト別と曲目別のカタログを作った。そういった話が日本ビクターにも伝わったらしくてスカウトされたんです。僕はすでにマーケティング会社と家庭教師などの仕事で収入がありましたから、学生時代の収入に追いつくには入社して3、4年かかりましたね。

65年に入社して幸運にも音楽事業本部に配置されたけど、「最初は営業も覚えろ」というんで栃木や群馬のレコード店へのセールスを担当した。その時に気がついたんです。文字面はかなり知ってるけど、「俺、音楽聴いてないいな」って。で、当時お店に各レコード会社から届いてた「総合試聴盤」というLPを片っ端から聴かせてもらった。前橋の組合長さんのお店で、お店閉めてから掃除を手伝いながら夜中まで、邦楽からクラシックまで聴いた。あれは勉強になりました。

初めて携わったレコーディングも地方営業の縁でした。足利のレコード店主から四代目堀米源太の話が出てきた。彼の「正調八木節」を録音してくれたらうちで何千枚か売りますよと。で、本社に企画書を書いたら民謡のディレクターが「堀米源太と連絡が取れるならぜひやりたい」って。でも後で教育委員会で揉めましてね。八木節は今の県境では栃木だけど、赤城山なんかが舞台になっているし、もともとは群馬という説もある。群馬だべ、いや栃木だべと。結局両県でちゃんと売るということで決着したんですが。ああ、そういうことにも気を遣わなくちゃいけないんだなって勉強しました。これは66年の録音。

一方、週1本は本社に企画の提案をしていた。当時RCAにはダンヒル・レーベルがあって、「これが今、一番世の中に受けるサウンドじゃないか」「何でグラス・ルーツとか熱心にやらないんだ」と歯がゆかった。RCAの担当がやってたのはアストロノウツくらい。ママス&パパスの「夢のカリフォルニア」もプロモーションしている形跡がない。そういうことにワーワー言ってたら「だったら自分でやれよ」「本社に来い」と。66年に洋楽部に行きました。

■テレビ放映でモンキーズが大ヒット

本社に行ってすぐ与えられたミッションが三つ。まず、まだ不発のモンキーズをどうにかしろ、でした。「アメリカじゃ大変な人気だそうだから」と。それからダンヒルの宣伝に再度ネジを巻けと。最後がもう発売されてたジェファーソン・エアプレインの「あなただけを」をもっと売れ。

モンキーズは大変でした。評論家はあまり相手にしてくれない。アメリカでテレビで売れたんなら、日本でもテレビしかない。とにかくいろいろ動いて放送が決まった。次に契約元の東北新社に日参して、第何話に何が出てくるかを克明に調べて情報をファン・クラブに流した。16ミリのフィルム持って全国を回って映画会も開いた。当たり始めた頃にタイガースがライヴの時のテーマ曲として「モンキーズのテーマ」をカヴァーしてくれたんです。これで爆発しました。渡辺プロが密かに動いてくれていたんです。ほんと、心の底から感謝しましたね。

当時のモンキーズの評判は良くなかったですよね。

最悪でしたよ。テレビ番組のための寄せ集めのメンバーで、本人たちの音楽性はどうなのかと。アメリカ本国でもそう言われていた。でもテレビ的ではありました。ヴォーカルのデイヴィ・ジョーンズは普通の可愛い子、キーボードのピーター・トークがちょっとお茶目な子、ギターのマイク・ネスミスが音楽的にしっかりした子、それとドラムスのミッキー・ドレンツがちょっととぼけた子。非常にバランスをとった人選だからテレビとしては結構面白い番組になってる。でも評論家やＤＪは取り上げにくい。理屈がないから。あの頃は音楽誌を恨みましたよね。モンキーズが『ミュージック・ライフ』の表紙に取り上げられるようになったのは当たった後です。それで来日したらまた不評。武道館公演ではデイヴィ・ジョーンズが演奏していないと言われたし。

武道館では僕はステージ裏から眺めてるだけでした。それが精一杯。モンキーズに会ってもいない。

「オレが当てたんだ」という自負はあったけど、おいしいところはほかの人が持って行ったの。でも会社として頑張ってくれたのは間違いないです。ある人気ＧＳに邦楽の偉い人が「うちは今モンキーズを一所懸命やってて、やっと売れてきたんだ。カヴァーやってくれ」と言ったらしいんです。それでそのバンドは怒ってビクターをやめたと聞いてます。ビクターってそういうところがありました。洋楽邦楽が一緒に動くとすごい。ハリー・ベラ

モンキーズ「モンキーズのテーマ」
(ビクター SS1735)
1967年3月発売のシングル。TVドラマは同年10月から日本で放映され、この曲も大ヒット。

フォンテを浜村美智子にカヴァーさせてセンセーショナルにデビューさせるとか、橋幸夫に「スイム」を歌わせるとかね。その一環がペギー・マーチ。「アイ・ウィル・フォロー・ヒム」以降、日本じゃずっと人気があるんで、何回目かの来日前に日本語で「忘れないわ」をレコーディングした。あれはペギー・マーチが創唱です。

「あなただけを」など、もう売り出されていた曲はどうプロモーションしたんですか。

「あなただけを」は16ミリのプロモーション・フィルムってのが出来てましたんで、フジテレビの「ビート・ポップス」だとかでガンガンやってもらった。「夢のカリフォルニア」も司会の大橋巨泉さんや星加ルミ子さん、木崎義二さんたちが力を入れてくれた。グラス・ルーツ「今日を生きよう」はテンプターズのカヴァーで売れました。

70年のP・F・スローンの「孤独の世界」は原題「フロム・ア・ディスタンス」。これは悩んだ挙げ句につけた邦題。泣いている天使の歌が聞こえるみたいな歌詞だから、よっぽど寂しいんだろう、孤独なんだろうと(笑)。

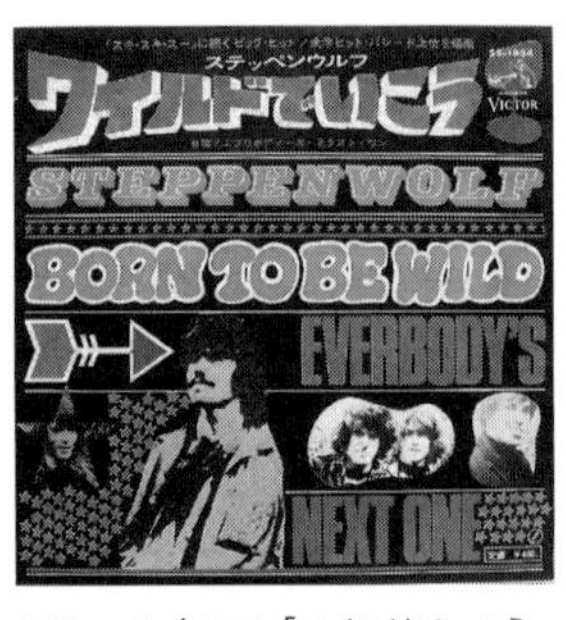

ステッペンウルフ「ワイルドでいこう」(ビクター SS1834)
1968年10月発売のシングル。69年5月に東芝から『イージー・ライダー』主演のピーター・フォンダの写真で再発された。

ステッペンウルフの「ボーン・トゥ・ビー・ワイルド」も邦題で悩んだんですが、映画『イージー・ライダー』の公開前で「ワイルドでいこう」という軽いタイトルにした。もし映画を見た後だったら、もっと深刻な邦題にしたかもしれません。でも映画公開時にはダンヒル・レーベルが東芝に移ってしまった(笑)。最近のヒット曲は邦題がないのが残念です。

RCAで一番かっこよかったのがジェファーソンでした。悔しかったのは、「あなただけを」の次に何を出すか。僕は向こうと同じ「ホワイト・ラビット」にしたかった。でも編成会議で否決。「難しい、こんな歌は」って。どこが難しいんだ。素晴らしいバラードじゃないか。でも偉い方が「マイ・ベスト・フレンド」の方が日本人にわかりやすい。そっちにしろって。本社に上がって数カ月の人間が突っぱらかってもしょうがないから「ホワイト・ラビット」は仕方なくB面。自分じゃあ両A面のつもりでやったんだけど、当時ラジオでは自社番組の「S盤アワー」でもかけるのはA面だけですから。後でグレイス・スリックやマネージャーのビル・トンプソンに謝りましたよ。

ジェファーソン・エアプレイン
「マイ・ベスト・フレンド」
（ビクター SS1761）
1967年9月発売のシングル。米国でヒットした「ホワイト・ラビット」がB面だった。

■邦楽にさらわれた雨乞いキャンペーン

その前後にシルヴィ・ヴァルタンの復活を試みたんです。あれだけ当たった人が眠ってるのはもったいないから新譜を出そうとしたらこれも反対に遭いました。「しあわせの2分35秒」っていう曲。「昔の懐かしい歌聞いてると幸せなの」って内容で、SPのノイズも入ってる。でも「こんなノイズが入ってるとNGになる、ラジオ局でかけてくれない、お客からもクレームが来るかもしれない」って猛反対。でも5000枚くらい売れて、「あなたのとりこ」などのヒット曲につながっていくわけです。

同じ時期、70年にはホセ・フェリシアーノのアルバムがアメリカで出た。マーケティング的にいえば、目が不自由で、アメリカ系じゃなくプエルトリコ人。日本人の心情に訴えるところがあるなと思ったんです。曲は素晴らしいしギターもうまいし。これは絶対シングル・ヒットさせられる。原題は「レイン」。邦題はもう「雨のささやき」と決めてましたけど、ラジオ局に頼んでリスナーからタイトル募集しました。結局「雨のささやき」って葉書はあったのかなかったのか。自分でも応募しましたけどね。出来レース(笑)。

一方、会社ではアメリカRCAからの強い要請で、RCA事業部で邦楽を立ち上げた。海外レーベルにとってはローカルが当たるのが一番儲かるんです。第1回が和田アキ子とブルー・インパルスと新藤恵美だったかな。第2回か3回目で内山田洋とクール・ファイブ。当時カラ梅雨だったんで僕は

「雨のささやき」の雨乞いキャンペーンを考えてた。そしたら宣伝担当部長が「石島、そのアイデアいただき。オレに任せろ」。でもその人の本命は和田アキ子「どしゃぶりの雨の中」と、クール・ファイブの「長崎は今日も雨だった」。メディアを集めて三越の屋上で神主呼んでタレント入れて雨乞い。あれ？オレの「雨のささやき」は？（笑）。でもそれもまあ話題になってうまくいった。ビクターはそういう風に洋邦巻き込むんです。

でも、当時RCAのカタログのメインはカントリーだった。毎月何枚かの新譜を出さざるを得ない。しょうがないから「ホット・カントリー・シリーズ」とか、イニシャル1000枚にもいかないようなのを出しました。向こうも一所懸命アーティストを来日させてくる。でも結局は不発。当たったのはエディ・アーノルドの「知りたくないの」が菅原洋一さんのおかげで、「オリジナルはこれだ」って売れたくらい。無理でしたね。

ニルソンの「エヴリバディズ・トーキン」は真剣に一晩くらい考え込んで「うわさの男」。でもユナイテッド映画の宣伝部長だった水野晴郎さんと揉めた。うちは主題歌のシングルを出します。でも映画は原題が“Midnight Cowboy”なのに邦題の『真夜中のカーボーイ』はおかしい。映画見てないんだけど、「カウボーイ」じゃなく「カーボーイ」じゃあ車で寝泊まりしてる男みたいじゃないですかって文句言ったら、水野さんは、ジョン・ボイドとダスティン・ホフマンの二人の写真で片方がテンガロン・ハットかぶってるから西部劇と間違えられちゃうからイヤなんだと。水野さんは「シングルも映画と同じタイトルにしてくれる？」「絶対にいやです」「勝手にしろ」って言われたけど。意地張って、シングルは「うわさの男」にした(笑)。水野さんも「お前も意地っ張りだなあ」って笑ってた。「うわさの男」はいい邦題だったと今でも思ってますよ。後の『ハリー・ニルソンの肖像』は中村とうようさんも高く評価して下さいました。亀渕昭信さんには「ウィザウト・ユー」の時にずいぶん助けてもらった。僕はプロモーションしただけだったけど、亀渕さんは「こんな名曲は滅多に出るもんじゃない」って言ってくれた。来日した時、本人といろいろ話しましたが、ニルソンにはもう少し生きててほしかったなあ。

◇

RCAといえばエルヴィス・プレスリーだった時代がある。1960年代後半にジェファーソン・エアプレインなどをヒットさせる一方で、石島さんが立ち会ったのがそのエルヴィスの劇的な復活だった。

■『エルヴィス・イン・ハワイ』を超特急で発売

65年に入社した頃、僕らにとってはプレスリーは暗黒の時代でした。体型も変わってきたし、映画の主題歌などしかレコーディングの話が来ない。ところが、67、68年に転機が来たと僕は思ってるんです。67年に今やサッカーの応援で大流行の「ユール・ネヴァー・ウォーク・アローン」を録音してるんですが、これが絶唱ですよ。「もういい。オレはおれのやりたいようにやるぞ」みたいな気持ちが出てるんです。68年には『カムバック・スペシャル』。マネージャーのトム・パーカーの反対を押し切って歌ったラストの「イフ・アイ・キャン・ドリーム」。あのメッセージ・ソングを聴いて、これはもう1回宣伝がんばんなきゃという気になりましたね。それまで手を抜いてたわけじゃないけど、それでもちょっと力足らずだった。で、「イフ・アイ・キャン…」には自分の気持ちも込めて「明日への願い」っていうタイトルをつけたんです。で、次に69年の「イン・ザ・ゲットー」。スラムに生まれた黒人の少年が最後に殺されるっていうすごいメッセージ・ソング。こういう歌が歌えるということ自体、プレスリーは変わってきたんだなと。新しい時代が来るぞという気がしましたね。『カムバック・スペシャル』はそれまでの音楽の革命児としての時代の締めくくりだったかもしれない。ここからオレは違うぞという締めくくり。そうじゃなきゃ「明日への願い」や「イン・ザ・ゲットー」なんて歌わないですよ。

『カムバック・スペシャル』の国内での反応は？

大ヒットまでは行ってないです。でも世の中の認識は変わってきた。で、1、2年がんばっているうちにヒルトン・インターナショナルでのステージを映画化した『エルヴィス・オン・ステージ』が来た。試写を見たらこれは新エルヴィス。あの派手なジャンプ・スーツでしょ。新しいファンが作れる。アルバム担当の高橋明子さんと相談して、サントラのアルバム・タイトルを『この胸のときめきを〜エルヴィス・オン・ステージ主題歌集』にした。「この胸の…」は日本人にドンぴしゃの曲だ、よくぞこの曲をカヴァーしてくれたと思って。映画も予想以上の当たり方。あれで新時代ですよね。これと『エルヴィス・イン・ハワイ』が『オリコン』のアルバム・チャート1位になりました。

あの衣裳、ファンの反応に心配はありませんでした?

危惧はありましたよ。ギラギラだし。試写会で失笑を買うんじゃないかと心配はあった。でもみんな「すっげえ」みたいな。真っ白いジャンプ・スーツのラスヴェガス・スタイルにはアメリカのエンタテイナーであるという主張が全部出てましたね。

73年の『エルヴィス・イン・ハワイ』の時は、日本にあったRCA技術研究所の、確か特許部長だった山本徳源さんのところに、「ハワイ公演の衛星中継をやらないか」という話が来た。アメリカや他の国は編集してから放送するけど、日本は生中継。ある方を通して電通に相談したら、日本テレビがちょうど創立20周年だかの記念事業を探していた。そこで話が進み出したら途中から電通が「どこにも話すな」と。仕切りたがる人が出てくると煩わしいからと。僕は社内でも極秘で動き出したんです。これはちょっとつらかった。あとでイヴェントの中身が明らかになった時に言われましたよ。「あの野郎、一人で抱え込みやがって」。「ハワイに行ってまたええかっこするんだろ」っていう話もあったんだけど、ついにハワイには行きませんでした。僕がエルヴィスを見たのは、それ以前に湯川れい子さんたちとラスヴェガスに行った時だけです。

もっとすごい指令が来たのは、「ライヴ盤を何日で出せるか」って。山本さんはつい「マスターを受け取ってから1週間で出せます」って答えちゃったんだよな。「記録を作ります」と。中継から間をおかない方がいい。ジャケット・デザインは向こうで作って事前に欲しい、帯はこちらで用意して、ちょっと直せばいいような原稿を用意した。当日は東京の共立講堂にファンを集めて、その映像もテレビ放送の生中継の前後に入れたんです。東京もこんなに盛り上がってます、みたいなのを挟む。そうしないと特番としてゴールデン・タイムに持っていけない。司会は徳光和夫さんと福田一郎さん。「みんなはハワイの現地に行ってるのに、なんでオレは共立なんだ?」って、福田さんにはぼやかれました。

放送は2時間ぐらいだったかな。日本時間に合わせたからハワイの現地は真っ昼間です。当時は通信方法が今のように便利ではなかったので、向こうと日テレのスタジオを何本かの電話回線で繋ぎっぱなし。ライヴが終わると待ち構えてた高橋明子さんがマスター・テープをRCAのロサンジェルスのスタジオに運んでトラック・ダウンして、そのまま翌日

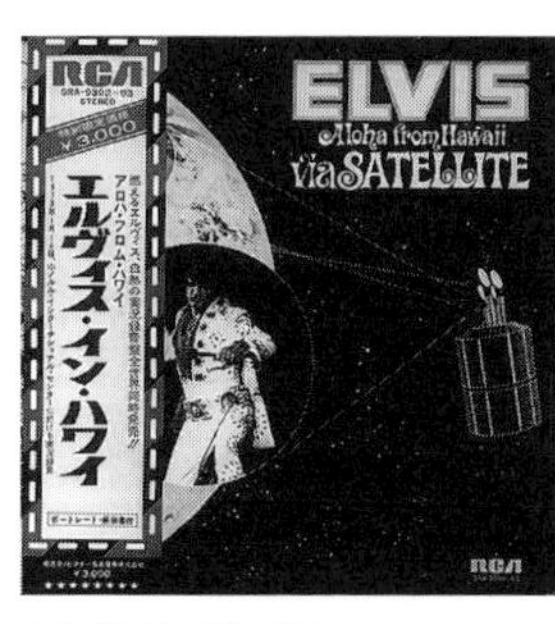

エルヴィス・プレスリー
『エルヴィス・イン・ハワイ』
（RCA／ビクター SRA9392〜3）
1973年1月発売の限定盤LPで、2枚組3000円。翌月、RCA6076〜7を帯を変えて4000円で発売。

持って帰ってきた。僕らは羽田に迎えに行ってそれを原宿のビクター・スタジオに持ってきて、録音課長とその場で工場用のデータ作って。ほんとに1週間ちょっとで出したんです。

綱渡りでした。実は最初のテープには問題があったんです。「愛さずにはいられない」って曲で、ほんの0・5秒にもならないくらい音が飛んでるんです。ドラムの残響に近い音が飛んでる。抜けてるの。録音課長もファン・クラブに入ってるほどのプレスリーのファンだったから、「石島君、どうする」「これは…NGだ」。よく聴かなければわからないんだけど、そのままつなぐと違和感がある。ヒヤッとしたどころじゃない。そこで課長と必死こいて考えて、別の日のライヴのドラムの音をコピーしてはめ込んだ。当然だけど演奏者もキーも同じ。名人だね。完璧。日本の音の技術者のすごさを感じました。これ、記事にしていいかどうかわかんないんだけど。

時効です(笑)。

かな(笑)。それが初回のアルバム。改訂版はちゃんとした音で出しましたよ。向こうにクレームつけたらすぐにちゃんとしたのを送って来たから差し替えて。ジャケットは同じで、初回は帯に〝特別限定〟って書いてある。品番は違います。値段も変えましたから。エルヴィス・ファンは両方持ってますよ。

■勉強になった『RCAブルースの古典』の仕事

ニュー・ロックからエルヴィスまで。洋楽の一番面白い時期にぶつかったわけですね。

激動の時代。世の中が一番面白かった頃だね。60年代後半とか70年代の初めって、アングラの連中とかね、ずいぶん助けてもらいましたよ。新宿の風月堂なんてヒッピーの溜まり場で、そこで背広を着て天下御免だったのは私だけですから。リーダーみたいな人が「あ、この人はいいんです」って。「異分子じゃありません」って。同期の営業課長を呼んだ時にはひっくり返ってた。「お前、こんなとこでお茶飲んでるのか」って。

当時は洋楽のディレクターがみんな意欲的というか、何かしなきゃいけないっていう気持ちがあった。新しい文化をいろんなメディアの方と一緒に切り開いていかなきゃいけないんだという使命感みたいなもの。会社の人になんだかんだ言われたって、上の世代には理解できない文化を背負っているんだという自負があったのは確かですね。当時は今ほど情報がないし、音楽ファンにとってはレコード会社はその情報の貴重な窓口の一つだった。いろんな文化を日本に持ってくる窓口。

だから勉強しましたよ。60年代の終わり頃だったか、アメリカに自費で研修旅行に行きました。キングの寒梅賢さんたちと15人くらいで。贅沢にもご案内役が福田一郎さん。まずサンフランシスコに着いたらこの新聞とこの新聞を買って、映画は何をやっているか、コンサートはどうなってるかチェックしろと。ブラブラしてる暇ないぞと。新聞の情報欄の見方から教えてくれた。本屋もレコード屋も漁りたい、映画も見なきゃいけない、ライヴにも行って、寝る時間ない。もちろんディズニーランドも行きましたけど。でもラッキーでした。リトル・リチャードとチャック・ベリーのジョイントを見れたし、ラスヴェガスにも行きましたよ。

いろんな方々に教えてもらいました。71年に出した『RCAブルースの古典』は中村とうようさん、日暮泰文さん、鈴木啓志さんの監修。コンピレーションってこう作るんだというのを学びました。SPで原盤を探すとか、〝リ・レコ〟(170ページ参照)をやるとか。なにしろRCAにマスターがないんだから。大変だけど面白かった。勉強になりました。「これがエルヴィスの元かあ。音楽の宝庫だな」と。これがきっかけになって三井徹さん監修『永遠のカーター・ファミリー全曲集』もやった。10枚組。UCLAのフォーク・ミュージック・ライブラリーやCMAに音源探しを頼むと、「馬鹿じゃないか。アメリカ人でもそんなの買わない」と言われた。でも「3セット寄付してくれれば探してやる。金は要らん」って。この心意気、日本の評論家の人たちと同じでした(笑)。チェット・アトキンスも協力してくれました。

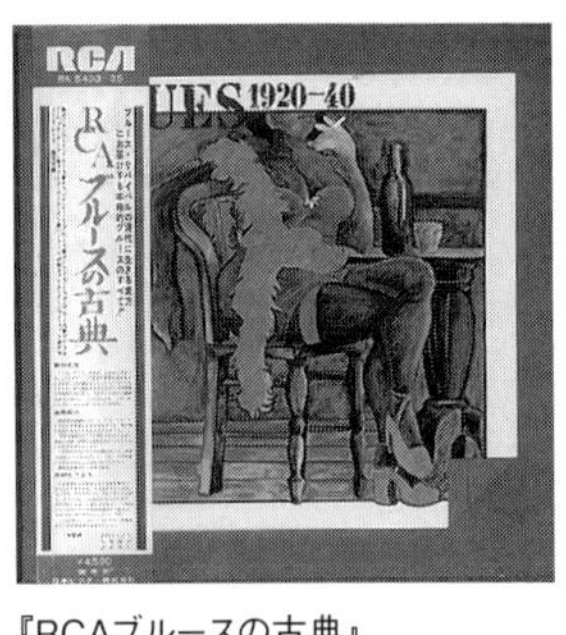

『RCAブルースの古典』
(RCA/ビクター RA5433〜5)
1971年4月発売。ハード・ケース入りのLP3枚組。75年に再発され、後にCDにもなった名編集アルバム。

75年にはファニアと契約しました。ニューヨーク出張の時にファニア・オールスターズのヤンキー

・スタジアムでのライヴ盤を聴いて、「サルサって何?」って程度だったけど「やりたい!」と。当時の上司の金子秀さんは「おいしいアルバムだけ獲れ」というアドヴァイスだったんだけど、「全部じゃないと伝わらない」と突っ張った。とうようさんや河村要助さんも後押ししてくれた。来日公演はキョードー東京が赤字覚悟で引き受けてくれた。これが76年。サルサでのこうした努力はその後オルケスタ・デ・ラ・ルスで実を結んだんだと思います。

■思い出深いホール&オーツやベラフォンテの来日

70年にはイスラエルのヘドバとダビデが東京国際歌謡音楽祭（後の世界歌謡祭）でグランプリ取っちゃった。「優勝曲の日本語版を出そう」ということになって、英語で出してたシングルを引っ込めて日本語版を出した。本当は「ヘドヴァ&デイヴィッド」だけど、イスラエルだから僕が「ダビデにしていいか」って聞いたら本人もOKだった。「ナオミの夢」はミリオン・ヒットでした。

76年からはダリル・ホール&ジョン・オーツも担当しました。アメリカで「サラ・スマイル」が馬鹿受けしていた時に、「日本ではサラは微笑んでいるか?」とRCAインターナショナルの社長からよく電話が来た。「まだ微笑んでません」と答えるのが気まずくてね。プロモーションで呼んで、ホテル・ニューオータニにいくつも部屋をとってメディアに待機してもらって、二人が30分ずつその部屋を回ってインタヴューをこなした。少し後にダリル・ホール作の「エヴリタイム・ユー・ゴー・アウェイ」がポール・ヤングの歌で当たった時には、「オレのヒット曲じゃない」という気分があったんだろうと思うけど、ベスト盤に入れるのを渋っていると聞き、「日本の音楽ファンはあれはあんたの曲だとしっかり認識しているよ」と口説きました。

78年のスコーピオンズ来日の時は実は「もうすぐリード・ギターが脱退するからライヴ録音は無理だ」と向こうから言ってきた。そこで「日本のファンはライヴ盤を待っている。これがあなた方の全米進出のきっかけになるかもしれないじゃないか」と説得したんだ。まだ彼らはライヴ盤もないし。赤坂の居酒屋で2時間口説いてやっとOKになった。それが『蠍団爆発!!』。公演は中野サンプラザだったけど、彼らは外国では「武道館でやった」と嘘ついてたね(笑)。ライヴではラストに「荒城の月」を滝廉太郎の原曲をもとにやったんだけど、それを見たNHKが滝廉太郎がらみの番組で流したいと言ってきて「彼らはドイツでもあの曲をやってますか?」と聞かれたから、即「はい!」。確かめもせずに(笑)。心配になって後からドイツに電話して聞いたら、やってるって(笑)。ドイツにNHKのクルーと収録に行きました。これは80年頃だったかな。

ジョン・デンヴァーも僕が宣伝を半分やった。「サンシャイン・オン・マイ・ショルダーズ」は「太陽を背にうけて」ってタイトルにした。宣伝ではジーンズのエドウィンにタイアップを持ちかけたんです。テレビCMにジョンの曲を使ってもらって、そのかわりにジョンが森の中を歩いているショットに〝EDWIN〟と入ったポスターをこっちで作りますと。これをエドウィンのショップに貼ってもらった。厳密に言うとCM契約になっちゃうからアーティストの了解が要るんだけど。なんとか実

現にこぎつけ、ヒットのきっかけになりました。ジョンはいい人でね。酒をあんなに飲むとは思わなかったけど、音楽そのままの生き方でしたね。「悲しみのジェット・プレーン」なんていい曲ですよね。
最後に僕を音楽の道に導いてくれたハリー・ベラフォンテの話。高校の頃から彼のレコードは、日本で出ていない海外のものまで無理して取り寄せて聴いていたし、60年の来日コンサートを見た三島由紀夫さんが『毎日新聞』で「褐色のアポロ」って絶賛した記事も、もう涙流して読んだ。で、彼が74年に2度目の来日をした時は僕は担当者。彼の横顔の写真を見つけてこれをポスターに使ったんです。プレス用のブックレットには三島由紀夫の「褐色のアポロ」の文章を引用した。
そしたらステージ後に「このポスターなどを作ったのは誰だ」と探してる。僕は自信があったんだけど、おそるおそる前に出た。そしたらベラフォンテが「君か」と手を差し出してきた。「こんな写真をよく探してくれた。よく作ってくれた」と感謝の握手ですよ。洋楽担当者冥利でしたね。
［2011年7月20日　台東区谷中・カヤバ珈琲で］

朝妻一郎 氏

楽曲管理会社でヒットをアシスト

あさつま・いちろう

1943年、東京生まれ。62年、石川島工業高校卒業後、石川島播磨工業（現IHI）造船事業部に入社。66年に同社を辞めてニッポン放送が設立したパシフィック音楽出版に入社。85年に社名がフジパシフィック音楽出版に変わると同時に社長に就任。2005年からは同社会長。著書に『ヒットこそすべて』（白夜書房）など。

日本の洋楽にまつわる様々な立場の方々をご紹介してきたこの企画。今回ご登場いただくのは音楽出版社最大手、フジパシフィック音楽出版の代表取締役会長、朝妻一郎さんだ。〝音楽出版〟という言葉自体、音楽ファンにはなじみが薄いかもしれないが、実は洋楽ヒット曲の誕生に裏で深く関わる仕事だ。評論家やラジオ番組構成作家を経てその世界に入った朝妻さんから、音楽出版社の仕事ぶりなども交えてお話をうかがおう。

■ポール・アンカ・ファン・クラブから音楽業界へ

東京赤羽生まれです。父は証券マンでしたが僕が5歳の時に亡くなりました。19歳で高校を卒業して1962年に石川島播磨重工業（現ＩＨＩ）の造船事業部に入社。どこに補強材を張るかとかいう〝詳細設計〟をしていました。石川島は朝8時から夕方4時が原則でそこから残業するのが普通なんですけど、僕は4時に終わるとニッポン放送のレコード室に行って調べものをして、ラジオの構成台本やレコードの解説を書いてました。

そもそもは高校2年で〝魅惑のリズム友の会〟ってのに入ったんです。当時、ビクターは文化放送で「Ｓ盤アワー」、コロムビアはＴＢＳで「Ｌ盤アワー」、キングがニッポン放送で「魅惑のリズム」、ポリドールはニッポン放送で「Ｐ盤アワー」。自社の洋楽を宣伝する番組を持ってた。そのキングの友の会にポール・アンカ・ファン・クラブができた。そこに入ったんです。それが60年。ポール来日の半年前ですね。プレスリーにはピンと来なかったですね。「イッツ・ナウ・オア・ネヴァー」ぐらいからは結構好きになったんですけど。「ハートブレイク・ホテル」や「ジェイルハウス・ロック」とかはあんまり好きじゃなかった。僕はどっちかというとメロディが好きなんですよ。ロック好きじゃなくてポップス好きなんだな。洋書のイエナ書房で『ヒット・パレーダー』とか『ソング・ヒッツ』って歌本を買うと、歌詞や作詞・作曲家、音楽出版社の名前が載ってた。英語にも親しむことができた。この前、湯川れい子さんに「あなた英語はどこで覚えたの?」って聞かれて、「いや、たぶん〈ダイアナ〉ですねえ」なんて答えたぐらいでね(笑)。

ポール・アンカの曲の著作権はヤマハミュージックが持ってたんで、ファン・クラブの会報作りは銀座のヤマハでやった。僕は18、19歳で二代目の会長になった。そのうちヤマハの人の紹介で、ニッポン放送の高崎一郎さんの手伝いを始めた。その前にアシスタントになっていた亀渕昭信さんが優秀だったから、高崎さんが「亀渕みたいなのがいたらまた紹介してくれ」って。で、僕がそこにノコノコと現われた。高崎さんに会ったら「じゃあ、来週から来て電話リクエストの選曲をやれ」って言われて、「ええ～～っ!」。選曲って番組のヘソみたいなのに、オレがやっちゃっていいのかなって(笑)。石川島に入社後です。

それからニッポン放送のレコード室に通うようになった。キングの担当者に「倉庫にある外国の音源からヒットしそうな曲を探してくれ」って僕と亀渕さんで頼まれたことがあります。その中にロイ・オービソンがあって、アメリカでは「オンリー・ザ・ロンリー」が有名なんだけど、「絶対これだよね」ってカメさんと言って、日本では「オンリー…」の前に、「カム・バック・トゥ・ミー」を出した。あとエディ・ホッジスの「コーヒー・デイト」と、ヴェルヴェッツの「愛しのラナ」。みんな62〜63年の発売です。

そのうちキングのセールス用見本盤の解説を書かせてもらうようになって、次にちゃんとしたレコードの解説。最初はレニー・ウェルクの「君にダウン（シンス・アイ・フェル・フォー・ユー）」と、ジミー・ギルマーとファイアボールズの「シュガー・シャック」。石川島の友達の家で徹夜麻雀をやって、朝帰ろうとしたら友達の妹が「お兄ちゃん、ケネディが殺されたわよ」。テレビ見たらニュースやってた。それから自宅に帰って解説を書いたのでよく覚えています。63年11月22日。これがお金をもらって書いた最初の原稿でした。2曲とも63年暮れには全米ベスト5に入ったんじゃないかな。最初は本名の朝妻春昭（はるあき）で書いてたけど、64年ごろ高崎一郎さんが「春昭なんてのは難しいよ。オレが木崎（義二）も亀渕も全部一郎にさせるから、お前も一郎にしろ」と。それで一郎にしたら、木崎さんも亀渕さんも全然直さない。「ばっかだな、お前」って言われた(笑)。

高崎さんのアシスタントを3年近くやっているうちにニッポン放送が音楽出版社を作ることになって、その責任者になった高崎さんに入社を誘われた。石川島では「お前そんなとこ行って大丈夫なのか」って言われて、上司は「1年間は席をとっておいてやるから、うまくいかなかったら帰って来い」と。母親は「好きなことをやるチャンスはそんなにないんだから」って、文句は言わなかったですね。ただ、何をやる会社なのかは一生理解しなかったと思いますけど(笑)。

それまで日本のラジオ局は番組のあとに「今日使用したレコードは…」って出所を明示すれば著作権使用料は払わなくてもよかった。でも64年の東京五輪を前にして、著作権の対応を国際的にしなきゃいけないと。一方、テレビ放送開始でラジオ局の経営が苦しくなる。で、新ビジネスを開拓しなければいけない。その一つが音楽出版だったたっていうことでしょう。

昔は誰のなんという曲かはラジオで覚えられましたね。

そう、今はDJが曲の説明をしない。初期は音楽が主でしゃべりが従だったんですけど、段々しゃべりが主になって、「じゃあ、ちょっと曲を聞いてみようか。その間にトイレ行っておいでよ」みたいなね。ラジオ番組の情報発信量がすごく減った。

DJもフォークのアーティストやお笑いの人に変わって、それと同時に洋楽離れも進行したんですね。

山下達郎君のFM番組なんかは今でも人気があるし、ユーザーに対してすごく影響力を持っている。しゃべり手が音楽の造詣が深くてなおかつ選曲に注意を払っていれば、ユーザーへのインパクトも全然違うんですよね。

■「オールナイト・ニッポン」のテーマ曲を選ぶ

音楽出版社に入ってからは、どんなお仕事を？

音楽出版社の仕事は8割が黒子なんですよね。表に出るってことはほとんど皆無じゃないかな。ただ、そういうお話でいくと、「オールナイト・ニッポン」のテーマ曲「ビタースウィート・サンバ」なんてのは、出版社がらみで生まれたといえるかもしれませんね。67年にニッポン放送が深夜のＤＪ番組を始めるという時に、ＤＪの一人だった高崎さんはニッポン放送の子会社のパシフィック音楽出版（ＰＭＰ）の実質的な責任者でもあって、66年入社で社員第1号の僕に「かっこいいテーマ曲を探せ」と。ＰＭＰはまだ著作権を持っている洋楽曲が少なかったけど、その中にいい曲はないかって探した。ラジオ番組の構成台本を書いたり、自分でも時々しゃべってもいましたから、イメージはわかる。聞いて元気が出るとか勢いがあるとか。スローはだめだ。当時ビリー・ヴォーン楽団の曲がけっこうテーマになってたんです。「波路はるかに」とか「ハーバー・ライト」とか。でもそういうのは絶対に違うだろうなって。で、ジャック・ジョーンズが歌った「あめんぼうとバラ」っていう軽いジャズっぽい曲の権利がＰＭＰにあって、それをハーブ・アルパートが食べもののタイトルの曲を集めたアルバム『ホイップト・クリーム＆アザー・ディライツ』に入れてた。これだ、と思ったけど高崎さんは「まあまあいいけど、ちょっと地味だよ」って。で、そのアルバムの「ビタースウィート・サンバ」の方が「これだよ、これ」っていうことになった。ただ、この曲の権利はＰＭＰにはなかった。それで後にシングルを発売するときに、キングでA&Mを担当してた寒梅賢さんにお願いして「ビタースウィート・サンバ」のＢ面を「あめんぼうとバラ」にしてもらった。当時はシングルが1枚売れると1曲7円20銭の印税が入ったんです。1ドルが３６０円で1曲2セント。それはＡ面でもＢ面でも同じですから。僕は音楽出版社としての仕事もしたし、ヒットを作る仕事もしたわけ。

同じようなケース。クリス・モンテスの2枚目か3枚目のアルバムの中の「ナッシング・トゥ・ハイド」に寒梅さんが「愛の聖書」って邦題をつけてシングルにしたんですけど、Ｂ面はうちに権利のある「デイ・バイ・デイ」って曲にしてもらって、ニッポン放送のＤＪたちには「愛の聖書」を売り込んだんです。

アーティストがレコーディングする際に、この曲が向いてるけどうちが権利を持っていないという場合、やめちゃうか、似た曲を誰かに作ってもらって自分のとこの権利にしてやるか、権利がなくてもその曲をやるか。選択肢としては三つある。でも似た曲を作っても絶対うまくいかないんですよ。やっぱりその曲だから歌手との相性っていうか、化学反応が起きていい味が出るんで、それを外しちゃったらダメ。権利を持つことは重要だけど、一番重要なのはアーティストを売ることですよ。自分のとこの曲はＢ面につけときゃいいじゃないかと。Ａ面はそのアーティストの魅力を一番出せる曲をやるっていうのがプロデューサーとしては絶対とる道。今ではＢ面がないんでこのテクニックは使えないけど(笑)。

1979年、ホテルオークラで、来日したハーブ・アルパートと朝妻さん。（提供＝朝妻一郎氏）

フランスに「枯葉」一曲の管理だけしてる音楽出版社がありますね。

「赤鼻のトナカイ」と「ロッキン・アラウンド・ザ・クリスマス・トゥリー」の2曲だけで食べてるセント・ニコラス・ミュージックっていう会社もありますよ(笑)。

■音楽見本市のネットワークで情報収集

音楽出版社の一番の使命はスタンダードを作ることなんです。それにはまずヒットさせること。次に多くの人にカヴァーしてもらう。カヴァーするアーティストの中にビッグ・アーティストや息の長いアーティストがいれば楽曲の生命も長くなる。カラオケが出来て楽曲の生命が延びる前は、レコードが出て半年から1年で収入が途絶えちゃう曲がほとんどでした。だからなるべく最初のヒットの山を大きくして裾野を広くする。あの頃僕が言ったのは「10万枚のヒットだと6カ月もつ。30万枚だと1年」。それを超すと周辺の現象も起きる。譜面が売れるとか歌本に載るとか。歌本は新譜は載せるけどヒットしないと翌月は載せてくれない。ヒットしている限り載せてくれるから、いかに長いヒットにするかが重要。歌本の使用料は1曲を1回載せると1万5000円から2万円くらいだった。だから歌本に載せてもらっただけでそこそこの収入になる。ラジオでかかってヒットして歌本にも載って、さらに演奏だけのレコードを作ってもらったり、それをまた「歌のない歌謡曲」とかいう番組にも入れてもらったりするのが僕らの仕事。

原盤の権利まで買って、それを日本のレコード会社で出してもらうこともあります。例えば「ちょっと待って下さい」って曲。ハワイで流行っているという情報があって、ハワイの知り合いに問い合わせたら権利を持っている人がわかって、レコードの権利も浮いていたんですね。サム・カプーというアーティストでしたけど。これをCBS・ソニーに持ってって、「出していただけませんか」と。この曲は結局日本でもカヴァーが出た。音楽出版社としては結構いい仕事でしたね。著作権もとり、原盤の権利もとってレコード会社に出してもらったケース。

競作というのはレコード会社もお互いに競争するんで、何もない状況よりはいい。だから何社かが話し合って意図的に競作にすることもありました。60年代後半から70年代初めにかけては、レコード会社も面白いからって乗ってくれた。

シルヴァー・コンヴェンションの「フライ・ロビン・フライ」の場合は、アメリカの音楽見本市〝ミュージックEXPO〟がラスヴェガスで開かれた時、アメリカの親しい出版社の人間が「イチ（朝妻さんの愛称）、ドイツのこいつに会え」と。「こいつが持ってる〈フライ・ロビン・フライ〉がいいぞ」と教えてくれた。別のアメリカ人も「イチ、シルヴァー…っていいぞ。オレは契約したぞ」と（笑）。二人共通してた。一人は親切。一人は自分の契約の自慢。ともかくドイツの出版社に会って日本地域の権利をもらった。そこにビクターの洋楽担当もいたんで、「レコードの権利はおたくで取ってよ」と。

大事なのはネットワークですね。アメリカ人だったら誰と誰。このアメリカ人はイギリスの誰と親しい。そのアメリカの会社もイギリスの会社もドイツではこの会社と契約している。そういうネットワークができるんですよ。国際音楽見本市のＭＩＤＥＭでも、カンヌにマルティネスっていうホテルがあって、70年代の頭には夜中の12時以降になると、もうワッサワッサしてみんな集まってくるわけです。マルティネスのバーに。そこで「お前何探してるんだ」「これこれだ」「だったらどこに行け」「誰々を紹介する」とか。ＭＩＤＥＭにはインディペンデントのレコード制作者とレコード会社と出版社とマネージメントが来てた。今ではメジャーが強くなってＭＩＤＥＭの地位は相対的に下がりました。それに知り合い同士がネットで契約できちゃいますからね。ただ、今でもＭＩＤＥＭは「元気でやってるよ」って顔を見せ合う場所としては機能してますね。

ヴィレッジ・ピープルは無名の時にＭＩＤＥＭで見つけた。最初に「サンフランシスコ」だけ買ったら、あとは「ＹＭＣＡ」も「イン・ザ・ネイビー」も「ゴー・ウエスト」も「お前のところでいいよ」って。「ＹＭＣＡ」なんかは今でもコンスタントに収入を上げてます。「イン・ザ・ネイビー」はピンク・レディーがカヴァーしてくれましたからね。

◇

管理楽曲は邦楽5万曲、洋楽50万曲。業界最大手を率いる朝妻さんだが、実は結婚した時に自分が解説を書いたシングル盤や創刊以来の『少年マガジン』『少年サンデー』などを全部処分したという。読者には信じられないようなエピソードだが、モノを扱わないお仕事ならではかもしれない。「僕はデータをコレクトするだけ」とおっしゃる。

■フィル・スペクターの縁でA&Mと契約

1966年にパシフィック音楽出版（PMP）に入って、僕が最初に契約した曲は「哀愁のコルドバ」でした。海外ニュースにフランク・プゥルセルなんかがこの曲をカヴァーしたって書いてあった。出版社のチャペルに手紙を書いて契約したんですが、アドヴァンスは100ドルだったかな。それからプゥルセルやクロード・チアリや、フランスのいろんなアーティストの「哀愁のコルドバ」が入っている盤を、日本でも出してくれと各レコード会社に頼んだ。

楽曲の著作権を日本で誰も持っていない場合、使用料も発生しない。例えばビリー・ヴォーンのべスト盤の楽曲を調べたら「星を求めて」って曲は日本で出版社がついてなかった。そこで元のイギリスの出版社から権利をもらってＪＡＳＲＡＣ（日本音楽著作権協会）にこの曲を契約しましたと届けた。それまでは日本に権利者がいないから発売元のビクターは印税を支払ってない。だからうちが届けたら過去の分がドンと入ってきた。

当時の日本の音楽出版社は、『ビルボード』や『キャッシュボックス』に新曲が載ると、出版社はどこか調べて、その出版社に日本の契約先がなければすぐ手紙を出す。例えばＭＰＨＣ（ミュージック・パブリッシャーズ・ホールディング・カンパニー）の傘下の会社なら日音が契約してる。プレスリーのグラディス・ミュージックはアババックの系列で、アバパック・ジャパンが持ってる。『ビルボード』で見た出版社の契約先が日本にないと思ったら、手紙を出すわけです。でもそう思って手紙を出すと、突然日音の村上司さんから電話かかってきて、「うちの契約先に手紙出すなよ」って怒られたり(笑)。

印税の取り分は最初の頃は大体こちらが50、外国が50でした。でも後にアメリカに弁護士が入り込んできて25：75になり、20：80になり。契約が切れそうだってわかるとほかの各社が「うちはこれだけ払うから」と、アドヴァンスの吊り上げ。売り手市場になった。70年代、初めから半ばはそういう状況でした。

アメリカの音楽業界では弁護士の力が強かった。それで、こっちも若くて伸びる弁護士を探した。そのひとりがアメリカの業界で５本の指に入るようになって、今でも仲良くしてます。

ＰＭＰの歩みの中で大きな出来事というと、邦楽では「帰って来たヨッパライ」の大ヒットがありましたが、洋楽では？

Ａ＆Ｍの出版権を獲得したことですね。71年。カーペンターズがヒットする前ですね。Ａ＆Ｍには日本の各社が「サブ・パブリッシャーになりたい」ってオファーしてた。でもジェリー・モスとハーブ・アルパートにすればセルジオ・メンデスやアルパートの日本公演をやってるキョードー東京のタツ永島（達司）さんの信頼が大きかったから、日本地域はタツさんの大洋音楽出版にほぼ決まってたんですよ。だけど、音楽出版の責任者チャック・ケイに「一応、手紙をくれてるとこ全部会って来い」と。で、チャックが日本に来て各社回って最後にうちに会いに来た。ところが、僕にはその名前に覚えがあった。

「え？　チャック・ケイって、クリスタルズのファースト・アルバムでフィル・スペクターがスペシャル・サンクスとして“To Chuck Kay, sales manager of Philles Records”って書いてた、あの

1973年、カンヌで開催されたMIDEMのA&Mのブースで、チャック・ケイと朝妻さん。（提供＝朝妻一郎氏）

チャック・ケイ？」

そう僕が言ったら、チャックは飛び上がっちゃって、「なんでお前そんなこと知ってんだ？」って(笑)。

実はチャックはフィルがフィレス・レーベルを作った時のパートナーだったレスター・シルの義理の息子で、フィレスの営業担当をしてたんです。で、その後A&Mの出版に引っ張られた。その名前を僕はジャケット裏で読んで覚えてた。クリスタルズのレコードは62年かな。ケイの来日は71年だからずいぶん経ってた。で、チャックは「お前がオレの出版社だ！」(笑)。

ジャケット裏の1行をよく覚えてましたね。普通パーソネルくらいしか見ないじゃないですか。

僕はフィル・スペクターのファンだから、あらゆることを知りたいということがあったと思うんですよね。

A&Mと契約する以前、70年の夏にバート・バカラックをグリーク・シアターに見に行ったら、前座にカーペンターズが出てた。「クロース・トゥ・ユー」がはやり出してた頃かな。その後A&Mのスタジオで何度もレコーディングに立ち会って、プロデューサーのジャック・ドアーティと親しくなったりしたら、キングの寒梅賢さんが「解説書いてよ」と。だからカーペンターズはかなり後期まで解説を書かせてもらった。

■自由に仕事できない日本のレコード会社

ところで親会社のニッポン放送は、ＰＭＰの持つ楽曲を積極的に応援してくれたものなんですか。

いや、ラジオ局は基本的には聴取率で勝負してるから、我々も「こんな曲かけたら客が聞いてる局を変えちゃう」っていうものは持って行けない。何でもかんでもうちの曲だからかけろなんて、僕がＤＪだったら絶対にいやだなって思うし。

でもうちとニッポン放送が組んだヒットは結構ある。カーペンターズは、〝始めチョロチョロ〟つまり「クロース・トゥ・ユー」あたりはアーティストや寒梅さんの力でしたね。その後の〝中パッパ〟にはうちも協力した。「イエスタデイ・ワンス・モア」あたりからはニッポン放送の力がかなりあるでしょう。

そんな業界も最近はかなり様子が変わってきた。

この十何年、日本では勝手にシングルを出せないような状況になりました。アメリカでシングルになってないのを日本で売ったクリス・モンテスの「愛の聖書」みたいなのはもう無理。カーペンターズの「トップ・オブ・ザ・ワールド」も日本でシングルが出て、それでアメリカも「あ、これいい曲だからリン・アンダーソンに歌わせよう」って動いたわけだし。もうそういうのはできない。メジャーは「これをシングルで出せ」「カップリングも変えるな」という風になってきてる。日本の現場の創意工夫みたいなのはほぼできないですね。手枷足枷です。

今の洋楽マンは手柄話とか失敗談ができないですね。

邦題もダメって。邦題をどうつけるかは洋楽マンの大事な仕事だったんですけど。僕も邦題つけました。ハーマンズ・ハーミッツの「見つめあう恋（There's A Kind Of Hush)」なんかは自分でつけた中ではヒットだったと思う。後にカーペンターズもカヴァーしました。ライチャス・ブラザーズの「フラレた気持ち（You've Lost That Lovin' Feelin')」も僕がつけた。

70年代半ばに「A&Mジャパン作るから社長にならないか」って言われたことがあります。でも断った。出版はいろんなレコード会社と仕事ができるという魅力がある。それと僕には営業がわからないっていうコンプレックスも(笑)。実際のモノが行き来する、売れなかったら倉庫をどうすんだとか、僕らの普段の仕事では考えてない要素がいっぱいあるわけですよね。たぶん僕はそういう知識の欠落が大きいだろうと。

■米国に作った子会社で全米1位獲得

その後アメリカで会社をお作りになりましたよね。

とった鮎を全部吐き出させられる鵜みたいなのはいやだなと思うようになって。最初は「トゥイスト・アンド・シャウト」とか「ダイアナ」とかの日本地域の権利を持ってる会社を買ったんです。でも過去の曲でしかも日本地域だけですから、新しいヒットを生んで全世界からお金を得られる出版社を作りたい。それでワーナー・チャペルの会長になってたチャック・ケイと、ウインド・スウェプトという会社を作った。88年です。

日本の出版社がアメリカに子会社を作った最初ですね。

85年にPMPがフジパシフィック音楽出版になった時に僕が社長になって、その3年後。チャックとはクリスタルズの縁でそこまで来た。手始めにビッグ・セヴン・ミュージックを買った。オーナーのモーリス・リーヴィはジャズ・クラブ〝バードランド〟のオーナーでマフィアと関係があるらしいというんで、みんなが手を出しかねていた出版社です。フランキー・ライモンとティーネイジャーズの「ホワイ・ドゥ・フールズ・フォール・イン・ラヴ」にはモーリスの名前が作家に入ってるんです

(笑)。名前を入れて印税取っちゃってるわけです。息子のアダム・リーヴィなんか子供の時に曲を書いたことになってるんですよ(笑)。で、僕らは考えられる保険をいくつもかけて買った。幸いどこからも文句は来なかった。いい曲がいっぱいありました。「バードランドの子守唄」「ヴァケーション」…。もちろん新曲もやりました。ウインド・スウェプトの最初の大ヒットはヴァネッサ・ウイリアムズの「セイヴ・ザ・ベスト・フォー・ラスト」。『ビルボード』のナンバー・ワン、92年です。

全米1位ってのは感激だったでしょう。

まあね。

少し後でスパイス・ガールズと契約したんです。イギリスでは他に何社も欲しがってた。マネージャーのサイモン・フラーが、売り出すにあたって特に日本に力を入れたいということで、「各社の日本の担当者に面接したい」って言うから、僕がロンドンに行った。で、彼女たちとサイモンがいて、「どの曲がいいと思うか」って言う。「トゥ・ビカムス・ワン」がすごく好きで頭の中に残ってたからメロディを歌ったら、彼女たちが「サイモン、イチ（朝妻さんの愛称）をあたしたちの出版社にしてよ。あたしたちの曲をちゃんと覚えてる」って(笑)。

曲を聞くのとクレジットの名前を覚えておくのはほんとにすっごく重要なんです。後にフジテレビや産経新聞の社長もやられた羽佐間重彰さんには「記憶力だけで仕事してると、年とってからどうすんだ?」って言われてたんだけど（笑）。例えばB面に何をつけてもらうかっていうのも、そのアーティストがうちの曲の何を歌ってるかを覚えてないと提案できない。ＣＭのクライアントや代理店が「こういう曲を探してるんだ」って時に、うちの楽曲にどういうのがあるか。「それならこっちの方がいいですよ」って言えるかどうか。ともかくアタマの中にどれだけ曲を収められるかです。
ウインド・スウェプトはバブルが弾けた後で売却しました。著作権が高く売れる優良資産だっていうことを示したいなと思って。ＥＭＩに２００億円で売れた。99年です。１００億円以上の売却益が出た。

朝妻さんは『ニューミュージック・マガジン』創刊（69年）から70年代は執筆者でもあった。その後は評論のお仕事は？

自分がプロデュースなんかしてるのに人の作ったレコードを評論するのはなんだなと思っていた時、丸谷才一さんが書かれていた料理を紹介する連載の表現力の豊かさに打ちのめされて、自分には才能がないなって。会社に入る時は高崎一郎さんも「会社の宣伝にもなるからどんどん書け」って公認だったんですけど。やめたのは80年代のアタマかな。60年代にはキングや東芝の出すシングルの解説をずいぶん書いてた。僕はアメリカン・ポップスから入ったんですけど、注文に応じてシャルル・アズナヴールは書くわ、ジリオラ・チンクェッティは書くわ、レイモン・ルフェーブルは書くわ(笑)。東芝はイギリス系のものも書いてたなあ。ホリーズだ、ハーマンズ・ハーミッツだ、アニマルズだって。
今でも聞くのはやっぱりスペクターものかな。特にロネッツなんか。彼のクリスマス・アルバムなんかは何回聞いても飽きない。ビーチ・ボーイズの『ペット・サウンズ』や「ドント・ウォーリー・ベイビー」も大好きで。あとカーペンターズやレターメンやポール・アンカも。

楽曲の寿命がどんどん短くなっているというのは著作権ビジネスにとっては？

スタンダードを作ることから離れていくってことですから、厳しい時代です。今はレコード会社のディレクターたちはどんどん新曲を出して四半期ごとの成績を出さないといけなくなっている。スタンダードどころじゃありません。でもトニー・ベネットの『デュエッツⅡ』とかが出てきて、洋楽を知らなかった人が「へえ、トニー・ベネットがレディ・ガガやエイミー・ワインハウスとやってるんだ」って。こういうのは宣伝の仕方によっては広く売れると思うんですよね。今はみんなラップだヒップホップだって言うけど、ラップの曲を10年後に誰か他の人がカヴァーするなんて考えられないじゃないですか。

〔2011年9月24日　港区北青山・フジパシフィック音楽出版で〕

高橋裕二 氏

エピックで日本独自のヒット連発

たかはし・ゆうじ

1947年、新潟県小千谷市生まれ。秋田大学鉱山学部在学中にラジオ番組のDJとなる。70年に卒業後、CBS・ソニーに入社し、おもにエピック・レーベルを担当。93年からはソニーコンピュータ・エンタテインメント、ユニバーサルミュージック、ドリーミュージック、ポニーキャニオンなどで取締役を務めた。

今回ご登場いただくのは高橋裕二さん。1947年、新潟県小千谷市に生まれ、秋田大学鉱山学部からCBS・ソニーに入ったという変わった経歴だ。70年に入社してチェイスやジェフ・ベック、スリー・ディグリーズなどを手がけた。以前ご紹介した石川博明さんは68年入社の創業スタッフ。高橋さんは中途入社の2期生だ。

■大学時代にラジオ番組のDJに

親父が写真屋で8ミリを撮ってたから、BGM用にレコードを買ってた。でもイージー・リスニング系ですね。当時の小千谷ではバンドやる奴は不良だった。ベンチャーズみたいなインストですけど、それでも不良。新潟の地元ラジオはつまらなかったけど、夜中に東京のAMが聞こえるんです。電波状態が悪くて音が波打つんだけど、布団に潜って聞いてました。高校2年でビートルズに出会ってびっくりした。でも洋楽ファンはクラスに3人だけ。文化放送「9500万人のポピュラーリクエスト」のランキングも音が波打ってるから曲名が聞こえないことがある。その3人の誰かが聞き取れたら翌朝教え合ったり。

もともと天文が好きだったので、地学で受験できた秋田大学鉱山学部に入りました。秋田放送もつまんない。でも青森の三沢基地のFENが短波でよく聞こえました。当時は新しい音楽が生まれる矢先。FENを聞いてそう思った。で、大学2年の時に秋田放送の制作部に葉書を書いたんです。「つまらん」って。そしたら制作課長の金子健二さんが「じゃあ一回局に遊びに来なさい」って。遊びに行ったら金子さんは鷹揚な人で、「選曲をやってみるか?」。学生に選曲任せるなんて乱暴でしたねえ。最初に選んだのは忘れもしないバッファロー・スプリングフィールドの「フォー・ホワット・イッツ・ワース」。そのうち金子さんが「月曜電話リクエスト」をやれって言うんですよ。月曜の夜6時半から1時間半の生放送。

その時間帯の生放送に大学2年生の素人を?

乱暴ですねえ(笑)。『ビルボード』をとってもらって、毎週チャート初登場の曲を全部並べて、秋田放送にないレコードは系列の文化放送のレコード室に連絡してテープに録って送ってもらいました。好きでかけたのはジェファーソン・エアプレインとかバーズとか。大学3年になってからは月~金の夜11時から10分間の洋楽の帯番組もやりました。深夜帯で好きなものをかけていいって言うから、ニュー・ロックばっかりの番組。ヴァニラ・ファッジ「キープ・ミー・ハンギング・オン」だ、クリームだ、って。さらに公開録音の番組「ポップ・イン」もやりました。秋田産業会館のホールで毎週土曜午後にロックの映像の上映会をやって、その後で公開録音をするわけ。東京の洋楽マンに来てもらって宣伝用16ミリ・フィルムを流す。ほとんどはライヴ映像だからレコード・コンサートみたいになる。CBS・ソニーの堤光生さんはシカゴの「クエスチョンズ67/68」、東芝の石坂敬一さんはピンク・フロイドとか。ＲＣＡの石島稔さんはライトハウスを持って来ましたね。

当時のギャラは番組三つで月４万５千円。実家からの仕送りと家庭教師のアルバイトの金も入るので７万円近くあった。後にＣＢＳ・ソニーに入った時の額面が４万円。手取りが３万２、３千円でしたから、これじゃ暮らせないと思いましたよ。

電リクでは邦楽はかけなかったんですか？　リクエストは来るでしょ。

邦楽は全然（笑）。リクエストにも応えない。だって僕、知らないですもん。洋楽のリクエストにはだいたい応えられましたね。当時はまだ音楽情報がないし、リスナーも選択の幅が狭かったんですよ。局にないレコードは取り上げなきゃいいわけだし。

鉱山学部だからロックばっかり（笑）。

大学３年が終わって、海外鉱業研究会ってクラブでカナダに実習に行きました。ヒューロン湖の北にあるエリオット・レイクの町でウラン鉱山の研修を１カ月受けるプログラム。で、結局大学を休学して半年滞在しました。後年、アメリカの業界人に、なんで鉱山学をやったか聞かれると、僕は答えるんです。「ミュージック・インダストリーもマイニング・インダストリー（鉱業）も一緒。ボナンザ（金の鉱脈）を探している。一山当てれば一生暮らせる」って。簡単に納得してくれる(笑)。

■イントロを削ったら日本でヒット

69年に日本に戻って復学したら、鉱山業界はもう最悪で就職も難しい。70年春に卒業してまだフリーで番組をやってたら、大学時代の友人が『朝日新聞』にCBS・ソニーの募集広告が載ってる」って教えてくれた。で、ラジオ番組で知り合った堤さんたちには連絡もしないで受けてみた。ところが問題がすごい難しいんだ。「新人女性歌手のデビュー・シングルをどういう媒体でどう宣伝するか。予算を含む計画書を作れ」とかね。「CBS・ソニーで何をしたいか、英語で書け」ってのしか書きようがない。「外国の音楽を日本のマーケットに合わせて編成したい」みたいなことを書いたら無事に通って、最終面接は大賀典雄専務と1対1。「君は何をやりたんだ」「日本に合うレコードを見つけたい」。そしたらそのうち大賀さんは「君は棒を振ったことはあるか」って聞く。てっきり指揮棒のことだと思って「いや、僕はクラシックは苦手で…」って答えたら「何言ってんだ。ゲバ棒のことだよ」って(笑)。

入社は70年7月6日。同期が磯田秀人と菅野ヘッケル。洋楽の宣伝課に配属されました。リン・アンダーソンの「ローズ・ガーデン」とかポール・リヴィアとレイダース「嘆きのインディアン」とかがヒットしている頃だった。

71年に1期生の柳生稔さんと会社の倉庫に通って、毎晩深夜にシングルを延々聞いた。ただし冒頭10秒だけ。イントロのいい曲を探そうとしたわけ。ある晩ね、アタマにハモンド・オルガンがずっと続く曲がある。なんじゃこれと思ったらその後すっごいインパクトのある「チャラチャラチャラ」（笑）。カナダのマッシュマッカーン「霧の中の二人」だった。で、アタマ45秒のハモンドをアメリカに内緒でカットして「チャラチャラ」から始まるシングルにして出したらオリコン1位の大ヒットになった。宣伝の仕事としては最初のヒットでした。ディレクターは柳生さん。タイトルは「アズ・ザ・イヤーズ・ゴー・バイ」。カタカナのタイトルじゃラジオで耳に残らない。でも「時が流れゆくままに」じゃなあ。で、カナダっていえば霧じゃないかって「霧の中」（笑）。その後2007年にトロントのカナダ音楽見本市に参加して「日本マーケットに売り込むにはどうしたらいいか」ってスピーチをした。会場のおばさん客から「昔カナダのバンドで日本で1位になったのがあるが、知ってるか。そういう風にするにはどうしたらいいか」って質問が出たんです。「そのA&Rが私です」って答えたらやたら受けましたねえ。でもアタマをカットしたのは内緒（笑）。

71年に社内で本家のCBSレーベルとサブ・レーベルのエピックを分けようということになって、マウンテンとかやってた堤さんがエピックの責任者になった。日本コロムビアから来た高久光雄はミ

マッシュマッカーン「霧の中の二人」（CBS・ソニー CBSA82079）1970年10月発売のシングル。『オリコン』第1位となり、翌年グランド・ファンク来日公演の前座を務めた。

ッシェル・ポルナレフ。ヘッケルはアル・スチュワートやドノヴァンをやってました。僕はチェイスの担当。チェイスはジャズっぽくて僕はあんまり得手じゃない。でもラジオでのかかりは絶対いいはず。ただタイトルが「ゲット・イット・オン」。Tレックスの同名の曲があるし。で、これは爆発の直前ということだ、炎が燃える寸前っていうのは黒いんじゃないか、ってんで「黒い炎」にした。それが当たりましたね。大ヒット。

米エピックって、サブ・レーベルだから、当時ヒット曲が全然ないんですよ。そしたら71年の夏に高久が「シンコーの草野（昌一）さんがＭＩＤＥＭで取ってきた曲がある。オレはポルナレフで忙しいし興味ないからお前やんない？」っていう。それがアバの前身の男性デュオ、ビョルン&ベニーでした。聞いた時に絶対ヒットすると思った。スウェーデンだから寒いイメージで、翌72年1月21日発売に決めた。タイトルは「シーズ・マイ・カインド・オブ・ガール」。あの子はボクのタイプ、みたいな曲だけど、まあ冬に出すから「木枯しの少女」にした。払った原盤の前払いはわずか２００ドル。円が３６０円の頃ですかね。あっという間に回収しました。

もっと大きくするためには次のヒットが必要だ。その年のヤマハの第3回世界音楽祭に呼ぼうってことになった。でも新しい曲がないと言うんで、天地真理で

ビョルン&ベニー「木枯しの少女」
（エピック／CBS・ソニー
EPIC83025）
1972年1月発売のシングル。後にアグネッタとフリーダが加わりアバとなった。

大ブレイクしてた森田公一さんに曲を作ってもらって向こうで歌詞をつけて「初恋の街」って曲ができた。ところが来日したら男性デュオのはずが4人なんだ。「なんで4人で来たの?」「4人ということにしたんだよ」「なんで女の人が二人いるの?」「ガール・フレンド」。しかもアグネッタだったかは妊娠6カ月。ステージでばれるだろう。「初恋の街」じゃ洒落にならないよって(笑)。エントリー曲も彼らが勝手に「サンタ・ローザ」に変えた。結果は予選敗退。僕はがっかりして最終日は本選には行かないで家で風呂に入ってたんです。そしたら夜8時くらいに石川課長から電話で「馬鹿野郎！お前の担当のカプリコーンがグランプリ取ったぞ！」って。女一人男二人のイギリスのポップ・グループ。幸い後年チープ・トリックで名をあげる野中規雄が駆けつけてその場を全部やってくれたけど。

同じ72年、第1回東京音楽祭に来たのが、後年「ジェシーズ・ガール」で大ヒットするオーストラリアのリック・スプリングフィールド。フェンダーのストラト1本でバックはカラオケ。でもプッシュしてたナベプロのパワーがあったのか銀賞になった。その曲「大空の祈り」はアメリカで10位くらいまで行くんです。シングル・ジャケットは超みっともないですよ。解説も評論家に書いてもらえないから自分で書いてます(笑)。

ちなみにグランプリは雪村いづみ「わたしは泣かない」。リックと同じ銀賞はフリオ・イグレシアス「孤独」だった。

■その頃の恋人を思い出すような邦題

74年の第3回東京音楽祭には「荒野のならず者」で人気だったスリー・ディグリーズを呼んで、「天使のささやき」で金賞。この曲はアメリカでも2位まで行くんです。原題は「ホエン・ウィル・アイ・シー・ユー・アゲイン」だけど、邦題をつけた。「また会えたら」なんてのじゃみっともない。イントロが3人のスキャットでささやきみたいだから「天使のささやき」。

当時、日本の音楽祭でのグランプリはアメリカでも宣伝効果はあったんですか。

ありました。特に新人。リックなんかはオーストラリア出身でアメリカでは知られてないから宣伝にはなりますよね。

72年に全米5位になったアルバート・ハモンドの「カリフォルニアの青い空」は、翌年にかけて日本でもヒットした。その73年にテン・イヤーズ・アフターの前座で来日しました。この時はベック・ボガート&アピスも来てた。両方とも僕の担当。BB&Aを大阪厚生年金で二日間ライヴで録って、翌朝BB&Aを送り出してから、ハモンドとテン・イヤーズ・アフターが前の晩ライヴやってた京都に行って、ハモンドを東京に連れてきて12チャンネル（現テレビ東京）の番組に出して、夜はテレビ朝日のワイドショーみたいな番組にも出した。そしたらその番組にろくろ首みたいな芸人も出てたんで、ハモンドはリハで「こんな奴と一緒って、どういうことだ」って怒り出した。でもこっちは宣伝になりゃあ何でもいいやみたいな。

ハモンドは73年の「落葉のコンチェルト」が日本だけのヒットですね。原題は「フォー・ザ・ピース・オブ・オール・マンカインド」。「全人類の平和のために」みたいな。これはヒット間違いなしで秋に出そうと決めた。秋だから「落葉のコンチェルト」。売れましたね。野中は札幌営業所に頼んで北海道庁の前のイチョウの枯葉を送ってもらって、プロモーション先の放送局の机にまいて怒られた。あの曲の「フォー・ザ・ピース…」っていうサビは、ほんと、いいサビ。

邦題つけは5年先でも10年先でも、その曲を聴いたらヒットしていた時に付き合ってた恋人のことを思い出すというのが基本。そういう記念碑的な曲になればいいなと。だから必ず邦題はつける。75年のジェフ・ベック『ブロウ・バイ・ブロウ』は『ギター殺人者の凱旋』ってつけて、中村とうようさんに叱られたけど(笑)。

75年になると洋楽の企画制作1部にCBSもエピックもベルもベイ・シティ・ローラーズのアリスタも一緒になった。そこでの最大の仕事はアース・ウィンド&ファイアの2枚組ライヴ『グラティテュード』。すっごいいいライヴだった。この2枚組が勝負だってんで、タイトルは『灼熱の狂宴』。帯には「激録!」。篠山紀信さんの「激写」からもらった。アースはその後77年「宇宙のファンタジー」や78年「セプテンバー」が新宿の大箱のディスコでやたらかかりましたねえ。かかるとフロアに客がワッと出ました。盆踊りみたいに一緒の振り付けで踊るんですよ。僕らはインチキのリクエスト・カード書いてＤＪボックスに入れた。

ビクターのソウルなんかよりもずっとロックで、全然汗くさくない。ファンクなんて言葉はまだなかったですね。そのちょっと前はソウルではビクターにかなわなかった。僕らはロックでは東芝と競り合うんだけど、ソウルはビクターなんですよ。あそこの宣伝マンは酒を飲まずにディスコを回ってた。僕らなんかつい飲んじゃって最後はヘロヘロなんですよ。支配人が「はいはい、飲んでって飲んでって」って、そんな時代でしたから。ビクターはスタイリスティックスとかヴァン・マッコイの「ハッスル」とか持ってて、とにかく強かった。

◇

１９８０年代までは、洋楽マンにはまだ、日本独自のヒットを生む工夫の余地が残されていた。前回のフジパシフィック音楽出版会長・朝妻一郎さんのお話にもあったように、その一つの手段がカヴァー。高橋さんも知恵を絞った。

■ラジオ番組で日本語の歌詞を募集

70年代後半には米ＣＢＳはヒット曲がほとんど出ず、イージー・リスニング路線に戻りつつあった。

78年、後輩の小野志朗と一緒に地下1階の倉庫に毎晩行って見つけたのがビリー・ジョエル「ストレンジャー」。お蔵になってたんです。米本社のイチ押しでもなくて、たぶん誰も聞いてなかったんでしょう。その頃アメリカでは「素顔のままで」がヒットし始めた。部長は「なぜ向こうでヒットしてるこんないい曲を出さないんだ」。でも日本では「素顔…」はソフィスティケイトされ過ぎてる。「ストレンジャー」ならラジオで絶対誰もが覚える。イントロが口笛で始まる曲なんて滅多にないし。部長の意見なんか聞かずに出したら大ヒット。

80年に洋楽を大きくしようってんで企画制作8部を作った。7部はなくて、「一か八か」で8部。

1982年、米アトランタのスタジオで、バーティ・ヒギンズと高橋裕二さん。（提供＝高橋裕二氏）

僕が課長でCBS以外のレコード会社を一本釣りする専門の部。で、米CBSの紹介でカット・ファミリー・レコードってのと契約した。そこにいたのがバーティ・ヒギンズ。アメリカでは81年の「キー・ラーゴ」がヒットしたんですが、うちでは「カサブランカ」を売ることにした。ヒギンズは無名だから日本人歌手のカヴァーを作ってそっちもヒットさせたい。「オールナイト・ニッポン」でリスナーから日本語の歌詞を募集して、良かった歌詞を「あなたの好きな日本人歌手に歌わせます」ってアイデアを私が思いついて、平野（敏樹）がニッポン放送に持ち込んだ。そしたら1番になった人の歌ってほしい歌手が郷ひろみ。彼が所属していたバーニングの音楽出版にいた人が、偶然ヒギンズの元歌を聞いて気に入ってたってこともあって実現した。これが「哀愁のカサブランカ」。その頃、映画『カサブランカ』の女優イングリッド・バーグマンの容態が悪くて、もしご不幸があればまた話題になるなって思いも、宣伝の裏にはありました。

84年のガゼボの「アイ・ライク・ショパン」も同じ方法。これはもう聞いた途端にヒットすると思いましたね。イントロで。ビクターの岩崎宏美にカヴァーしてもらおうと考えた。そしたら邦楽のディレクターが「ウチに移籍してくる歌手にくれ」。「誰？」「小林麻美」。知らない。そしたら「でもさあ、歌詞はユーミンが書くんだよ」。突然バランス崩れますよね。「えっ？　お願いします！」って(笑)。で、52万枚の大ヒット。ガゼボは20万枚かな。サンタナの「哀愁のヨーロッパ」を内山田洋とクール・ファイブにカヴァーさせる話を、担当じゃないのに僕が事務所に持込んだこともある。断わられたけど(笑)。

87年に大阪営業所長から戻ってエピック・ソニーの洋楽部長になった。マイケル・ジャクソンの大旋風が終わって、アメリカはマイケルにおんぶに抱っこだったから新人が全くいない。売り物がない。そこで部下を世界中に飛ばした。プロジェクト名「ミュージック・アラウンド・ザ・ワールド」。それで小野志朗がフランスでジプシー・キングスとジャン・ジャック・ゴールドマンを見つけてきた。ジャン・ジャックがすごいのは「嬉しいが無理だと思う。私はフランスの若者に対して歌っているんで、その内容は日本人にはとてもわからない」って。そこまで言われたらしょうがない。彼はいいメロディ書きますよね。

イギリスからはドイツですっごい売れてた女性歌手のレコードを見つけてきた。僕らのオフィスは青山ツインタワーの西館。東館のワーナーにそのレコードを持ってって和田アキ子に歌ってもらおうとした。でも実現しなかった。そしたら3、4年後に突然その曲がラジオから流れてきたの。セリーヌ・ディオンの「パワー・オブ・ラヴ」。あれは米国出身でドイツで活躍してたジェニファー・ラッシュが歌った曲のカヴァーなんです。要するにデイヴィッド・フォスターが見つけたわけですね。

MTVの初期に関わったのは面白かった。82年にゴー・ゴーズを宣伝で来日させた時、一緒に来たジェイ・ボバーグ社長が「アメリカでは変なことが起きてる。ラジオでかかってない地域でレコードが売れてるんだ」。「実は宣伝用の音楽ビデオが流れてる地域で売れるんだよ」と。それがMTV。その後トッド・ラングレンのマネージャーのエリック・ガードナーが「MTVはトッドのアイディアなんだよ」って言ってた。まあ成功したらみんな自分のアイディアって言うんだろうけど。当時、ビデオを放送する番組が日本にはなかった。「ベストヒットUSA」はあったけど30分枠で有名アーティストしかかからない。そこでテレビ神奈川の「ミュージックトマト」に持ってって、それなりに結果が出た。

エイジアが83年に来日して「エイジア・イン・エイジア」を衛星生中継でやった時は、ヴォーカルとベースのジョン・ウェットンが直前に来れなくなった。リハーサルを合歓の里でやったんだけど、代役のグレッグ・レイクが歌詞が覚えられなかったんでしょうね。MTVは「テレプロンプター（文字を映す装置）を用意しろ」。83年当時そんなの誰も知らない。でもソニー本社で用意できた。レイクはそれ見ながら歌ったんですよ。リハも本番の武道館も。お客さんには絶対わからない。12月7日だったかな。スティーヴ・ハウはヴェジタリアンで合歓の里のホテルで別料理だった。ベック・ボガート＆アピスの時もすき焼き屋に入ったら、ジェフ・ベックが「オレはヴェジタリアンだ」って野菜だけ食ってた。最初に言ってよ（笑）。

イメージ違いますよね。〝ギター殺人者〟なんだし（笑）。

■スリー・ディグリーズの楽譜騒動

思い出深いのはやっぱりスリー・ディグリーズですねえ。74年の東京音楽祭に初来日した時は、芝の東京プリンスでマネージャーのリチャード・バレットが上半身裸になって「背中を見ろ」と。傷だらけなんです。「オレはつい先だってまでヒットマンやってたんだ」。おそらくマフィアのそういう人なの。3人はものすごい香水振りかけてた。テレビに出る時は僕らが楽屋にドレス持ってくんだけど、これがもう臭いのなんの。でもすごいいい子たちだった。文句も言わずに宣伝やってくれて。

最大の事件もディグリーズがらみです。2回目の来日で札幌にいた時。翌日が最後で横浜の神奈川県民ホール。その後テレビに出る予定もあった。ところがテレビ局に渡したパート譜が十数枚欠けてたの。じゃあ俺たちが譜面を札幌でコピーして、そのコピーをテレビ局に納めてから、県民ホールでバックをやるシャープス&フラッツに渡そうということで、彼らの譜面の一部を預かっていた。そしたら翌朝、札幌はピーカンなのに飛行機が飛ばない。東京がドカ雪で羽田空港が閉鎖されてた。「天災だから県民ホールはキャンセルだ」と高をくくって僕らは午前中に二条市場かなんかに行って、ホテルに戻ったら誰もいない。彼女たちもマネージャーも、名古屋から札幌に飛んで来た飛行機に乗って羽田に戻ってたの。羽田はその頃には除雪が済んでたから。後に残ったのは僕ら3人と譜面。さあ大変。県民のライヴの何人分かのパート譜がないわけですよ。これはクビになってもしょうがないなと思いましたね。

必死に考えました。伝書鳩飛ばそうかとか、電話の向こうとこっちに作曲家を置いて電話でやりとりして譜面起こそうか。で、出始めたばかりの松下のファックスを思い出した。あちこち電話しまくって松下の子会社に行ったら「A4じゃないと送れない」。楽譜ってでかいでしょ。そこでゼロックスに行ってA4にコピーした。ところが当時のコピーは音符の真ん中の黒いところが飛んじゃうんだ。黒いオタマジャクシが白抜きになっちゃう。僕らでオリジナル見ながら塗りつぶして、目黒の松下の営業所にファクスして、待ち構えてた宣伝担当の斎藤成人がそれを横浜に持ってってった。テレビ局のほうはそのあとで間に合う。どうにかセーフ。まあ、シャープスくらいなら楽譜がなくても何カ所かでコンサートやってるから、どうにかやれてたんだろうけど。いやあ、あん時は死ぬかと思いましたよ

（笑）。

ディグリーズは日本で2曲作ったんです。74年の「ミッドナイト・トレイン」は松本隆と細野晴臣、編曲は矢野誠。75年の「にがい涙」は安井かずみと筒見京平。

「荒野のならず者」「ソウル・トレインのテーマ」「天使のささやき」「愛はメッセージ」「ミッドナイト・トレイン」って、国内では全部74年に出てますね。

当時の決算で、売り上げは1年に25億くらいありましたね。リード・ヴォーカルのシェイラ・ファーガソンはその後ロンドンに行って料理研究家ですごくメジャーになってます。

■ジェフ・ベックが来なかった雨の円山音楽堂

ジェフ・ベックはとにかくほんとにしゃべんない。いるかどうかわかんない。75年のワールド・ロック・フェスティバルで内田裕也さんがベックを呼んだ時、札幌は真駒内アリーナだったけど、ベックがハワイで飛行機に乗り遅れて千歳着が夜。当然コンサートは終わっちゃった（編集部註＝ジェフ・ベックはこのあと会場に着いて演奏したようだ）。その後8月6日の京都・円山野外音楽堂でまた直前になってベックが体調が悪くなってプレイできないって言いだした。結局キャンセル。

「♪ジェフ・ベックが来なかった…」（豊田勇造）って歌がありましたね（笑）。

野外で土砂降りでお客が暴れそうになって、裕也さん「できないもんはできない」って怒鳴り返して。最悪だったのはフェスのラストの後楽園球場。ライヴ収録の予定だった。32ミリで映像も撮る。そしたらマネージャーのアーネスト・チャップマンが「ベックはオープニングで歌ってそのままロンドンに帰る」って言いだした。客なんてまだまともに入ってない時間ですよ。さらに「ライヴ録音も映像収録もなし」って。言いだしたの10分前ですよ。結局二番手で出演してそのまま帰った。

73年のベック・ボガート＆アピスの時はライヴ録音ができた。大阪厚生年金会館で5月18と19日。1日目はティム・ボガートがステージから飛び降りてベースのプラグが抜けた。だから音を録れず（笑）。二日めは無事に録れた。このライヴ盤の発売は日本だけです。全部にモノクロの「畳大ポスター」をつけました。当時は初回特典なんてせこいことはしなかったですよ。作ったあとで怒られたけど、売れればいいんですよ。

うちの会社は担当者が同席するのは雑誌のインタヴューくらい。バック・ステージなんかには全然行かない。呼び屋任せ。洋楽ディレクターの仕事は基本的にマーケティングなんですよ。そのアーティストを誰にどう売るか。地方公演についてく時間があれば宣伝でメディア回れよ。やることがあるだろって。

洋楽でスタートしたCBS・ソニーだからですかねえ。邦楽中心の会社だと、担当者が一緒に地方を回って歌手を育てるみたいな伝統的な体質がありますよね。

うん、だから地方について行くならそこのラジオ回れって。ライヴにはプロモーターがいるんだから行く必要は全くない。

僕なんかは「イントロがいい、じゃあラジオで売ろう」が基本。ところが上司の堤（光生）さんは理屈がないとダメなの。ラベルの「レディ・マーマレイド」がアメリカで1位の時、次の週にはミニー・リパートンの「ラヴィン・ユー」が1位になった。そしたら編成会議で堤さん「この二つのアーティストを出すのはいいんだけどさ、どういうメディアに持ってってどう宣伝やるか。企画ないとダメじゃん」。「いや、これアメリカで1位で、良い曲で。それでなんかおかしいですか」って(笑)。堤さんはやたら理屈っぽい。ターゲットを絞れ、みたいな。堤さんがやってたパートリッジ・ファミリーなんかはターゲットを絞り込まないと無駄骨になる。それはわかる。でもさ、曲がいいのにねえ。僕らは曲で売りたいんだ。当時はラジオしかないですから。どんなに理屈言ったって、ラジオでかかんなきゃ売れないんだ。

当時AM放送には各局に名物ディレクターがいて、彼らがネットワークを作っていました。今のFMなんかと違って、当時のAMは自分たちで番組を全部作ってたから、「そっちで何流行ってる？」って聞きあうんですよ。だから「○○地方でヒットすれば全国に」ということがあった。どっかに火をつければそれがネットワークで広がる。もちろん東京でヒットすれば一番でかいんだけども、局が多い東京でヒットさせるのはそう簡単じゃない。その点、例えば札幌ならＳＴＶとＨＢＣだけ、仙台は東北放送だけだから、簡単といえば簡単ですよね。

そういう中で東芝の石坂敬一さんはスポーツ紙へのパブリシティを切り開いた。当時は僕ら全然わかんなかった。だってスポーツ紙の読者が洋楽なんか買うわけがない。でもスポーツ紙はラジオのディレクターが読んでたんですよ。間接プロモーションですよね。

高橋さんは88年にソニーの洋楽現場を離れ、93年からは関連会社でプレイステーションの開発を担当。ユニバーサルミュージック、ドリーミュージックなどを経て２００８年にポニーキャニオンの取締役を退任した。２００９年からはブログ「洋楽天国」で音楽情報を発信している。

今の日本の外資のレコード会社はかわいそう。外国から指示を受けるだけで、知恵も工夫も求められない。勉強する必要も機会もない。しかも再販制度に守られてるからぜーんぜんノンキ。今時ＣＤを30ドルで売ってる国なんてないです。だから参考になるブログを書こうと。毎日読みに来る人は千人くらいいる。毎日更新してます。

〔２０１１年11月17日　ミュージック・マガジンで〕

横山東洋夫氏

70年代に大物バンドを招いた"呼び屋"

よこやま・とよお

1941年、東京生まれ。63年、日大豊山高校定時制卒。樋口久人氏のもとでプロモーター業を学び、67年にユニバーサル・オリエント・プロモーションズを設立。アダモ、レイ・チャールズ、ピンク・フロイド、ディープ・パープル、ボブ・マーリーなど、多数のコンサートを手がけた。現在はNPO自然環境保全センター顧問・事業推進本部長。TMCA血液検査法の特許を所持した小林常雄博士の癌予知予防センターの事業化に取り組み、がん死ゼロの世界貢献を目指す。

ディレクターやＤＪ、評論家の方々を中心にご紹介してきたこの企画、今回は初めて海外アーティスト招聘元にご登場いただく。横山東洋夫さんはユニバーサル・オリエント・プロモーションズの代表取締役として、60年代のアダモからレイ・チャールズ、ピンク・フロイド、ボブ・マーリーまで幅広いアーティストの興行に携わった。自称〝最後の呼び屋〟。

■憧れや夢を生み出すプロモーター

東京生まれですが、戦争中は4歳で宮城県白石町（現在は市）に疎開して中3までいました。母方の祖父は漢学者で『新修漢和大字典』の著者、小柳司気太。父の敬教は東大で岸信介と同期。農商務省（現・農水省）では三島由紀夫の父の平岡梓とデスクを並べてたそうです。最後は米穀局長でしたが、豊島区の翼賛壮年団長だったために戦後は公職追放を受けた。副団長は江戸川乱歩だったそうです。追放後、父は宮城県で弁護士を開業しましたが58歳で亡くなりました。

子供の頃の娯楽は野球と相撲と映画。中学のときに『シェーン』や黒沢明の『生きる』を見た。歌謡曲では岡晴夫や灰田勝彦。特に美空ひばりの大ファンでね、小5くらいでＳＰ盤聴いて、白石から横浜に訪ねて行こうかと思った（笑）。

東京に戻ってからはいろいろありまして、高校を出た時にプロモーターの樋口久人さんに引き合わされてカバン持ちになった。力道山が刺された翌年、１９６４年ですね。樋口さんはスタントカーの事故で右脚を失っていたから、私は毎日樋口さんをおぶって仕事先に出かけ、興行を教わりました。当時の樋口さんは、スワン・プロモーションから社名変更して、ワールド・ワイド・オートレース・アソシエーションという会社名でスタントカーなんかをやっていた。新聞社と組んで「○○新聞事業部」という名刺を持って、豊島園なんかを借りて車の曲乗りを見せる。ドライバーは外国人。仕込みは安かったと思いますよ。樋口さんは高いものは絶対にやらない。でも金をかけているように見せるのはうまかった。

1962年、沖縄での樋口久人さん。（提供＝横山東洋夫氏）

樋口さんの口癖は「興行師にはなるなよ」。「欧米ではプロモーターをアイデアマンというんだ。ただタレントを呼ぶだけじゃ駄目だ」と。「物語を作るのが呼び屋の仕事だ」と言うくらいだから、キャッチ・コピー作りはうまかった。ロス・トレス・ディアマンテスは「ダイアモンドの声　水晶のギター」。カーメン・キャバレロは「ピアノの詩人」。何が詩人だ(笑)。リンボー・ダンスってのも、大手のお菓子のコマーシャルなんかに500万円くらいで仲介してたんですよね。本人は「コロッケだけ食べさせてりゃいいんだから」なんて言ってましたよ(笑)。

樋口さんは仕事を詳しく教えてくれたんですか。

うーん、教わったっていうよりも、見て覚えたっていうか。毎日おぶっているわけですから。「興行師では駄目だ。プロモーターであれ」ってのは独創的な発想が必要ってこと。ただアーティストを追っかけて呼ぶんじゃ全然面白くない。当時はプロモーターがイニシアティヴを持ってた。今の招聘会社は下請けでしょ。日本側は会場を押さえて弁当を用意するだけになっちゃった。

カーメン・キャバレロにしてもリンボー・ダンスにしても、樋口さんが憧れや夢の対象を作って演出した。

そうですそうです。協同企画（後のキョードー東京）の永島達司さんが兄貴分で、樋口さんは弟分でした。

ビートルズを呼んだことでも知られる永島さんは、スマートな招聘ビジネスのハシリ。

そう。素晴らしい人でした。海外での知名度も高くて、有名なアーティストはほとんど押さえてる。だから樋口さんはラテンの方に行ってトリオ・ロス・パンチョスを呼んだり、向こうで売れないタレントを呼んだり。永島さんはものすごく樋口さんを可愛がってたし、樋口さんも永島さんと張り合ったりはしなかった。永島さんに助けられてもいたんです。「ひとつ頼むよ達ちゃん」ってブラザース・フォーをやらせてもらったりね。パンチョスの興行も永島さんの人脈で全部やったっていう。

樋口さんが倒産したら、永島さんはベンチャーズの興行権を無料で3カ所、樋口さんにくれたんですよ。それで樋口さんの下で僕らが渋谷のリキパレスや福島なんかでやった。アストロノウツも。ベンチャーズをやる時は木の枠を買ってきて自分たちで〝ステ看〟ってのを作って、それにポスター貼って、夜中にトラックで貼り歩きました。

■永島達司さんとの戦い

永島さんと対等に張り合ったっていうのは独立してからです。最初にぶつかったのは67年のアダモの初来日。樋口さんのカバン持ちをしてから独立して、その年にユニバーサル・オリエント・プロモーションズを設立して、アダモと越路吹雪のジョイント公演を企画した。越路さんは東宝ですから、東宝の演出家の山本紫朗さんに越路のマネージャー役の岩谷時子さんを紹介してもらって。評論家の竹中労さんが宣伝してくれた。

実はその前にトゥイギーの来日を永島さんに持っていかれたっていう経験があったんですよ。来日したのは67年10月。僕はその年の7月24日にニューオータニで来日決定の記者会見をやったんです。

「こんにちは、ニッポンの皆さん」ってパンフレットを竹中さんが作ってくれて。その会見の日が石原裕次郎と三船敏郎の初共演の映画『黒部の太陽』の製作発表とぶつかったんです。でも次の日の新聞見たらぜーんぶ私の方が上じゃないですか(笑)。ドーンと。これは嬉しかったですねえ。「トゥイギー来日決定！」って。でも永島さんに取られちゃった(笑)。

向こうから「コントラクト(契約書)を送れ」ってテレックスが来たんで、送ったんですよ。で、これでいけるだろうと。不安はあったけど。ただ永島さんが動いてるのも聞こえてました。で、取られた。もうそれからはタツ永島と横山東洋夫の戦いだったです。向こうは老舗。こっちは若さと勢いがあるだけ。

アダモの「雪が降る」の日本語盤が発売されて大ヒットしたのは69年。最初の来日はその前ですね。

1979年、来日したアダモと握手する横山さん。アダモは当時、毎年のように来日していた。(提供＝横山東洋夫氏)

だから激しい取り合いになるような状態ではなかった。越路さんがアダモの「ろくでなし」とか「夜のメロディー」「サン・トワ・マミー」とかを歌っていた。アダモの「ブルー・ジーンと皮ジャンパー」は北海道放送のヒット・パレードではビートルズを抜いて1位になってたけど、まだそんな人気でもなかった。作詞家として仕事をしていた安井かずみさんが来日の間ずっと僕のカバン持ちで、ツアーについて回ったんです。で、彼女が「雪が降る」を日本語にした。それでヒットした。

アダモは「3大メロディ・メーカー」と言われてましたからね。ビートルズ、アダモ、ボブ・ディランと。

でもそれは日本での言い方ですよねえ。アメリカでは売れてなかったはずですし。

そう、アメリカでは売れてなかった。日本での人気は僕が作った。20回呼んでるんですもん(笑)。キャッチ・コピーは「青春のアダモ／シシリーが生んだ天才／ベルギーが育て／パリが祝福した」。要するに下から這い上がっていった、ほんっとに苦労した人。僕はああいうアーティスト好きなんですよね。

66年のビートルズ来日の時は何をしてらっしゃったんですか。

樋口さんと一緒にレッツ・ゴー・ビートルズってファン・クラブを作って、機関誌も作った。ファン・クラブでビートルズを呼ぼうという戦略(笑)。非公認の、樋口流の、全く異端のファン・クラブ(笑)。ただ、僕は無理だと思ってましたよ。ファン・クラブで呼べるなんてねえ。まあ駄目でしたけど。

洋楽興行に、旧来の興行界からの邪魔は?

なかったですねえ。全然。なぜかというと我々は新聞社とかテレビ局とかメディアと一緒にやってるからです。ここで区分けされるわけです。彼らにとっても別種のビジネス。商売敵じゃない。スタントカーだってみんな各地方の放送局の主催事業でしたから。それが樋口さんの言う「近代興行」。ボクシングなんかの従来型の興行とコンサートの興行の世界は全く別でした。つながりはほとんどない。まあ樋口さんも元はボクシング興行の世界なんですけどね。白井義男が樋口さんの兄貴分ですから。ボクシングの興行は昔はだいたいヤクザ関係の人たちが始めたわけですから。演歌もその系列の人が仕切ってた。

永島さんはそういう人たちとトラブルを起こさないようなやり方に苦労した世代ですね。「そこの親分、どけ!」って永島さんが怒鳴ったって話は私もよく聞きましたよ(笑)。

■ピンク・フロイドとディープ・パープル

71年の箱根アフロディーテはニッポン放送が自分のリスクでやったイヴェント。うちはメイン・アクトのピンク・フロイドの招聘。でも企画から一緒の共同プロジェクトでした。最初からピンク・フロイドに決まってたわけじゃなくて、駄目だったらディープ・パープルになってたかもしれなかった。でもピンク・フロイドがいいだろうと。この時、私は新宿のアパート暮らしで電話もなかったんです。ロンドンで契約して帰ってきて、アパートの廊下のピンク電話に10円玉入れて福田一郎さんに電話して、「ピンク・フロイドと契約しました」って。「それはすごいのと契約しましたねえ」って言われたのを覚えてる。

72年にはディープ・パープルの初来日を手がけましたね。『ライヴ・イン・ジャパン』が録音されたライヴ。

ディープ・パープルの思い出は、なんてったってその次の年、2度目の来日で二日目の武道館公演が暴動で中止になった時ですね。強行か中止かっていうんで、ニッポン放送事業部の人たちと徹夜ですよ。初日の公演が前年の演奏内容と同

1972年8月のディープ・パープル初来日公演のパンフレット。

じだった、アンコールもなかったっていうんで、ファンが怒ったんですよ。「舐めるな、ふざけるな」って、武道館で火をつけたりした。で、翌日の公演はキャンセル。僕らは二日目に賭けてたわけですよ。1日じゃペイできないし。

そのツアーを最後にイアン・ギランとベースのロジャー・グローヴァーが脱退することが決まってた。歴史的なコンサートになるはずでした。

73年のジェフ・ベックは、ウドーさんが「来日決定」のチラシを放送局に配ってるのが耳に入ってきた。でもその時まだ契約してないんですよ、ウドーさんは。で、ロリー・ギャラガーなんかで親しくなってたトニー・ハワードっていうエージェントがちょうど来日してたので「サインしたのか？」って聞くと「いや、してない」「うちにやらせないか」「いいよ、オレが最終的に決めるんだから」。それでジェフ・ベックはうちに来たんです。ベック・ボガート&アピスで。

その頃、同業者は？

僕がピンク・フロイドやディープ・パープルをやってた頃はキョードーさんはロックにも力を入れてました。でもその後キョードーは〝ラヴ・サウンズ〟に行った。それで72年頃からウドーさんが本格的にロックを引き受けたんですね。当時は民音や音協とか鑑賞団体も盛んで、ラヴ・サウンズみたいな需要もあった。でも鑑賞団体に売る商売はやり甲斐はないですねえ。

キョードーに勝った一番の思い出は、72年のディオンヌ・ワーウィック初来日かな。永島さんがずーっと「なんでオレにやらせなかった」って言ってたらしいですよ。ウィリアム・モーリスってニューヨークのエージェントのシャーリー・ラパポートが「タツにずっと恨みごと言われた」って(笑)。レイ・チャールズのマネージャーのジョー・アダムズが私を強く推薦してくれたんです。77年にジュリー・アンドリュースが僕の方に来たっていうのもハリー・ベラフォンテの強烈な推薦なんです。彼女本人が言ってましたもん。「いろんなところからいいオファーもあったけど、最後に決めたのはハリーからの電話だった」って。

我々はパーチェサーなんですね。雇い主。僕みたいな若いプロモーターをサラ・ヴォーンが「ボス、ボス」って言うんです。契約も「スポンサーシップ」って書いてある。または「パーチェサー」。航空運賃からギャラからホテル代、国内交通費、すべてを私のリスクでやってるわけだから。

ジュリー・アンドリュースの時はビクターの佐藤修さんが課長かなんかで「映画俳優は切符が売れませんよ」と。「この企画は大失敗ですね」って(笑)言ったんですよ。「なーにをこんちくしょう」と思ってね。で、武道館3回ソールド・アウト。佐藤さんは当日来て「いやあ、脱帽しました」なんてね。

トゥイギーのあと、キョードーさんに取られたケースは?

ないと思います。75年に「4大グレート・ボーカル」で、サラ・ヴォーン、カーメン・マックレー、ペギー・リー、エラ・フィッツジェラルドをやった時には永島さんからちょっと嫌み言われた。前に永島さんがエラを呼んでたんで、「お互いに呼んだものは手を出さないということならば、ちょっと違うんじゃないの」っていう。でも何十年も前だから。

◇

〝最後の呼び屋〞横山東洋夫さんは、ご存命なら是非このシリーズにご登場いただきたかったキョードー東京の永島達司さんと激しいアーティストの争奪戦を繰り広げた。プロモーターならではの苦労話をうかがう。

■アーティストを入国させるための苦労

興行で一番苦労したのは何ですか。

入国ですね。外国で逮捕歴があると、まず入国できないんです。プロモーターにとってはそこが一番。命取り。不許可になったら終わりですから。来日の話があると、まずインターポールに問いあわせて逮捕歴を確かめる。で、パスポート・インフォメーションを取って、事前に法務省に行って入国審査課に相談するんです。それを無視すると、たとえビザがおりても駄目。ビザは外務省。入国、上陸許可は法務省。全然別なんです。うちは羽田入管の所長だった方に定年後に顧問になってもらいました。入管のいろんな制度を作った人じゃないかな。

例えばレイ・チャールズは麻薬での逮捕歴が何度もあったから普通は入国できない。そこで僕が直接田中伊三次法務大臣に陳情したんです。いかに素晴らしいアーティストであるかとか、公演の意義とかを訴えて、「特別上陸許可」というのをもらった。入管では1回ハネられたけど法務大臣の裁量で入った。その後ほかのプロモーターも同じやり方で招聘してましたね。1回許可がおりればその後はOKというわけにはいかない。あくまでも特例ですから。毎回そのやりかたをするしかないんです。

レイ・チャールズ本人は入国に関して横山さんがどんなに苦労したかはわかってましたか。

わかってますよお。もう。さっき話に出たウィリアム・モーリスっていうエージェントのシャーリー・ラパポートっていう女性が窓口だったんですよ。で、レイのバンドの一人が入国不許可になったことがあるんです。レイは彼がいないんだったら日本に行かないと言って頑張ったんですよ。シャーリーは目の前で電話かけて泣いてましたね。ジョー・アダムズっていうレイのマネージャーを一所懸命に説得して、最終的にその一人を外したメンバーを連れてくと。でもほかのメンバーにも不安があったから、観光ビザで入れたんですよ(笑)。勝手に就労したってバレたらまずいですから、もうほんっとに気を遣って。産経ホールでコンサートやったんです。そしたらその時に音楽にうるさい新聞記

1970年7月、来日したレイ・チャールズと握手する横山さん。
(提供=横山東洋夫氏)

者さんがバンドを見て「すごいやつがいる」と、でかい声で言うわけ(笑)。「ジョニー・コールがいるよ」とかね。こっちは真っ青ですよ。バックの名前は書かないでくれとも言えない。やぶ蛇だもの。だから新聞記者の人はほんと怖いです。勉強してるから。こっちはもうハラハラ。誰かが、知らない人

が後ろから入ってきてステージの人数を数えてたっていうんですよ。あれは入管の人だとか、そういう風に思っちゃうじゃないですか。

でもなんでもなかった。無事に帰国した。それで、もうこういう悩みはほんとに、二度とやりたくないないなと思いましたね。

そこまで苦労して呼んだのは？

もちろん、レイ・チャールズがすごいアーティストだからですよ。ビートルズの4人のうち3人が「尊敬する人」っていったら「レイ」って答えるわけでしょ。そのぐらいの人ですから。そらあもうレイつったらもう。尊敬しかないですから。

ボブ・マーリーの時（79年）もそういう手続きをとったんですか。

奇跡的に何もなかった。逮捕歴がないから。みんなが心配して無理だろうと言われていたけれど、大丈夫だった。そうして来日したら、これがもう、パッカパッカ吸ってんの(笑)。

入国の時に荷物調べられるでしょ。

開けられなかったんでしょうねえ。良かったです（ため息）。ボブのライヴを見た人ってのは、ほんっとに幸せですよ。あれを見なかった人は本当にもったいない。そのぐらいのライヴだったですね。ホテルは新宿のサンルートを何フロアか借り切って、徹底的にガードして第三者を入れないようにした。インタヴューもやらなかったと思います。警戒してましたからね。知らない人間は入れない。ボブ・マーリーはこっちからのオファーでした。ジミー・クリフとかレゲエの人たちをたくさん呼ぼうということで。

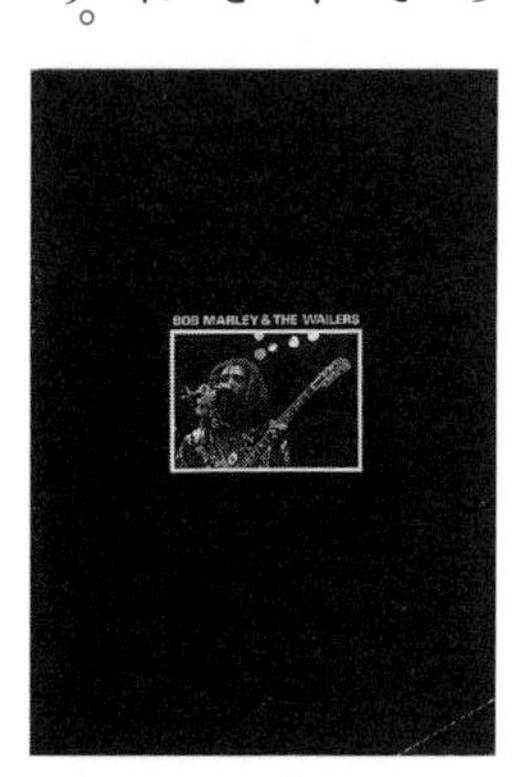

1979年1月のボブ・マーリー&ザ・ウェイラーズ日本公演のパンフレット。

レゲエはお好きだったんですか。

いやまあ、好きとか嫌いとかはあんまり…（笑）。入国といえば71年頃、エルヴィス・プレスリーがラスヴェガスのヒルトン・インターナショナルに出ていた頃、呼ぼうという話があったんですよ。評論家のいソノてルヲさんに紹介してもらったクラブ・リビエラの経営者、久保正雄さんとで。久保さんは東日貿易でデヴィ夫人をスカルノに紹介した政商で、長島茂雄や高倉健の後援者だった人。久保さんはキョードーの永島達司さんと親しかったんだけど、「力になろう」と言ってくれて。当時久保さんと親しかった弘田三枝子をプロデューサーにして。で、僕はパーカー大佐に会いに行った。ヒルトン・インターナショナルに。でもその時には結論が出ないで、「日本に来るなら有力な受け皿」ということになった。でもずいぶん長くほっとかれて、結局実現しないでエルヴィスは死んじゃった。永島さんによれば「パーカー大佐は自身にも不法入国の前歴があって、アメリカから出られなかったんだ」って。

■ベラフォンテとひばりを会わせる

レコード会社は興行成績に関係なく呼びたがるでしょ。

でもガラガラのコンサートなんかやられたら、かえってよくないってこともある。持ちつ持たれつですよ。レコードが売れてもチケットが売れるとは限らない。その逆はありますが。会場でも売れますから。シングルが売れたって駄目。シングル・ヒットが1曲か2曲出たって、興行はまず無理。やっぱりアルバムが売れないと。でもレコード会社に騙されて興行やる場合もあるんですよ。「これはこれから伸びる」とか言ってね(笑)。フォリナーなんかは最初から赤字覚悟でしたね。

ちょっとジャズの話に移りましょう。ジャズに関してはファン層も会場の規模も違う。ビジネスとしては？

ジャズはボロ儲けってのはできないでしょうね。でも手堅い。僕の場合はニューポート・ジャズ・フェスティヴァルのプロデューサー、ジョージ・ウェインと親しくなって提携したので、まあジョージの小遣い稼ぎに貢献しようと(笑)。あいつを通すと高くなるんです。15%くらい。でもまあいいだろうと。その代わり確実にアーティストを用意してくれると。ニューポートをあそこまでやった人ですから。もう一人、ノーマン・グランツも、対抗馬。ロックだと興行師はシド・バーンスタイン。ベイ・シティ・ローラーズとかやった人。ロックの公演はほとんどシド。僕はシドとも仲よかったですけど。

で、ネゴシエーターが僕の場合はロサンジェルスのアラン・ブレックマン。ニダランダー社っていう全米劇場チェーンのブッキングをやってたアランがうちのアメリカでの代理人。１ドル３００円か３２０円くらいの頃にひと月５５００ドルだったからねえ。厳しかったですよ。もともとはＬＡのグリーク・シアターのブッキングやってたから力があって。非常にいいんですけど、でも高くて合わない。それで1年でトニー・パパってのに換えたんですよ。月１０００ドルくらいで(笑)。そしたらそのトニー・パパがボブ・マーリーをつかまえてくれた。

先ほどレゲエは「好きでも嫌いでもなかった」と。プロモーターとしての面白さでやったということですね。音楽が好きでぜひ呼びたいというのとはちょっと違ったんですね。

違いますね。ビジネスとして面白かったんですねえ。自分自身呼べて嬉しかったというのは、ハリー・ベラフォンテかなあ。74年3月。14年ぶりの来日の時。その前68年にマーティン・ルーサー・キング牧師に手紙を書いたんです。牧師の演説とベラフォンテのショー。これを組み合わせたコンサートのプロポーザルをしたんです。そしたらキング牧師から「出てもいい」っていう手紙が来たんです。「スケジュールを調整してるからしばらく時間をくれ」って。でもそれから何日かしてキング牧師は撃たれて死んだんですね。それで後にベラフォンテをラスヴェガスに訪ねてったんです。その手紙も見せて。もう彼は感激してハグですよ。それで彼は来てくれたんですよ。

その74年の公演ポスターにいい写真を使って礼を言われたのがビクターの石島稔さんでしたね。

その時は美空ひばりさんに会わせたんです。その前に竹中労さんと浅草に行って黄楊(つげ)の櫛を買ってね。「ひばりからのプレゼントだ」ということでニューヨークに持ってってベラフォンテに渡したわけ。忘れもしない、冬の寒い時にベラフォンテ・エンタープライズで。で、来日の時にお礼で会うと。各マスコミには櫛の写真を「美空ひばりさんが贈った黄楊の櫛です」って送った。で「雛祭りの夜にひばりさんとベラフォンテさんがデートをします。是非ご取材下さい」というのを出したんです。これでもうヒルトン・ホテルにカメラがズラーッと来て(笑)。ひばりさんは1時間前に来てるんですよ。「今日は私、素晴らしい恋人と会えるのよ」とかなんとか言って(笑)。それで初対面。ベラフォンテが奥さんと一緒に出てきてひばりさんと抱き合った。それが次の日のスポーツ新聞にドーンと出たんですねえ。公演はサンプラザ。ロビーは芸能人だらけ(笑)。これはどちらにとっても最高のパブリシティだった。

夜にひばり邸に招待を受けたんですよ。それを僕は断って代わりにうちの若い連中をやったんだ。なぜ行かなかったのか。やっぱり照れ屋なんですね。僕だけが行かなかった。子供の頃から大ファンだったのに。今も悔やまれます。

その後、料亭でみんなで集まって食事して、その時にひばりさんが歌ったんですよ。週刊誌には「美空ひばり、ベラフォンテの前で〈歌入り観音経〉を無伴奏で歌う」って書いてある。この時のテープが残ってるんですね。竹中労さんや山本徳源さんがいて、ひばりさんのお袋さんも出てきてしゃべって。ベラフォンテの声も。それを発売しようかなと思ったこともあるくらい(笑)。ひばり記念館かなんかで。

この時はテレビの中継がうまくいかなくて、もう1回撮らなきゃなんなかったんです。で、厚生年金で追加公演をやったんですね。それで追加パブリシティが必要になって宮城まりこさんを引っ張り出してね。ベラフォンテがねむの木学園に寄付。寄付と言っても私が出してるんですけど、実際は(笑)。「ベラフォンテありがとう」ってスポーツ紙の1面に出ました。

73年にジャクソン5を招聘してますね。

あの初来日はまさに永島さんと激突！ですね。だって永島さんはモータウンの日本代表みたいな立場だった。ところがコンサートの権利は私が取っちゃったわけです。東京音楽祭のゲストに。僕はジャクソン5の親父と仲よくなったんですよ、マイケル・ジャクソンの親父と。あの頃は親父がすべて握ってたから。で、永島さんの顔が立たないからTBSの人とヒルトンで3人で会った。東京音楽祭は永島さんを通してやるということにすれば落ち着くということだったから、そのコントラクトに東京音楽祭に関しては「スルー・タツ」と一言だけ入れる。でも実質は全くノー・タッチです。そういう形で手を打った。

1973年4〜5月のジャクソン5+1日本公演のパンフレット。末弟ランディも加わった6人での来日だった。

■誰もできないことをやるのが〝呼び屋〟

ジョージ・チャキリスを呼んだ時（70年）は忘れられないですね。永島さんにチャキリス側への紹介の手紙を英語で書いてもらったんです。そしたら永島さんはその手紙の最後にちょっと僕への否定的な意見を書いて、それが僕の方にもばれちゃった。永島さんは何がなんでも僕にチャキリスをやらせたくなかった。でも逆に嬉しかったですよね、横山東洋夫っていう人間をそこまで意識してくれる、あの憧れの永島さんがそこまで…。

ジャズやロックをやりながら、時々沖縄民謡の大家・嘉手苅林昌さんとかの「琉球フェスティバル」もおやりになった。

全部、竹中労さんの縁です。竹中さんは素晴らしい人だった。力もあったし、あの人は左翼であっても右翼とも付き合うし。川内康範さんなんかともツーカーでした。僕はそういう自在なコネクションに頼って。琉球フェスなんてのはあんまり儲からないですよ。でも労さんとは志が非常に合うというこ とでねえ。いまでも、竹中さんが生きてればどんなに楽しくやれるかなと思いますよ。子供みたいなとこがあったから。

要するに、タレントを育て上げ、イニシアティヴを持って何かを作り上げていくのが呼び屋。人がやらないこと、誰もできないことをやるのが呼び屋魂。だから、海外のブッキング・エージェントの手下で会場を手配してただコンサートの代行をやる、今の日本の興行の世界には何の魅力も感じませんねえ。

〔2012年1月31日　中央区・銀座のオフィスで〕

佐藤修 氏

〝ニュー・ソウル〟の命名者

さとう・おさむ

1942年、東京生まれ。64年、慶應義塾大学法学部卒業後、日本ビクターに入社。72年から洋楽宣伝課長を務め、モータウンなどソウルの宣伝に力を注ぐ。同社常務取締役などを経て、87年からBMGジャパン社長、90年からポニーキャニオン社長を務め、同社相談役を2013年に退任。95年からは日本レコード協会会長も務め、SP音源のデータ化に尽力した。現在は日本ジャズ音楽協会理事長、日本クラブユースサッカー連盟名誉理事長。著書に『どうせこの世は仮住まい〜音楽業界の変遷を見て』（悠雲舎）。

今回のご登場は佐藤修さん。１９６４年に日本ビクターに入社して営業に配属された後、ソウルやフュージョンなど様々なジャンルの宣伝を幅広く手がけた方だ。後にＢＭＧジャパン、ポニーキャニオンで代表取締役社長を務め、日本レコード協会会長などもやられた。まずはこれまでこの企画ではあまり触れられていない営業や販売のお話を中心にうかがう。

■慶大サッカー部のゴール・キーパー

亡くなった中村とうようさんからは「修さんを早く（連載に）出さなきゃ駄目だよ」と言われていたんです。

とうようさんとはねえ、基本的にポピュラー音楽についての考え方がものすごく違ったんですよ。でもお互いに認めてるみたいな。僕が〝ニュー・ソウル〟の売り出しに成功して、評論家の人たちに「ソウル・ミュージックのアルバム・ベスト10を選んで下さい」ってお願いしたら、とうようさんは1から10までオーティス・レディングの作品を選んできた(笑)。黒人音楽で認めてたのはアトランティックだけ。「モータウンは白人に迎合してる」っていう。日本の黒人音楽好きな人の間では一般的な考え方でした。ただ僕はね、ポピュラー音楽は白人に迎合したところから始まったと思ってる。ジャズだって〝レイス・ミュージック〟と呼ばれて、黒人がメジャーでレコーディングすると不買運動が起きたんだ。そういう中でルイ・アームストロングがニューヨークに行って白人に受けて、ジャズは一般的なポピュラー音楽になった。ペレス・プラードだってザビア・クガートだって白人に受けたからポピュラー音楽になったんじゃないかと。

生まれは東京・下北沢。3歳くらいまでの1年は親戚がいた群馬県・桐生市に疎開してました。東京に帰ったら家は無事だったけど庭の松が焼夷弾で半分焼けてた。信用金庫の理事だった父はクラシック好きでモーツァルト中心にSPをすごい集めてました。僕はそれに逆らってジャズに行ったようなもんです。

ジャズはディキシーから中間派まで。高校3年の頃かな、ファンキー・ジャズが流行り始めましたが、そっちには行きませんでしたね。当時は僕も白人に迎合したアームストロングよりニューオーリンズに残ったジョージ・ルイスの方が偉いと思ってた。当時ジョージ・ルイスは廃盤で、大学1年の時にオメガ原盤で1枚だけ出たのが衝撃的だった。それ以外に『ジャズ・アット・オハイオ・ユニオン』の米国盤が、日本ではTBSとNHKと渋谷のジャズ喫茶スイングとラジオ関西に計4枚あると。で、TBSにリクエストして、年に1回かかると喜んでた。

新宿のレコード店マルミにジョージ・ルイスの輸入盤があった。この親父が偉そうなんですよ。買おうとすると「まだ持ってないのか」って馬鹿にするんだ。輸入盤は十字屋とか山野楽器でも取り寄せてもらった。1枚2800円。なかなか買えませんよ。米国のカタログ『シュワン』には新譜は曲目もメンバーも載ってるんですが、古い作品はタイトルだけ。だから古本屋で古いカタログを探して、その時新譜だったレコードのメンバーと曲目を書き写した。

なぜジャズに行ったんですか。

ポール・アンカだ、ニール・セダカだっていう時代に青年時代を過ごして、

その頃ね、「あんなもんはホントの音楽じゃない」「ジャズがホンモノだ」みたいな世界があったんです。僕はそっちの方にいたんですよ。でも「モード音楽がどうこう」って、昨日『スイング・ジャーナル』で読んだようなことを偉そうに言ったりする奴らもいるじゃない(笑)。で、僕は反発してディキシーの方を選んだんですね。でもファンが少ない音楽だなんて意識はなかったね。だって渋谷のスイングで「あれ、いいよなあ」なんて話を聞くと、世の中何万人もの人がそう思ってるんだと思いこんでた。俺の世界、そこしか知らないんだもの。後でビクターに入って、アール・ハインズのヴィンテージ・シリーズが300枚か400枚しか売れてなかったと知って愕然とした。「こういうものなのか」と、初めて知りました。

慶応大ではサッカー部で1年から正ゴール・キーパー。2年の時に大学選手権で優勝しました。

『サッカー』31号（日本蹴球協会）表紙は1963年7月12日、後楽園競輪場での早慶ナイターの写真で、早大FW釜本邦茂選手(左)のヘディング・シュートをセーヴする慶大GKの佐藤さん。

4年の時には釜本邦茂が早稲田の1年。ナイターで対戦しました。ずっと1－0でリードしてて、終了間際に早稲田のコーナー・キックで釜本がものすごいヘディングで同点。でもその後速攻を決めてうちが2－1で勝った。その年の早稲田の唯一の敗戦でした。

■発言力が強かった営業マン

62年か63年にビクターが、ジョージ・ルイスの原盤をたくさん持っているリヴァーサイドと契約したんで、日本ビクターを受けて64年に入社。大阪営業所に71年までいました。よく「地方でセールスやって楽しかった」なんて言うけど、俺なんか全然ない(笑)。大阪や神戸の中心街のうるさい親父の店ばっかりだもん。当時、歌手はヒットが出れば営業で稼げるから、印税を重視してない。1％くらい。だからレコードの利益率は高かった。日本ビクターのハード部門の業績が悪いとレコード部門に圧力が来るんです。そういう時はお店に注文以上の枚数を送って集金に行く。押し売りですよ。それが毎月のようにあるからね、辛かった。

競争は激しかったですよ。ただ、橋幸夫買いに来た人に舟木一夫は薦められないじゃないですか。ハードは違う。ナショナル買いに来た人に「ソニーの方がいいですよ」って言えるでしょ。だからハードの営業マンには嫌なやつが多いの(笑)。

テレビを2台買う人はいませんからね。

ただ、童謡や民謡のレコードなんてのはお店にとってはどの会社のレコードでもいい。だからお店と仲良くなったら他社の民謡を返品させて自分のを入れるとか、そういう競争はありました。

仕事の中心は邦楽。歌手を連れてラジオ関西に行ったり有線放送を回ったり。森進一も青江三奈もビクター所属だったからがんばりましたよ。あとグループ・サウンズの会場整理とかね。当時はフィリップスもビクター系列だから、ビクターのオックス、フィリップスのスパイダース、テンプターズ、サベージ、カーナビーツ、ジャガーズ、ズラッといました。

イライラしたのは、〝ニニ・ロッソとビリー・ヴォーンのビクター〟みたいなイメージがあったこと。ビクターのポピュラー音楽はそれしかないみたいな。古いレコード会社の中心はクラシックと歌謡曲なんです。これね、いいレコードかどうか営業マンでもわかる。クラシックなんて誰か評論家が「いい」って言ったらそれでいいんだから。なにしろ放送局も音楽専門誌もない時からレコード会社はあったわけですからね。営業マンがやぐら組んで東京音頭の講習やって売るみたいな時代で、マーケティングもプロモーションもやった。だから営業マンの発言力がものすごく強かった。営業マンが会社の方向決めちゃうんですすよ。

ところが、世の中が変わってきた。いろんなものが幅広く売れるようになって、新しい会社はそれに対応している。でも古い会社には営業マンがものを決めるっていう体質が強く残ってた。うちも本社の偉い人がみんな営業マン上がりで、ソウルやロックに全然関心ない。会議でもわかんねえ販売課長が「これどうですか?」。わかんねえ営業マンが「いや、もう一つじゃないですか」とか。そういうところで決まってたんだ、実は。

それじゃ駄目だって言ってたら「洋楽宣伝課を作るから課長やれ」って。当時のビクターはレーベル担当が宣伝してたの。モータウンやMCAの担当が自分で放送局なんかを回ってた。他社はみんな放送局とかに強いのが動いてるのに、一人でチョロチョロ行ったって、勝てるわけない。

■"ソウルのビクター"をアピール

それで初代の宣伝課長になって、まずカタログを見た。洋楽のシェアでトップになるにはソウルしかないと。他社にはソウルのレーベルはそんなにない。うちにはモータウンもチェスもMCAもあった。アヴコもあった。

ところが第一に、黒人音楽好きな人はモータウンを認めない。白人に迎合してるって。第二に、放送局も評論家もたいがいは白人のポピュラー音楽が好きでこの業界に入ってる。黒人音楽はそんなに好きじゃないんですよ、基本的に。

で、僕はスタイリスティックスを象徴にして新しいソウルを打ち出した。もうR&Bじゃないっていうんで"ニュー・ソウル"って命名したんです。プログレッシヴ・ソウルとかアート・ソウルとか色々考えたけど、ロックもアート・ロックとかあったのに残ったのはニュー・ロックだったから(笑)。チェスのデルズみたいなのは僕の感覚では昔のソウル・ミュージック。ホンモノなんですよ。それに対して新しい時代のソウルの象徴をスタイリスティックスにしたんです。売り方も「黒人音楽でどうのこうの」じゃなしに、ディスコでダンス・コンテストやって売ったり、そういう世界ですよ。

当時の部下の宣伝課員は何人いたんです？

二人だけ。それで部下じゃないのに各レーベルの制作担当者を集めて、「今月はモータウンって決めたらみんなでモータウンをやる。来月ＭＣＡになったらみんなでＭＣＡやるから」っていうやり方をしたわけです。洋楽部長は「そんなこと決める権限、お前にない」って怒ったけど。それで徐々にそういうのが効いてきたんです。勢いがつくと自分たちの力以上のものが加わってくるじゃないですか。今までビクターの来日アーティストって言ったらロジャー・ウィリアムズとかニニ・ロッソとかだけだったのが、バンバンそういう人たちが来日しだした。

72年発売の『スタイリスティックス登場』に営業がつけた初回出荷数はわずか２５０枚。テスト盤の方が多いんですよ(笑)。当時のビクターなら営業が乗らないから普通はそれ出さない。でも頑張って、ポピュラー音楽は聞かせなきゃしょうがないからということで、北海道から九州まで全国のラジオ局にソウルの自社番組を作りました。ワクを買って、かける曲決めて、向こうの人がしゃべる。３

割から5割は他社の曲もかけてビクターの番組じゃなくてソウルの番組だと。番組名は「ソウル・シティー」とか「ソウル・タウン」とか。九州の局は「韓国のソウルだと思われるから」って違う名前に変えましたよ。ニッポン放送はちょっとお洒落に「ソウル・フリーク」。

250枚はどうなりました。

当時シンガー・ソングライターが出てきた時代でしょ。それに比べて黒人音楽はある種芸人の世界みたいな感じじゃない。売り込みには時間がかかりました。でもスタイリスティックスも75年の「愛がすべて」は20万枚以上。

ビクターのニュー・ソウル攻勢に対して他社は?

ついてこなかった。黒人音楽を馬鹿にしてるから腰が入ってない。ビクターのシェアが圧倒的でした。後にエイベックスがガーンと出てきた時に他社がなぜダンス音楽やらなかったか。「打ち込みなんか音楽じゃねえ」「あんなもん1、2年で終わるよ」ってみんな思ってるから、腰が入らないの。だから馬鹿にされた音楽が売れるようになると、すごい強いんですよ。

ディスコは新宿にゲット、赤坂にソウル・トレイン、六本木には古くからのソウル・エンバシー。

流行ってたのがレア・アースの「ゲット・レディ」とシュープリームスの「ストップ・イン・ザ・ネーム・オブ・ラヴ」。店ごとに振りを揃えて踊ってた。それでシングル盤のジャケットの裏にダンスの振りをつけたらこれが当たったんですよ。「どうだ、俺すごいこと考えた！」と思った。でも後でよく考えたら、これ昔の民謡のレコードと一緒だ(笑)。人間の知恵ってこんなもんなんだなって。

ヴァン・マッコイの「ハッスル」を編成会議で聞いたら、ちっとも面白くないんですよ。黒人らしさがなーんにもないじゃない。「こんなもん、やってもしょうがねえだろ」と思ったら、ディスコ担当者が「一晩預からせて下さい」。ディスコに持っててってかけてみて「ものすごく良かったです」って。ディスコが流行ってるその中にいないとわかんないですね。白人音楽から入った人はそういうこと肌で感じようとしなかったですね。

実は当時もまだ自分の中ではこれはホンモノのソウルじゃないって意識があったんですよ(笑)。フラミンゴスとかムーングロウズを売ってこそホンモノだという気が。ポップスにホンモノもニセモノもないんですけどね。歌詞のメッセージ性なんかもあんまり宣伝しなかった。迫害された黒人の主張ならブルースの方だろうって思ったし。

趣味としての音楽は、ビクターに入って変わりましたか。

僕は売れそうもないジャンルが好きだったから、趣味として置いておけた。売れ筋だったら商売に関係してきていろんなこと考えちゃうけど。ジャズの名盤はいろんな形で出し直すでしょ。そうするとまた売れるんですよ。僕らは「もう好きな人は買ってるんだから、カタログを汚すなよ」みたいな気持ちがあって、番号も同じであるべきもんだと思ってたんだけど、そうじゃないんですね。出し直すとそれはそれなりにまた売れるんですよね。

◇

佐藤修さんはビクター時代、〝ニュー・ソウル〟の売り出しに成功した後にはイージー・リスニングやフュージョンなど、多彩な音楽の宣伝に取り組み、日本のロックにも手を広げた。

■売れそうならなんでもやる

1975年から76年にかけて、三つのレーベルと契約しました。キッスやヴィレッジ・ピープル、ドナ・サマーのいたカサブランカ。マーシャル・タッカー・バンドやグレッグ・オールマンのキャプリコーン。最後はフィル・スペクターのフィレス。彼が刑務所から出てきた頃で、賛否両論あった。大丈夫なのかって。結局レコードは1枚も出なかった(笑)。お店の人を集めた説明会では、中村とようさんがキャプリコーンを「ギミックのないストレートなロックだ」って紹介してくれました。

キッスのコンサートの時、準備で疲れて、3曲で武道館のロビーに出て座って、ふと考えた。ちょうどその頃ブレンダ・リーも来てて、けっこう客が入ってたんです。中野サンプラザとか新宿厚生年金会館を2、3回とかね。なんで今でも売れるんだろう。演歌は嫌だけどキッスも駄目という人たち、サイレント・マジョリティが日本にはいるんじゃないか。そう思ってやったのがリチャード・クレイダーマン。ピエール・ポルトなんかも含めて〝ニュー・イージー・リスニング〟と銘打った。〝NEL〟って(笑)。昔と違うんだから〝ニュー〟だろって。

あらゆるジャンルをやりましたね。失敗も多かったですけどね。やらなかったのはカントリーだけ。MCAに音源いっぱいあったけど、これはやらなくて正解だったかも。

村井邦彦さんに「佐藤さんはニセモノばっかり売ってる」って言われたんです(笑)。それで「よーし、アメリカで売れてて日本で売れてないジャンルを売ってやる」って。それがフュージョン。70年代半ばからやりました。当初は〝クロスオーバー〟。78年に大ヒットした渡辺貞夫『カリフォルニア・シャワー』と次の『モーニング・アイランド』はフュージョンとして売った。

でも『スイングジャーナル』が育てた、世界でもまれなピュアなジャズ・ファンにとっては、フュージョンは堕落したジャズなんです。ただ音楽自体にポピュラリティはある。よし、ナベサダでやろうと。資生堂とのタイアップを決めて、『スイングジャーナル』にも「新しい音楽もやらないとジャズがどんどん衰退しちゃうじゃないか」みたいな(笑)。頑張りましたよ。リー・リトナー&ジェントル・ソウツも日本ビクターのプロデュースです。

とうようさんはフュージョンは絶対に駄目でしたね。ところがソニー・ロリンズが78年の『イージー・リビング』でスティーヴィ・ワンダーの「イズント・シー・ラヴリー」をやったんです。そしたら他の評論家は「ロリンズよ、お前もか」みたいな言い方だったのに、とうようさんは「久しぶりにロリンズとしては骨太のレコード」みたいなことを書いてくれたんです。

フュージョンが好きだから売りたい、じゃないんですね。

そうじゃないです。商売になるからやった。

クルセイダーズは74年の来日の時、テレビにいくつもブッキングしたんですよ。ところが来日が1日遅れて、しかも飛行機の到着がどんどん遅れちゃって。番組は生放送。どうしようかと思いましたよ。十何時間も飛行機に乗って来たのに、「このままスタジオへ行ってくれ」って、河田町のフジテレビに行ったんです(笑)。嫌な顔もしないで。もうホントに神様みたいに見えましたね。スティックス・フーパーとジョー・サンプルが。

■音楽しか頭にないスティーヴィ

思い出といえば75年のスティーヴィ・ワンダー。あの人はもう、一日中音楽なんですよ。ホテルの

80年代初頭に来日したスティーヴィ・ワンダー（中央）、その弟さん（右）と佐藤さん。（提供＝佐藤修氏）

部屋でもピアノをずっと弾いてる。飲みに行っても横に女の子連れてさ、思いついた歌詞をずっと書かせてるんです。六本木のミスティってクラブに連れてったら、スタインウェイのピアノがある店なんです。そしたら弾き始めちゃった(笑)。最初はピアノ、最後はドラムスまで叩いちゃう。いい人だったねえ、あの人は。

ヴァン・マッコイはとてもインテリでした。スタイリスティックスは74年の初来日の時、高級和食店に連れてった。一人何万円もする店なんだけど、あとで考えたら彼らは関心ないですよね、そんなの。食い終わった後で担当者に「マック行こう」って(笑)。

メシって言えばシュープリームス。ダイアナ・ロスが抜けたあと、73年の来日ではみんなで食事して喜んで帰って、モータウンからも「本人たちがすごく喜んでる」って感謝の手紙が来た。ところが翌年来た時には「今年はビクターは何もしてくれなかった」って怒ってるって。宣伝はこうやって、記事もこう出て。同じじゃないか。何が違うのかなと思ったら、帰りが関西からだったんで、食事をする機会がなかったんです。食事は連れてかなきゃいけないんだ(笑)。

ダイアナ・ロスは気むずかしいと有名だった。でも取材のブッキングをたくさんしたら、ダイアナはそれ見て「これ大事なのか」「大事だ」「OK、エヴリシング・OK」。いい人なんじゃないかこの人、って思ってね。それで「じゃあ明日10時に来るから」って部屋を出たらマネージャーが飛んできて、「さっきの全部キャンセルしてくれ」って(笑)。本人が言ってるのか、取り巻きがそうしてんのか、わからないんですよね。

73年にジャクソン5が来日した時、日本ではまだそれほど有名じゃなかった。東京音楽祭のゲストで羽田に迎えに行った。ところが媒体に声かけても全然関心持ってくれない。邦楽宣伝部長に頼んで桜田淳子を連れてったんですよ。で、彼女がかぶってた帽子をマイケルにかぶせて写真を撮ってもらって話題にしました。

次のレコードでテレビ・スポットを打とうとしたけど映像がないんで、東京音楽祭の武道館での映像と音を使おうとしたら、親父がものすごく怒るんだ。そうやって出た海賊盤で苦労してるから。黒人が騙されて搾取されてきた世界ですからね。

彼らがジャクソンズになった理由知ってる? テンプテーションズもシュープリームスもジャクソン5も名前の権利はモータウンが持ってたんだ。だからコロンビアに移った時に名前変えなきゃならなかった。

黒人でうまくいったのはウィリアム・クリストファ・ハンディが最初でしょ。でも彼は作曲家だから成功したんですよ。演奏家は、ルイ・アームストロングだって連日のようにコンサートやったのに、大した金になってないんだよ。

宣伝課長だった佐藤さんの役割は？

制作の人間はアーティストやレーベルに入り込んで、自分の仕事のことしか考えない。トータルに考える人間が必要なんです。僕は戦略をやった。だから例えば邦題をつけたなんてことはない。そんなこと全然関心ないです。

クラシックもやってました。ソ連のメロディアがあったから。リヒテルのバッハの『平均律（クラヴィーア曲集）』とか、彼とダヴィッド・オイストラフ、ロストロポーヴィッチのベートーヴェンの『トリプル・コンチェルト』だとか、ブラームスの『ダブル・コンチェルト』だとかね。クルト・マズアがライプツィヒ・ゲヴァントハウスを振った『ベートーヴェン交響曲全集』ではテレビ・スポット打ったもん。売れましたよ。

72年創刊の『ぴあ』に最初に広告打ったのも僕です。ウィッシュボーン・アッシュの広告。『ぴあ』読者層がどうなんてわからなかったけど、コンサートとか音楽とか映画とかを中心にやるって言うから面白いかなと思って。

レーベルが移って来た場合の宣伝や営業の気持ちって?

手垢のついてない新人や新譜の方が力は入りますよ。でも例えばデッカ。それまでテイチクは手を替え品を替え売ってきてる。ブレンダ・リーやサム・テイラーをね。そうすると定着してるんですよ。驚くくらいに売れるんです。『ベスト・オブ・ブレンダ・リー』出しゃあ、それなりに売れる。キッスがどうのこうのって時代だからブレンダ・リーなんか宣伝マンも関心ないじゃない。でもさっきも言ったけど、厚生年金は2度3度とやれるんだ。

音楽専門誌通いなんてことはやらなかったんですか。

やりましたよぉ。ニュー・ソウルの時は『ミュージック・ライフ』の星加ルミ子さんとこによく行きました。「佐藤さん、うちはソウルは違うのよ」って言われたけど、こういう時はガガガッと行かないと駄目。『ミュージック・ライフ』みたいなのも巻き込まないといけない。で、「ニュー・ソウル」って新聞を作って付録として折り込んでもらった。桜井ユタカさんを編集長にして八木誠さん、越谷政義さんたちに書い

「ニュー・ソウル」第7弾、第9弾
『ミュージック・ライフ』1974年8月号（第7弾）と75年11月号（第9弾）の特別付録。左は第7弾の表紙でB4判だが、広げるとB2判の両面刷りになっている。表紙はさらに四つ折りにして右の第9弾のように帯で留められていた。記事はアーティストやアルバムの情報が中心。

てもらって、何回か付録でつけたんです。一つ間違えば全然客がいないところに弾撃ってるみたいなもん。でも、それが人を動かすわけです。ラジオの人も「そういうことまでやってんのか」と思ってくれる。一つ一つの費用対効果なんて考えてたら何もできない。「ワシントンは黒人が50％いるから売れるんだ。日本じゃあ横田基地の周りでしか売れないよ」と評論家に言われてた時代ですもん。

■下世話で胡散くさいのがポピュラー音楽

ニューミュージックが出てきた頃、古い会社のプロデューサーは「あんな素人が作って素人が歌うようなものがいつまでも続くわけがない」って考えてたんです。でも時代が変わって専属作家が邪魔になってきた頃には、新しい会社が強くなってきた。もともと専属作家がほとんどいない社はカヴァー・レコードが多かったでしょ。坂本九とかジェリー藤尾とか。他にやりようがなかったからですよ。ベテランのプロデューサーや専属作家がいた会社は一気には変われなかった。ビクターも出遅れた。僕も上に呼ばれて、「うちの邦楽どう思う？」って言うからさ、「昔の歌謡曲やってたんじゃ駄目じゃないか」みたいなことを言っちゃったんです(笑)。「じゃあお前やれ」って。

洋楽部で邦楽を出した例はある。グループ・サウンズを洋楽レーベルで出したのは、邦楽から離したかったから。ビクターで邦楽から出して売れたのはオックスくらいですよ。あとはみんなフィリップス。東芝はエキスプレス。コロムビアはＣＢＳで出してた。でもあれはプロの作家が作った歌謡曲。

で、ホンモノをやりたいって気持ちで76年にフライング・ドッグを立ち上げたんです。フォークは今さらやっても間に合わない。ロックでいこうと。で、〝本格的ロック〟のフライング・ドッグ。でも苦労した。パンタが2万枚くらい。一番売れたのは大村憲司、渡辺香津美、森園勝敏、山岸潤司の『ギター・ワークショップ』。結局〝本格的〟ってのが呪縛になってポピュラリティがある方にいけなかったんですね。下世話で胡散くさいのがポピュラー音楽じゃないですか。僕らがファンの頃はキャピトル・レコードなんてほんといかがわしいレーベルだと思ってたから。デッカがアームストロングに「ラ・ヴィ・アン・ローズ」歌わせやがってとか思ってましたからね。

で、ポピュラー音楽では〝ホンモノ〟とか〝本格的〟っていうのは違うんじゃないかってんで、次にインビテーション作ったら、サザンオールスターズや高橋真理子が出てきてうまくいき出した。ポピュラー音楽ってね、〝本格的〟と言っといて実は下世話なやつが勝つんですよ。基本は下世話で胡散くさいんだから。フュージョンだって、僕は最初わざと「本格的ジャズ」って言いました。聞けばわかりやすいから、「自分はレヴェルの高いジャズってのがわかる」って満足感があるじゃないですか。それを「誰が聞いてもわかりますよ」って言っちゃったら(笑)、ありがたみがない。

「渡辺貞夫がわかる俺ってすごい」と(笑)。

みんなそうですよ。「誰それのギターが誰の影響を受けてる」とかって言ってても、それで客が来てるわけじゃない。それは入り口だけ。ものすごくポピュラリティがあるからみんな来てるわけで。

洋楽と邦楽の両方を見てわかることってあるでしょう。

そう、邦楽は何もないところから探してくる。洋楽は向こうで作ってる。よく「俺が売った」って言うけど、日本側はある程度のものから選んでるわけじゃない。洋楽ディレクターって言ってもディレクションなんてしてない。マーケティングとプロモーションだもんね。もちろん、向こうで売れてないミッシェル・ポルナレフ売りましたって人もいるけどね。

今洋楽のシェアは10％くらい。これはもうしょうがない。アメリカのレコード会社がバンドに投資してないんだもん。邦楽はクオリティも高くなってる。一方、洋楽はかっこいいバンドに金かけてない。昔からアメリカが行き詰まるとイギリスがせこいけど面白いことやって、セックス・ピストルズだとか、アメリカにも刺激与えた。でも今はそのイギリスも投資してない。バンドは金がかかるからソロ・アーティストばっかりやってる。

今呼び屋さんが呼んでる大物って20、30年前のやつばっかりじゃない。以前は前座で全米回してたのに、ＭＴＶができてからそういう回し方もしなくなった。だから育たない。ポピュラー音楽が新しいものをやろうとしなかったらこれは無理ですよ。

〔２０１２年3月22日　港区虎ノ門・ポニーキャニオンで〕

塩田眞弘 氏

ビー・ジーズの大ヒットを手がける

しおだ・まさひろ

1944年、東京生まれ。中央大学経済学部卒。日本グラモフォンに入社後、68年から洋楽宣伝、70年から洋楽制作に配属され、ビー・ジーズ、エリック・クラプトンなどを担当。社名はポリドール～ポリグラム～ユニバーサルミュージックへと変更されたが、2008年に退職するまで同社の洋楽畑一筋に勤めた。

ビー・ジーズのロビン・ギブが亡くなった。ビー・ジーズは60年代の「マサチューセッツ」から70年代の「メロディ・フェア」、『サタデイ・ナイト・フィーバー』まで幅広いヒット曲で日本でも絶大な人気を誇った。今回は70年代の担当ディレクターだった日本グラモフォン（後のポリドール、現ユニバーサルミュージック）の塩田眞弘さんにお話をうかがおう。ザ・フー、エリック・クラプトン、ロリー・ギャラガーなども手がけ、退社まで約30年間洋楽に携わった方だ。

■楽曲のよさで売れた「マサチューセッツ」

生まれは東京都豊島区大塚です。洋楽の最初の記憶はダイナ・ショアの「ボタンとリボン」。いわゆる「バッテンボー（Buttons And Bows）」でした。その後、高校受験勉強中にラジオから流れてきたポール・アンカやニール・セダカで一気に洋楽が好きになりました。でもシングル盤をそうそう買うこともできない。英語の歌本を買って、ラジオを聴きながら口ずさんでました。

親戚の知人の紹介で日本グラモフォンを受けて入社しました。１９６３年です。ベルト・ケンプフェルト・オーケストラ「星空のブルース」とか、フィルム・シンフォニック・オーケストラ「太陽がいっぱい」は知っていましたが、その会社だとは知らなくて、入ってみたら「あ、こういう会社なんだ」と(笑)。

最初の4年は庶務課。でも洋楽の仕事がしたくて洋楽の人たちにアピールはしてました。郵便もまず庶務課に届くので、『ビルボード』とか『キャッシュボックス』は僕が最初に見てました（笑）。そしたら洋楽宣伝にいた先輩が68年に洋楽制作に移る時に私を宣伝に引っ張ってくれた。さらに70年にその先輩が洋楽制作課長になった時に制作課に私を引っ張ってくれた。それから取締役本部長までずっと洋楽畑です。

宣伝時代に売れたのは、まず先輩から引き継ぐ直前の67年12月に発売されていたビー・ジーズ「マサチューセッツ」。それと68年1月発売のカウシルズ「雨に消えた初恋」。大橋巨泉のセリフ「牛も知ってるカウシルズ」も有名になりました。オーティス・レディングの死後、68年5月に出た「ドック・オブ・ベイ」も売れました。「マサチューセッツ」は曲が良かったですよね。日本人好みでした。

当時のヒットぶりは、深夜放送の番組で冒頭と最後に2回かかるほど。人気のザ・タイガースが68年の1月に出した大ヒット「君だけに愛を」が39万枚。「マサチューセッツ」はそれを大きく上回る51万枚でした。ビー・ジーズはどちらかと言えば地味で、派手さがなくて、曲はアップ・テンポでもなくて、しかもアイドル的ルックスじゃない。売りやすいアーティストではなかったはずですよね。

そうですね。イケメン的なアイドルの要素はなかった。強いて言えば一番上のバリーなんだけど、モーリスもロビンもね…。後にデビューした末弟アンディの方が若くて可愛いって感じがありましたけど。映画やCMとのタイアップはない、来日もしてない。音楽本来の力、楽曲の良さですね。純粋に曲の魅力だけの大ヒットでした。洋楽初の『オリコン』シングル・チャート1位ですからね。

当時、歌の意味が不思議でした。マサチューセッツは米東海岸の歴史の中心地。「ヒッチハイクでサンフランシスコへ」との歌詞もある。スクエアな伝統の象徴と、西海岸の新しい文化運動の中心地。面白い曲だなという印象がありました。

オーストラリアでデビューして、レコード会社はポリドールで、アメリカではアトランティックのアトコ。アメリカ市場を狙ったということもあったかもしれない。もともとバリー・ギブは、オーティス・レディングがすごい好きだったんです。本当かどうかは確証を得てませんけど、「ラヴ・サムバディ」はオーティスに歌ってもらいたかったらしいんですね。でもオーティスが飛行機事故で亡くなって実現しなかったんです。彼らはソングライターとしても並々ならぬ力を持ってた。特にバリー・ギブですけどね。

ヒット曲のパターンでいうと、アップ・テンポであるとか、曲が派手めであるとか、サビがすごくいいとか、尺がラジオ向きだとか、いろんな条件がありますよね。「マサチューセッツ」はストリングスのイントロから始まって、ヤマはあんまりない。なだらかだし、ちょっと心配じゃなかったですか。

唯一、ヒットのパターンにあるとすれば、覚えやすいメロディ。リスナーは歌詞はほとんど関係なくメロディで好き嫌いってあるわけです。だからメロを覚えやすいのがポイントかなと思います。特にイントロの部分とか。それに、尺は2分20秒ぐらいですからラジオ・フレンドリーでしたね。同じポリドールという縁もあってか、ビー・ジーズはタイガースのためにオリジナル曲を書いてるんですよね。「スマイル・フォー・ミー」（69年）を。ビー・ジーズはいろんな人に曲を提供してそれがヒットすると自分たちのアルバムにも入れてるんですけど、この曲は入れてないはずです。

■今なら流行語大賞の「フィーバー」

ビー・ジーズは日本で3回黄金期がありました。第1期が「マサチューセッツ」。第2期が71年の映画『小さな恋のメロディ』の主題歌「メロディ・フェア」。第3期が78年の映画『サタデイ・ナイト・フィーバー』。「メロディ・フェア」のシングル・カットは日本だけです。実は69年のアルバム『オデッサ』に入ってた曲なんですが、その時のシングルは「若葉のころ」。「メロディ・フェア」はあくまでも映画に連動したヒットでした。ニッポン放送の毎週日曜のヒット・パレード番組で10週間くらいナンバー・ワンを続けたんです。日本へラルド映画の人と「この映画は音楽で攻めていこう」と決めて、音楽評論家とか雑誌記者とかテレビやラジオのディレクターとかへのアプローチを徹底的にやりましたね。映画は子供が主人公で大スターが出ているわけでもないし、音楽で攻めるのが一番いいと。

78年の『サタデイ・ナイト・フィーバー』でも映画の宣伝のために音楽を徹底的に売るという戦略でやりました。試写会を何回もやって、レコード店の店員さんまで呼んで見てもらおうという。増えつつあったディスコでのイヴェントもよくやりました。どんな踊りでもいいけど、かける曲は映画の中の曲でやって下さいと。イヴェントやって騒げば取材してもらえるっていうことで、東京湾船上ダンス・パーティだとかね（笑）。

「ニューヨーク炭鉱の悲劇」「ラヴ・サムバディ」「マサチューセッツ」を経て「メロディ・フェア」までは、美しいメロディとハーモニー、澄んだ高音のヴォーカル。ところが『サタデイ・ナイト・フィーバー』の「ステイン・アライヴ」や「恋のナイト・フィーヴァー」では曲調がずいぶん違います。そ

ザ・ビー・ジーズ「メロディ・フェア」（ポリドール／日本グラモフォン DP1787）
1971年6月発売のシングル。映画『小さな恋のメロディ』のサントラで日本でだけヒット。

ビー・ジーズ「愛はきらめきの中に」（RSO／ポリドール DWQ6044）
1977年12月発売のシングル。原題は 'How Deep Is Your Love' で、『サタデイ・ナイト・フィーバー』からの最初のヒット。

のうちビー・ジーズはディスコ・ブームの代表みたいになっちゃったわけでしょ。従来のファンは戸惑ったんじゃないですか。

実は、変わり始めたのはアルバム『メイン・コース』(75年) からなんですね。「ジャイヴ・トーキン」とかダンサブルなアップ・テンポの曲がある。でもそれほど売れなかった。やはりファンにはちょっと違和感があったんだと思うんですね。で、『サタデイ・ナイト・フィーバー』になると、ダンサブルではありますが、根底に流れるビー・ジーズのメロディ・ラインはほとんど変わってない。「愛はきらめきの中に」はバラードだし静かな曲です。ダンス曲にも耳に残るメロがある。ダンス音楽の世界的な流れには乗りつつ、メロディ重視の基本は変えていない。意外にファンはついて来てくれましたね。レコードは2枚組で50万セットくらい売れたんですよ。「フィーバー」とか「フィバる」なんて言葉も、今なら流行語大賞ですよ(笑)。

初来日は?

「メロディ・フェア」が大ヒットした翌72年1月。キョードー東京の〝ラブ・サウンズ〟企画の第3回でした。武道館と渋谷公会堂。初来日でいきなり武道館ですよ。ポリドールにはディープ・パープルが一時いたり、後にはレインボウだとかイングヴェイ・マルムスティーンとかいましたけど、ビ

1974年10月、3度めの来日をしたビー・ジーズと。左からロビン・ギブ、RSOのロバート・スティグウッド社長、モーリス・ギブ、バリー・ギブ、塩田さん。（提供＝塩田眞弘氏）

ー・ジーズはそういうロック・バンドみたいなハチャメチャさはない。ファミリーなんで根底は仲いいんですね。来る時はたいてい奥さんを連れてくる。真面目で品行方正。楽でした。ほっといても兄弟家族で一緒に動いてたから。

「メロディ・フェア」がニッポン放送のヒット・パレード番組で10週間1位だった時、TBSのヒット・パレード番組には1回もベスト・テンに出て来ないんです。昔のチャートを調べてみてもね、出てこない。ビー・ジーズの曲の出版権はほとんどインターソングが持ってましたから、放送局とは関係がない。なんでだろ。張り合ってたのかなんだかわかりませんが。ひょっとしたら、「日本だけのシングル・カットだし」とか「アメリカのチャートに連動して決めてます」とかですかね。

「メロディ・フェア」は71年のニッポン放送の年間チャート1位。確かにTBSには出て来ないですね。2位の「ある愛の詩」も3位の「シェリーに口づけ」も入ってない。TBSは〝ラヴ・サウンズ〟系を排除してたのかな(笑)。

チャートにもステーションの色があるんだなと、その当時はあんまり気がつかなかったんですけど。社内で問題にもしなかったです。LF(ニッポン放送)担当者とTBS担当者といるわけじゃないですか。でも互いに話題にした覚えもない。面白い現象ってのはあるんですねえ。

■邦題はいつまでも残る

洋楽はもともと海外から来るんだから、自分でやった、売ったという意識はそれほどないです。強いて言えば邦題。「ハウ・ディープ・イズ・ユア・ラヴ」はそのまま「いかにあなたの愛が深いか」って訳してもつまんない。曲を最初に聞いた時のイントロの感じとか、プロモ・ヴィデオを見てるうちに、「愛はきらめきの中に」がいいかなって、たまたまパッと出た。タイトルってずっと残るじゃないですか。「あ、これは俺が邦題つけたんだ」ってうれしさはありますね。「俺がヒットさせた」っていうより、そういうことの方がね、いつまでも残るから。

だから邦題は絶対につけるべきだと今でも思いますよ。今は長い英語でもそのまま片仮名でしょ。

もうちょっと考えた方がいいんじゃないかなと。僕はいいのが思いつかないと黒板に今までヒットした邦題をバ〜ッと書くんですよ。で、こっちのとこっちのをくっつけちゃえ、とかね。いい加減なことやってました(笑)。

「いとしのレイラ」はね、そのまま「レイラ」の3文字でも決しておかしくない。でもあの時にちょうどクラプトンがジョージの奥さんのパティ・ボイドといい仲になってたというのがあのアルバムのポイントにもなってたから、ただの「レイラ」じゃつまんないなっていうんで「いとしの」をつけた。そういう背景がなければ単に「レイラ」で終わったかもしれない。

同僚の石川浩二さんがショッキング・ブルーを担当してた時、僕らは「カナテツ」と言ってたんですけど、「悲しき鉄道員」のマスターを聞いたら何となくかったるかったんです。曲のテンポが。それで、送られてきたテープはピッチを変えられるんで、それを少し速くしたんです。それが日本でヒットしたヴァージョン。もとはもっとゆっくり。だから、彼らが来日した時に歌えなかったんです。「なんで日本ではこんなに速いんだ」と。ヴォーカルがマリスカ・フェレスって女の子で、結局もとのテンポで遅く歌ったんです。あの頃はレコード会社の方がある意味強かったんですよね。ジャケットを勝手に変えちゃうとか、マッシュマッカーン「霧の中の二人」みたいにイントロを切っちゃうとかね(笑)。ショッキング・ブルーだってもし日本で売れてなかったらすごい問題になってたかもしれないんですけど、売れたんだからいいだろと。

トラブルの話をもう一つ。昔は楽曲を番号で管理してたんで、番号を間違うと違う曲になる。映画

『小さな恋のメロディ』が当たった時、その中の曲を中心にサントラとは別のコンピレーションを作ろうとした。その時に「イン・ザ・モーニング」って曲がビー・ジーズのヴァージョンとオーケストラのヴァージョンの二つあったんです。同じサントラの中の曲ですから頭の番号が同じで枝番が違う。で、間違ってオケのヴァージョンの方を入れちゃった。曲としては合ってるんですよ。でもビー・ジーズじゃない。発売直前に気がついたけど出ちゃいました。

曲目表には〝ビー・ジーズ〟ってあるんですね。

書いてある。でも声はないんです(笑)。2、3000枚は出てますけど運よくクレームは来なかったです。臨時発売、いわゆる〝臨発〟ってのは短い工程でやるから、ミスが見つかってももう間に合わないみたいなね。ヒットに乗じたコンピは臨発ですからそういうのはよくありますよ。そういう盤は回収しようとしても意外に返って来ない。だって貴重盤だから買った人はキープしちゃうんですよ(笑)。私の知る限りそういうミスでクビになった人はいないです(笑)。

◇

塩田さんは、ビー・ジーズに続いてはわずか2か月だがレッド・ツェッペリン『Ⅲ』と〝幻のシングル〟

に関わり、さらにデレク＆ザ・ドミノス『いとしのレイラ』からエリック・クラプトン『461オーシャン・ブールヴァード』に立ち会った。

■ツェッペリンの『Ⅲ』と「移民の歌」

ポリドールの先輩で、この本にもご登場なさった折田育造さんはアトランティック・レーベルと一緒に新しくできたワーナー・パイオニアに移る時、その少し前から洋楽の担当を外れてザ・タイガースの担当になった。その時に私が4か月間だけ代わりにアトランティックを担当したんです。その間に出たのがレッド・ツェッペリンの『Ⅲ』。クルクル回るジャケットの。1970年11月20日の発売。アトランティックとの契約はその年いっぱいで、ワーナー・パイオニアに移ったら廃盤にする必要がある。だから早く出したい。アメリカでは「移民の歌」をシングル・カットするというんで、こちらも早く出そうと。ジャケットを日本で作ってサンプル盤もたくさん作ってばらまいた。そしたら米アトランティックから「出しちゃいかん」と。B面がアルバムに入ってない曲「ホワット・キャン・アイ・ドゥ」で、「B面のマスターはお前のとこにまだ送ってないだろ」と。確かに来てないんで、我々はアルバムの中の「アウト・オン・ザ・タイルズ」をB面にしてた。だからアメリカのシングルとはカップリングが違うわけです。結果的にはそのシングルは発売中止。サンプル盤は今や〝幻のシングル〟として中古レコード店で高く売られてるようです。

「日本ではシングルB面の曲を入れ間違った」と言われていますが、実はそういうことだったんですね。「移民の歌」という邦題も塩田さん？

はい。単純に直訳ですけどね。やっぱりシングルにする曲はたいてい邦題をつけてますよね。アルバム・タイトルは素っ気ないけどあまりいじりようがない。仮に『Ⅲ』に長い副題が付いてれば邦題も考えたかもしれないですけど。

来日に立ち会うこともなく2か月の縁だったわけですね。

そうです。編成マンの時には細かい工程ノート作ってました。あの当時はレコードをプレスして世に出すまでに編成マンがやる事務的な仕事がいっぱいあったんです。レーベル原稿を作るとか、評論家の方に解説を頼むとか、歌詞の翻訳を頼むとか。伝票類もいろいろあった。記録をちゃんとつけとかないと、

塩田さんが70年代初頭に書き込んでいたノート。

後でわかんなくなるんで、こうやって（右ページ写真）つけてたんです。

ずいぶんたくさんの方にお会いしましたけど、こんなにちゃんとやってた人、初めてです（笑）。

これ見るとツェッペリンとかアイアン・バタフライとかハービー・マンとかね。アトランティックにはジャズもあったんですよ。レーベルが移る直前だから、もう一緒にやっちゃえと。

■発売当時は売れなかった『いとしのレイラ』

71年にはデレク&ザ・ドミノスの『いとしのレイラ』のアルバムとシングル。でも実はあまり売れなかった。2枚組アルバムはイニシャル3000くらいしか作ってない。クラプトンは〝ギターの神様〟とか〝スローハンド〟ってニックネームもあってネーム・ヴァリューはすごい高かった。ところがクリームもブラインド・フェイスもそれほど売れてない。『レイラ』はそれまでブルースを基調としたブリティッシュ・ロックでやってきたのが突然アメリカの土着のスワンプとかそういう方に行った。その変化がファンにはちょっと違和感があったのかもしれないなと。『ビルボード』を見ても71年のチャートでは「レイラ」のシングルが51位にしかなってない。で、72年6月にようやく10位。アルバムは71年の11月に16位までしかいってないんです。やっとトップ20に入った程度。そんな状況ですからまだまだネーム・ヴァリューほどはセールスが上がってなかったんですね。

デレク&ザ・ドミノスって、どこにもクラプトンの名前が入ってないなあって思いませんでした?

思いました。でもまあ、カール・レイドルだとかはいますけど、意識は我々も評論家の方々もほぼドミノス=クラプトンっていう。「レイラ」はいい曲だと思いました。ただ、他の楽曲は今までの流れとしてはちょっと曲調がアメリカン・テイストっていうか、そういう感じに変わってましたね。例えばデラニー&ボニーも同じアトランティックでしたから、そういうつながりが当然あったんでしょうね。で、ネーム・ヴァリューの方が上回る状態は、74年9月発売の『461オーシャン・ブールヴァード』でガラッと変わったんです。「アイ・ショット・ザ・シェリフ」はアメリカのシングルのナンバー・ワンになったし、アルバムもナンバー・ワンになった。その要因はポップになったことでしょう。そんな74年にクラプトンの初来日。もう大盛り上がりでしたよね。後になって、この時のクラプトンの演奏はあんまり良くなかったと言われました。酒も麻薬もって頃ですから。でもそんなことファンはあまり関係なくって、「いとしのレイラ」のイントロ、あれが流れた時はもう凄かったですねえ。総立ち。私はステージの袖にいましたけども、興奮のるつぼみたいな。鳥肌が立ちましたよ。

イニシャル3000枚なのに。じゃあ、「レイラ」がその後クラプトンの代表曲になっていくとは?

予想しませんでした。『461』は初回1万5000枚。シングル「シェリフ」に至ってはわずか5000枚ですよ。実績からするとそんなには出せなかったんです。営業部門はそれまでの実績をもとに数字をディーラーさんから拾ってきますから。僕はオリジナルのボブ・マーリーの「シェリフ」も知ってましたけど、これはクラプトン流の「シェリフ」だし、ちょっとハスキーなヴォーカルで、シングルとしていい線いくぞと思ってました。

知名度とセールスの違いって、何でしょうかねえ。ストーンズの『スティッキー・フィンガーズ』は3万3000枚。ショッキング・ブルーよりマイナーなんだ。

今や名盤と呼ばれているアルバムでもね、当時はそういうものかもしれませんね。僕がクラプトンにどっぷりつかってやったのは『レイラ』からです。「いとしのレイラ」はオン・エアはあんまりなかったと思いますよ。よくかかるようになってきたのはあとになってから。ここ数年はしょっちゅうCMでもかかりますよね。使い勝手がいいんでしょう。

「レイラ」世代が今はお金を持っているからでしょうね。

74年に初来日したクラプトンにはオーラがありましたね。当時から人を寄せつけない感じ。『46

1』が売れた時、ゴールド・ディスクを渡そうとした。クラプトンはヒルトンに泊まってたんで、アポをとって持ってってたんですが1日目はすっぽかされました。次の日やっと会えた。その時に撮った写真が見つからない(笑)。私は1944年生まれで、クラプトンは45年生まれなんです。なんだ俺と1歳しか違わないのに、こんなに違うのかって思いました(笑)。後に「ティアーズ・イン・ヘヴン」とかヒット曲が出た頃、『アンプラグド』がヒットした後ですね、ポリドールでも『レイラ・セッションズ』など編集ものをいくつか出したんですよ。そのリリース時にクラプトンも来日していて、会えたんです。そしたら僕が74年以降何年間か付き合ってたクラプトンよりもとっても穏和な感じに変わってました。ドラッグや酒もやめたし、何度目かの奥さんとうまくいってて子供もいてというような環境も落ち着いたんでしょ。ああ、柔らかくなったなあと思いました。

77年には『スローハンド』が出ました。

まずジャケットがね、ちょっと見はモノクロなんだけども、実は色分解の指示が来ました。ニックネームをタイトルにしてるっていうのもインパクトがあった。「コカイン」って曲名は一瞬「やばいかな」って気はしましたけども、問題ない。レコード協会には歌詞を審査するところがあるんです。邦楽の日本語の歌詞だったら絶対にひっかかるでしょう。でもクラプトンのは英語だし、問題ない。

武道館で客全員がそのフレーズの場所だけ大合唱するわけですからね(笑)。『461』7万枚のあと『ノー・リーズン・トゥ・クライ』が3万5000枚。『スローハンド』が1万5000枚。どんどん半減していきます。でもこのアルバムの「ワンダフル・トゥナイト」は後の「ティアーズ・イン・ヘヴン」や「チェンジ・ザ・ワールド」につながったわけですよね。

「ワンダフル・トゥナイト」をもっとプッシュすべきだったというのは反省点。この曲は92年にフジテレビのドラマのテーマ曲になって、やっとヒットしたんです。この時は「ワンダフル・トゥナイト」をメインにコンピレーションを作ろうとしたんですが、ドラマで使うことの許諾も来ない。出版はOKでも原盤の方の許諾が全然来ない。オン・エアの日は迫る。コンピレーションも放映に合わせてリリース予定。毎日会社に行くと「来てないか」って。で、ついに放映の日が来てしまいまして、クビを覚悟ってのはちょっとオーバーですけど、見切り発車。コンピレーションも出しちゃいました(笑)。許諾は後から来ました。

■ひたむきな好青年、ロリー・ギャラガー

ロリー・ギャラガーも担当されましたね。

彼はなんと言っても人間性が好きでした。初来日はロリーが25歳くらいのとき。1974年だ。いつもダンガリー・シャツで、雑誌の表紙を飾るような派手さはなくて、アイルランドの田舎から出てきたお兄ちゃんっぽい雰囲気。ほんとに飾らない人。ロック・ミュージシャンにありがちなものが何もなくって、純朴。ちょっと二人でお茶を飲んだりした時に「俺が払う」って。そういう人間なんですよ。アーティストが奢ってくれるなんて、ほんとに珍しいっていうか。好青年でしたね。その中からああいうひたむきなロックが生まれてくる。ギター・テクニックも非常にうまかった。ポリドール時代は何枚か出しましたね。名盤といわれる『ライヴ・イン・ヨーロッパ』とか『ライヴ・イン・アイルランド』とか、ライヴに評価が高かったですよね。ただ時期がね。例えば『ライヴ・イン・アイルランド』の74年頃は僕は担当者としては頭がクラプトンの方に向いてた。これがビー・ジーズとクラプトンだったら全然ジャンルが違うし、ファン層もメディアも違うけど。媒体の人から「クラプトンとギャラガー、どっち書けばいいの。クラプトンだろ」って言われたら、クラプトン選んじゃう。そういう意味では〝運〟ってあると思いますよ。

運が悪かったというと、ザ・フーも。

知名度が本国と日本ではかなり違います。イギリスに出張した時ウェンブリー・スタジアムのコンサートに行ったらもうすっごいんですよ。満員でね。あ、やっぱりすげえなあ、とは実感しましたね。

日本でなんで売れないんだろうな。ビッグ・ヒットになるようなキャッチーなシングルがないよなあ、という感じ。だからＣＢＳ・ソニーに行ってもどこに行っても、日本じゃ駄目なのかなって。

70年代後半になってからパンク世代のヒーローとして評価されることが多かったじゃないですか。彼らの新しさに我々が追いついて行けなかったってこと、あるかもしれない。『マイ・ジェネレーション』はとってもいいんだけど、あれは契約問題でなかなか日本で出なかったんです。ポリドールなのかテイチクなのかみたいな複雑な契約があって、日本ではオリジナルがなかなか出なかった。

ところで、この本にご登場いただいた中で、一社だけという方は珍しいです。

生涯一社ですねえ。庶務課に配属になった時に他社に行こうかと思ったことはありましたが、幸い洋楽宣伝に異動になった。その後はビー・ジーズだクラプトンだの担当ができて、なおかつ大きなヒットもあって、管理職になってからもモータウンだA&Mだカーペンターズが２００万も売れるだとかいうこともありましたし、色んな意味でラッキーだったと思いますよ。

〔２０１２年5月24日　ミュージック・マガジンで〕

高久光雄氏

フレンチ・ポップスをブームにした男

たかく・みつお

1946年、東京生まれ。68年、明治学院大学卒業後、日本コロムビアに入社。71年にCBS・ソニーへ移り、ミッシェル・ポルナレフ、矢沢永吉、南佳孝を担当。その後キティ、ユニバーサル・インターナショナル、ドリーミュージックなどで社長を務め、現在は（有）ジ・インプレッションズ代表取締役社長。

今回のご登場は高久光雄さん。日本コロムビアで1910フルーツガム・カンパニーやエイプリル・フール、CBS・ソニーで全盛期のミッシェル・ポルナレフなどを担当した。後にはキティエンタープライズやポリドール・インターナショナル、ユニバーサル・インターナショナル、ドリーミュージックなどの社長も歴任。経営者としての手腕も高く評価されている人物だ。まずはコロムビア時代のお話から聞いた。

■入社したとたんCBSとの契約が切れる

東京の大森山王生まれです。ひどく病弱で、将来はたばこ屋でもやらせようかって親が心配したぐらいでした。父は音楽家。祖父が実業家だったんで、父は跡継ぎとして慶応大に進んだんですが、マンドリン・クラブからプロになって、コロムビア専属でマンドリン・オーケストラを持った。服部正や服部良一、古賀政男といった人たちと仲が良くてね。夕方「高久君いる?」って訪ねて来るのがサトウハチローやレイモンド服部。夕飯を食べて、碁をうって帰るんですよ。父に言わせると当時は音楽にジャンルなんてなかったんだと。クラシックの人も芸者さんもポピュラーの人も、みんな、よく会って飲んでてね。父はエノケンとも仲が良かったなあ。

大学1年の時にビートルズをラジオで聞いて衝撃でした。「ものすごいものが出てきた」と。「もしこれが1年早く出てきてたら俺は絶対に大学には入れなかっただろう」と(笑)。僕、武道館に行きましたもん。行けなくなった友達から譲ってもらったんです。一番上の席でしたけどね。

大学時代はヴォイス・トレーナーの笠井幹男さんのところでスタンダード・ヴォーカルを習ってました。クラブ・シンガーになって食べていけないかなと思ったけど、クラブそのものが衰退しちゃった。そしたら『平凡パンチ』にコロムビアの泉明良さんが出てて、音楽ディレクターという職業があるのを知って、コロムビアを受けました。親には反対されてねえ。面接では「こんなにカタログがあるのだから、長唄なんか桐箱に入れて出すとか、そういうこと考えないんですか」なんて言っちゃった。そしたら合格。初任給は3万円。後日、長唄の桐箱セットが出ましたよ(笑)。

コロムビアにはCBSがあって、トニー・ベネット、スティーヴ・ローレンス、アンディ・ウィリアムズ、ドリス・デイがいた。スタンダード・ヴォーカルをやってた僕向きでしょ。でも入社2カ月後にCBSとは契約が切れちゃった。

まずレコード部門に配属になって新宿の営業所に1年。1968年、いしだあゆみ「ブルーライト・ヨコハマ」がヒットした年です。僕は最初からヒットするってわかりました。売れる新譜を見極めるのはうまかった。営業の仕事はほとんどが邦楽です。いしだあゆみ、ヒデとロザンナ、佐川満男、黒沢年男…。

CBSとの契約があった時代、CBSに払うお金が大きくて、洋楽の売り上げではペイできなくなってたんで、邦楽をCBSレーベルから出す「CJ」ってのがあった。「CBSジャパン」。泉さんがブルー・コメッツとか、いしだあゆみとかのヒットを作ってたんです。

1年で洋楽宣伝に移って、そのあと1年で洋楽ディレクターになりました。日本での洋楽の役割の一つは、洋楽ディレクターが養ったセンスを邦楽に活かすことなんです。「お前、そろそろ邦楽やれ」っていう。音楽留学みたいなもん(笑)。演歌から叩き上げたディレクターとは違ったセンスが生まれる、と。だから洋楽を経験したディレクターと叩き上げの邦楽ディレクターとの間には競争も反発もあります。

■シングルはイントロが命

洋楽宣伝で思い出に残ってる作品は?

最初に責任持ってやったのが、1910フルーツガム・カンパニーの「トレイン」。これが69年10月発売で大ヒット。年末の押し曲で、日曜日に会社に行ったら「ロック・キャンペーン」ってポスターがやたら下がってる。おや、知らないなあ。やってくれるんだ、と思ってよく見たら「バ」がついてる。「バロック・キャンペーン」だった(笑)。70年10月発売のルー・クリスティ「魔法」も年末の押し曲でしたが宣伝費は5万円(笑)。スポットも打てない。で、考えた。ニッポン放送の「オールナイトニッポン」でかかれば売れる。その番組の人たちはほとんど昼は仕事がない。だからみんな近くのパチンコ屋に通ってた。そこで、その入り口の壁に貼る看板を買ったんです。そこに手書きで「魔法」。これが5万円。彼らが入り口で見れば「高久ちゃんすごいねえ、あんなとこまで宣伝してるんだ」ってことになる。すごい「押してる感」が出た。
新譜はサンプルのシングル盤が2枚向こうから送られてきて、A面B面でモノとステレオだったりとかね。それを聞いて売れそうならマスターを取り寄せるんですが、届くまですっごい時間がかかる。それでよくやったのがレコードをマスターにしちゃう〝板起こし〟。ずいぶんやりました。サンプルのうちの1枚は板起こしになるかもしれないから触っちゃいけないんです。

向こうもそれを想定して2枚…。

じゃないんですかね(笑)。コロムビアはCBSとの契約が切れた後、カタログがないんですよね。それで(この本の4人目に登場した)部長の金子秀さんが各国のインディとどんどん契約してったんですよ。ところがインディはシステムがちゃんとしてない。向こうの対応を待ってられないから板起こし。
CBS・ソニーや東芝、ポリドールは向こうからの新譜が山のように来るけど、我々にはないんですよ。会議に乗せる新譜もないという時もあった。で、夏の休みの日に冷房も効いてない倉庫に行って、しまい込まれているシングル盤を持ってきて、片っ端から聞いて、それで見つけたのが「魔法」。この曲はアメリカではB面で出てて、A面が売れなかったんで、お蔵になってたんです。当時のディレクターはミュージカルやヴォーカル、ジャズとか、そういうのがお得意の人で、ラジオ・プロモーションしたことのない世代でしたから、僕なりの感覚でもう1回判断をしたわけ。

「魔法」はどこにピンときたんですか。

イントロですよ。シングルはイントロが命です。シングルが400円ならイントロはそのうち200円だ。よくディレクターが「フェイド・アウトがいいんです」なんて言うと、僕は言うんです。「馬鹿、アタマがつまんないやつを誰が最後まで聞くんだ」って。洋楽なんて歌詞は何言ってるかわかんないから、アタマつかみですよ。「トレイン」も典型的でしょ。「トレイン」の宣伝は深夜放送中心。夜遅く放送局に行って、現場に残ってる若手に一所懸命にプロモして、かけてもらう。当時はまだ音楽出版の権利関係とかが出てこないから、プロモーションはピュアでしたね。アイデアと熱意、それと曲の良さ。

バブルガム・ミュージックは売りづらくなかったですか。ラジオでしゃべる材料の少ないお子様音楽でしょ。

ルー・クリスティ「魔法」
（ブッダ／コロムビア LL2404DA）
1970年10月発売のシングル。日本独自のシングルA面曲だが見事にヒットした。

「音楽の歴史上、何の意味があるんだ」みたいなね。メジャー系の友人たちからみれば、一所懸命ジェフ・ベックやってる時に、なんでこんなつまんない曲(笑)かかるんだ、みたいな。でもラジオ・イコール子供たちじゃないですか。深夜番組って。

「魔法」という邦題は自分でつけました。「恋の魔法」「愛の魔法」なんていったら埋没しちゃうでしょ。当時は漢字2文字の家電がすごい流行ってたんですよ。洗濯機の「銀河」とか、テレビの「嵯峨」とかね。だから「魔法」(笑)。

さすが家電メーカー(笑)。

1910は71年に箱根アフロディーテに来てるんです。バフィ・セントメリーやピンク・フロイドと一緒に(笑)。僕がCBS・ソニーに移った後だけど。でもそれがほんとに1910かって誰も証明できない(笑)。あのプラターズと同じで。

■洋楽の大変革に立ち会った世代

69年に邦楽の部長に「こういうの出すんだけど、邦楽にはわかるやついないからお前ディレクターやれ」って言われたのが小坂忠や松本隆、細野晴臣のいたエイプリル・フール。何しろサンプル盤が

500枚で売れたのが2000とか250枚ぐらいっていう(笑)。もう音はできてたんで、これをどう売るかを考えてくれと。で、マネージャー代わりに取材をやったり、日本初のフリー・コンサートを虎ノ門の日消ホールかどこかでやった。ところが発売まで1週間という時に細野君が来て、「すいませんが、解散します」と言うんですよ。困ったなあと思ったけど、無理には止めなかった。お互いアマチュアだったんですね。彼らも僕らも。同じ空気感でやってたから。じゃあテレビに出ようって言って、TBSの「ヤング720」に出て、ギャラをもらって均等に分けて、記念写真を撮って、それで解散したの。アルバム『エイプリル・フール』のジャケット写真は荒木経惟。後のアラーキー。僕は洋楽出身者だから撮影に立ち会うなんてことは考えもしなかった。アラーキーは「お前らが売れるようなものを撮る」って言ったらしいですよ。

解散を止めなかったのは他にも理由があって、部長に呼ばれたんですよ。「お前、こんなもんやってるから、洋楽の成績が落っこってるじゃないか」って。

え？　だって頼んできたのもその部長でしょ。

そうです！　一人の人の中にいろんな人がいるんですよ(笑)。それが69年の10月。翌月にはフライング・マシーンの「笑ってローズマリーちゃん」が出た。

キンクスも矢継ぎ早に出しましたね。

八木誠さんがキンクスが大好きでラジオで応援してくれたから、がんがん出していったんです。パイのカタログから八木ちゃんが「次はこれ出そうよ」みたいなこともありました。キンクスは最初にアメリカに行った時にやんちゃして、しばらくアメリカでコンサートできなかった。それでストーンズとビートルズに引き離されて、イギリスの田園の音楽に行ったわけじゃないですか。大ヒットは結局「ユー・リアリー・ガット・ミー」しかない。あれはヴァン・ヘイレンとかいろんなのがカヴァーしてるから。その後の「ヴィレッジ・グリーン」なんかは本当に田園の音楽になってるもんね、いい意味で。キンクスのファンってね、根クラじゃないんだけど、ミーハーでもないんですよ。語弊があるかもしれないけど、ちょっとひねくれてるというか。独特の距離感みたいなものがある。

パイのアーティストを発掘して再発という例はいっぱいあります。サーチャーズとかハニカムズとかね。ずっと前の曲だけど、知らない人にとっては新曲だみたいな。ちゃんとプッシュしてヒットしましたよ。「今の時代にはどういう風にアプローチしたらヒットするんだろ」「今の自分のパワーだったらこういう人たちに頼めばここまで行くかもしれない」とか。そういう組み立てですよね。

こうした洋楽での経験がその後、邦楽に活かされたって話が出ましたね。

たとえばメラニーは最初写真が1枚しか送られてこなかったんで、どの雑誌にも同じ写真を使ってもらった。でも写真たくさん用意して「好きなの使ってください」ってイメージが拡散するよりもいいかも。ラジオ局でナイター中継全盛の頃、文化放送だけはなかった。音楽ファンのリスナーは文化放送を聞くしかない。だから文化放送で1回かかれば4局分になる。そういうことがある。デメリットってのはメリットになるんだと。

邦楽アーティストの場合も、一切見せないとか、見せるとしたら渋谷ジァン・ジァンでしかやらないとかね。で、なぜかいつも一杯だとかね。厚生年金一杯にするよりも楽じゃないですか(笑)。「え、やったの？　知らなかった」っていう。佐々木好では渋谷ジァン・ジァンを毎回一杯にした。

CBSがコロムビアからCBS・ソニーに移った頃から洋楽の大変革が始まったんですね。それからですよ。ニュー・ロック・キャンペーンなんてのも始まった。新しい世代の人間がレコード会社で洋楽担当になった。旧来のディレクターたちは「こんなの音楽じゃない。若いやつにやらせとこう」と。それで一番の金の鉱脈を僕らがもらっちゃったわけですよね。ここに世代の革命があった。当初はブラッド・スウェット&ティアーズとかシカゴなんてのはビッグ・バンド・ジャズの方向から評論されたりとかしてたんだから。BS&Tのデイヴィッド・クレイトン・トーマスがヴォーカリストとして評価されたりとか。ロックとしてじゃなかった。

僕らはね。64年に大学に入った時にビートルズが出て、ブラザーズ・フォーとかフーテナニー、カレッジ・ジャズがあって、ファッションならVANとJUNがあって。雑誌なら『平凡パンチ』と『プレイボーイ』。若者のカルチャーがうわーっと出てきて、それをもう無尽蔵に吸収したわけですよね。で、会社に入ったら、その大変革に立ち会った。ラッキーでしたねえ。遊んでてよかった。

◇

高久さんはCBSレーベルを追いかけるような形で日本コロムビアからCBS・ソニーに移り、ミッシェル・ポルナレフやフランソワーズ・アルディ、アンドレ・ギャニオンらのヒット作を手がけた。大きなマーケットだった英米ロックの王道とは少し離れたところでの、しかし貴重な仕事だった。

■ポルナレフを担当したくてCBS・ソニーへ

コロムビアで洋楽制作をやっていた時にCBS・ソニーの金井浩部長が、僕がコロムビアにいると邪魔だから、CBSにとっちゃえと考えて声をかけてきた。スカウトですね。大賀典雄社長との面接で「ミッシェル・ポルナレフをやらせてほしい」と条件を出した。僕は学生時代からポルナレフが好きだったんです。ソルボンヌ大学に1年間留学していたいとこが買ってきたEP盤の中にポルナレフがあって、聞いたら鳥肌が立ったんですね。「これはすごい！　どこにもない音楽だ」と。だからやりたかった。ポルナレフはフランスのディスクAZってレーベルでしたが、海外の販売権はCBSに

来日したミッシェル・ポルナレフと。左が高久さん、右は当時CBS・ソニー販売促進部の菅野克彦さん（提供＝高久光雄氏）

売っていたらしいんですね。で、僕はそれをやらせてもらうことをCBS・ソニーに入る時の条件にした。金井さんはフレンチ・ポップスが金の鉱脈だと気がついてた。ただ、やれる人間が創立間もないソニーの社内にはいない。高久を入れるしかないっていう。チャート好きなやつは無理ですよ。この手のジャンルは。うん。

僕はポルナレフに「ロックとロマンの出会い」ってコピーをつけた。「相反するものをこの人は持ってるんですよ」と。そして各社とフレンチ・ポップス・キャンペーンをやりました。フィリップスのミッシェル・サルドゥ、キングのミッシェル・デルペッシュと合わせて「3大ミッシェル」(笑)。でも結果はポルナレフの一人勝ちでしたね。ポルナレフは音楽的にずば抜けてた。ワン・アンド・オンリー。

他社がなぜ売れないのかっていうと、担当ディレクターがフランス語ができるからなんですよ。歌詞がいいとか、そんなことばっかり言ってて、売るための工夫をしてない。僕はフランス語はわからないから、歌詞を全部直訳してから意訳して邦題をつけた。わからない人間が聞いても感じる何かを作った。毎日ヘッドフォンで聞いてて、あるとき歌詞の中の「チュッ」がキスの音に聞こえたから、タイトルは「シェリーに口づけ」にしたんです。

当時、ヨーロッパでの人気はどうだったんですか。

全然知らないんです。いとこは向こうである程度売れてるものを買ってきてくれたんですけど。でもシングルは各国語ヴァージョンが出てましたね。

日本語ヴァージョンは?

作ってません。むしろ何もしないで帰ってくれみたいな(笑)。この人が来日するともう大騒ぎなんですよ。「東京は空気が悪いから酸素ボンベを用意しろ」とか言うから、洋楽課長がどっかから酸素ボンベ探してくるわけ。食事は料理をテーブルいっぱいにオーダーして、三つぐらいに口をつけただけでもうおしまいなんですね。ちょこっとずつしか食べない。わがままのし放題。フランスでもお尻丸出しのポスターを作ったりしてたぐらいだから、心はロックだったんでしょうね。ライヴでピアノの蓋をバンバンバンって閉めて音出したんで、ピアノを貸している側の厚生年金会館がすっごく怒った。世界歌謡祭では歌い終わったあとギターを上に放り投げて、ガーンと落として(笑)。ヤマハの人すっげえ怒ってた(笑)。NHKに出た時もボンベは要るわ、楽屋から出てこないわ。

彼には教わったことがあります。だいたいいいアーティストは〝お言葉〟を持ってるんですけど。彼は「音楽で一番必要なのはメロディだ」っていうんですね。「ビートルズをラテンでアレンジしてもいいだろ。いい曲に聞こえるだろ。メロなんだ」と。

その後、フランスのマネージャーがお金を持ち逃げして、多大な税金がかかったポルナレフはアメリカに逃げたんですよ。この前のフランス革命200年の恩赦でやっとフランスに戻れて、パリでコンサートしたんです。彼はアメリカで成功したかった。で、LAで音楽的にはウェスト・コーストのAORになっちゃったのね(笑)。だから僕が担当していた時が、ポルナレフが一番ポルナレフらしい時期だった。ポルナレフの最高の時期に立ち会えたと思ってます。ほんとに神様の采配。巡り合わせですよ。

ポルナレフみたいな系譜は延々と続いていると思うんですね。Tレックスからクイーンに行って、それからお化粧系、あるいは宝塚へという流れ。自分の知らないところに連れて行ってくれる非日常性の音楽。そういう需要に応える音楽っていうのが昔から延々とあるんじゃないか。その70年代版がポルナレフ。

■女性ファンを狙ったフランソワーズ・アルディ

フランスCBSにはジョー・ダッサン、ジェラール・ルノルマン、「Mr.サマータイム」のオリジナル「愛の歴史」を作ったミッシェル・フュガンもいた。アラン・シャンフォーは出版を持った渡辺美佐さんがカネボウのタイアップを決めてくれて「ボンジュールお目目さん」がヒットした。「初恋に乾杯」も。

フランソワーズ・アルディはヒポポタム・レーベルから売り込みがあって、絶対に売れると思って上司の金井さんの出張中に勝手に契約した。後で叱られたけど、73年の「さよならを教えて」のシングルだけでアルバム3枚分のアドヴァンス全部クリアしました。それまで男性アーティストばっかりやってたけど、聞いた瞬間にどうプロモーションするかって、フワッとイメージが広がっ

フランソワーズ・アルディ
「さよならを教えて」
(エピック ECPB235)
1973年8月発売のシングル。この曲の作者の一人はセルジュ・ゲンスブールで、68年に発表。

たんです。アーティストをラジオだけでは伝えられない。方法は二つ。一つは日本で売れそうなタイトル。「さよならを教えて」にした。好きなんだけど別れる、でもどうやって別れていいかわからないから教えてっていう、すごい矛盾。これを演出した。意訳したタイトルを見た業界の人たちは、担当者は女性だと思っていたらしい。男の匂いがなかったみたいですよ。原題もそれに近いから嘘は言ってないんです。もう一つは雑誌メディア。『平凡パンチ』から『アンアン』に移った今野雄二さんに写真をたくさん持ってって、「これ独占で全部渡すから、ページ組んでよ」。そしたら巻頭近くに4ページ・カラーを組んでくれた。その『アンアン』を全国の営業所に送ってまた売り込みに行くわけ。狙ったのは女性です。「わっ、すてきな女の人、こういう人になりたい」という女性の支持。あんな自由な生き方っていままでなかったでしょ。「え、こんな生き方していいの?」みたいな。

「ミュージック・フェア」に出た時は、自分の時間が欲しいとか、ここでお茶飲みたいとか、要求が多いんです。ホストの長門裕之さんが「生意気だ」と怒ったら、南田洋子さんが「そうじゃないのよ、ああいう生き方ってステキなんだから。そういうことわかってあげなさい」ってなだめてくれた。

そういう生き方のエピソードはどこから?

僕は歌詞をリライトしてたから、僕の作ってる資料と詞の内容は矛盾しないんですよ。けだるくてアンニュイな感じ。それで「昼下がりの優しさ」。そんなこと日本の女性は考えてなかったから、「わっ、すごい」みたいな(笑)。実物は決して生意気ではなかったです。扱いも面倒じゃなかった。僕らが打ち合わせしてると内縁のジャック・デュトロンがやきもちを焼いて来るんです。ただ打ち合わせとかお茶飲んでるだけなんだけど。

不思議な魅力を持った、自立した、でも他人とぶつかることもない、非常に個人主義な人でした。

■アンドレ・ギャニオンをプロデュース

最初に勤めたコロムビアには音楽のスピリットを習ったと思ってる。移ったCBS・ソニーではマーケティングを勉強したかった。会社を変わってから業界人のたまり場だったスピーク・ロウで元の部下に会ったら、僕を「売国奴」って言いましたよ(笑)。コロムビアにはそういう印象がずっと残ってたらしい。僕がCBSソニー辞めてキティの社長になったら、コロムビアの洋楽の同窓会に呼ばれるようになりましたもん。

ソニーでは時系列的なものの売り方とか、媒体別のピークの作り方を学んで、それを邦楽宣伝に持ち込んだ。それまでの邦楽宣伝はサンプルをプロモーション・マンが配り歩くだけみたいな。日本にアーティストがいて、本人取材ができて、定期的にコンサートやってるなら、それで済む。洋楽はそうはいかなかったから、邦楽に移っても宣伝には知恵を絞りました。

高久さんはコロムビアでのエイプリル・フールのあとも邦楽制作をなさいましたね。

75年、29歳でCBS・ソニーの邦楽に移って、金子マリ&バックスバニーや下田逸郎、南佳孝、佐々木好、それから矢沢永吉。矢沢はソロになって最初のアルバムです。ビクターとポリドールとCBS・ソニーが獲得に手を挙げてた中で、うちの条件が一番悪かった。で、僕は矢沢へのプレゼンテーションでこう言ったんです。「何で俺たちは矢沢をやるのか。矢沢には三ついいところがある。最高のメロディ・メーカーだ。最高のヴォーカリストだ。最後は最高のエンターテイナーだ。だからソニーはやりたいんだ」。こういうセリフって洋楽の担当をやってきたから言えることじゃないですか。「ぞっこん惚れたぜ」みたいな世界じゃないから。で、それを超えるだけの才能やパワーが彼にあったから成功したんで、その中に埋没したらおしまいなんですよね。僕は一緒に飲みに行って「おい、やろうぜ!」ってのはできないんです。人間関係での説得ではないですよ。

その後また洋楽に戻ってエピック・インターナショナルで英米以外の音楽をやった。最初がドイツのネーナ。なによりもネーナは可愛かった。著名なカメラマン、高崎勝二さんが写真撮って、「この子は売れる」って。たれ目だから。

最後に流れ着いたのがアンドレ・ギャニオン。ディレクターもジャケット・デザインもコピーも全部女性のチームでやらせた。それで「めぐり逢い」という曲が当たったんです。この曲が入っている『インプレッションズ』ってアルバムは、カナダではCBSが大反対したアルバム。彼が自分のために作った癒やしの音楽。それをわかってくれたのは日本だけだから、俺のプロデューサーをやってくれと。で、私が向こうに出かけてアルバムを4、5枚プロデュースしました。僕がキティに移った時には、アンドレがひとりぼっちになるのがいやだっていうんで、キティで原盤を買って、キティを辞めてからは彼の代理人になってビクターに持ってった。彼には平原綾香の2枚目のシングル「明日」の作曲もしてもらった。歌詞は松井五郎さん。最近も藤沢ノリマサの「ふたりきり」を作曲してもらった。

ニュー・エイジって言葉が出る前?

前です。ニュー・エイジ、癒やし、ヒーリング。もうあらゆる言葉で呼ばれましたね。もし一定のお客さん、ファンがいるんだったら、今の時代はインディやってた方が幸せかもしれないね。メジャーと契約していろいろ注文つけられて売れなかったら切られるよりいい。全世界に1万人ファンがいて、それだけ売れればいい、みたいに考えれば。

でもアンドレは大変なんです、曲を書かせるのが。なかなか書いてくれないんです。すごい心の優しい人で。天才ですよ。僕がミックスしてる時に「ここの部分、上げたい。そうすればもっとロマンティックに聞こえるよ」って言ったんです。ストリングスの上をちょっと上げるとか、音をいじろうとしたら「ミツオ、ハーモニーを壊してまで音楽はしちゃいけない」って。

作曲はどうやるんだと聞いたら、「ある時、空から降りてくる」。で、一気に書くんですって。モーツァルトと同じですよ。書き直しが1カ所もなくて、1枚の譜面で書いちゃうんです。「すごい才能じゃない」って言ったら、「いや、怖いんだ。これが最後かもしれない」。いつもそう思うって。もう二度と降りて来ないかもしれない。

洋楽の役割は「世界の新しい音楽を伝える」「世界中のシーンを伝える」「膨大なカタログを伝える」。これがメジャーの仕事だと思うんですよ。じゃあ、日本の洋楽マンの役割は何かっていうと、「日本の邦楽シーンに刺激を与える」「邦楽ほどお金かけなくても安定した売り上げを確保する」「音楽センスやマーケティング知識を持った洋楽マンを邦楽に導入していく、人材の育成」。この三つ。

このごろの邦楽アーティストはリスペクトの対象が邦楽アーティストでしょ。洋楽の存在感は薄くなるばかりです。

昔は邦楽アーティストにも「好きなアーティストはマディ・ウォーターズです」みたいなことがあったでしょ。するとファンの世代もマディ・ウォーターズが好きになったんです。それが変わった。今の若い子がB'zの松本が好きだとすると、その松本はもともとは洋楽の誰かの影響を受けて育ったはずなんだけど、それが今は次の世代に伝わらなくなってる。残念なことですねえ。

〔2012年7月11日　渋谷区神宮前・ドリーミュージックで〕

林博通 氏

クイーンを日本に呼んだ男

はやし・ひろみち

1946年、香川県生まれ。73年、バークリー音楽大学卒。74年に帰国後、渡辺プロダクション系列のワールドレジャーでクイーン初来日に携わる。その後バン・プランニングに移り、79年のジャパン・ジャムを企画。80年に設立したバン・プロダクションを85年にH.I.Pと改称し、現在も同社代表取締役。

今回は海外アーティスト招聘元にご登場いただく。HIP（ハヤシ・インターナショナル・プロモーション）の林博通さん。1970年前後に米ボストンのバークリー音楽大学でジャズ・ドラムを学び、帰国後に招聘業に。クイーンの初来日からポール・ウェラー、ルチアーノ・パヴァロッティまで幅広く手がけたが、現在は邦楽アーティストの興行に軸足を移している。ジャズが低く流れる社長室でお話をうかがった。

■渡米してドラムを学ぶ

いま、タワーレコードで輸入盤が800円くらい。日本盤は2800円とか3000円。音楽がすごく文化度が高くて贅沢品でコレクターがいた時代の価格のまんま。パッケージ商品はこのままのシステムだと、あと2年でしょう。だからレコード・メーカーの人たちもマネージメントをやったりいろんな対応をしてる。ただ、マネージメントというのは自分のカネをつぎ込んでやる、瀬戸際のメンタリティの世界。会社で予算、予算、でやるのとは違うんじゃないかなと思いますね。

香川県で1946年生まれ。私立の中学校に行ったけど、そこ辞めて1年だけ公立中に行って、15歳で東京に出てきた。ワルだったんですよ(笑)。ワルというか、硬派。四国って今思うと荒っぽいですね。運動会で喧嘩が始まる、祭りで喧嘩が始まる、遠足で喧嘩が始まる。そういう土地で育ちました。

音楽との出会いは？

高校1年生で聞いたアート・ブレイキーの「モーニン」だね。ああ、すごいなと。プレスリーもいましたが、やっぱりジャズの方が。サンケイホールでジャズ・メッセンジャーズを見た。

初来日は1961年でした。リー・モーガン、ウェイン・ショーター、ボビー・ティモンズ、ジミー・メリット。ファンキー・ブームが巻き起こりました。

僕が東京に来たのが61年で、見たコンサートは62、63年だったと思う。歌手なしの3管編成だった。リー・モーガンがステップ踏んでかっこ良かった。その十年後ぐらいにジャズ・クラブでリー・モーガンとよく遊んだけど、粋な男だな、天才だなと。バークリー音楽大学はボストンだけど、僕は車を持ってたから、土曜日とかは「ニューヨーク行こうか」みたいな。

話がいきなりバークリーに行っちゃいました。

東京のキャバレーでドラム叩いたりしてたけど、68年、21歳で渡米して69年にボストンのバークリー音楽大学に入ってドラムの勉強をした。卒業後も1年間フィラデルフィアで大好きだったフィリー

・ジョー・ジョーンズに教えてもらった。同じアパートで僕が3階、フィリー・ジョーが2階。ハンク・モブリーも2階に住んでた。週に1回のレッスンで私がいろんな質問して、向こうは何でも教えてくれる。彼はあの頃60歳近かったと思いますね。僕は20代。親子みたいな関係だったね。
当時、シカゴにもう一人ジョー・ジョーンズがいた。パパ・ジョーンズって左利きの。で、フィラデルフィア・ジョーとシカゴ・ジョーになったわけ。フィリー・ジョーは本名はジョセフ・ルドルフ・ジョーンズ。
1年間はレッスン受けたりクラブでセッションやったり。あの頃クラブの経営者は全部マフィアだったから、ジャズの隠語はマフィアの言葉と同じなんです。ジャズマンはみんなスーツ着て帽子かぶって粋だった。50年代の映画なんか見るとそうでしょ。でも70年代になるとクラブもだんだん減って、74、75年から仕事がなくなった。今のニューヨークの観光ジャズと違って基本的に危ないんです。「そこ駐車するな。タイヤがなくなるぞ」みたいなね。タクシーだって怖がって行かない。客も黒人ばかり。セッションの時なんかも盗品なんかをいっぱい売りにくるわけですよ。セーターだとか革ジャンだとか。

バークリーではどういう生活でした？

一日中練習ですよ。みんなミュージシャンになろうとしてるから、中には無理してクスリをやってみる人もいたり。学生はほとんど白人です。月謝も案外高いし。黒人はクラスに一人、二人しかいなかった。ミッキー吉野が2年くらい下にいてロックやってた。バークリーは卒業してない人の方がプロになってますね。ちゃんと卒業した人は、ひとつは達成感ね。やったあ、ということ。それと自分の能力がわかる。プロになるのは無理だとわかっちゃう。このディスタンスどうするんだ、と(笑)。

本物のレヴェルがわかっちゃうと。

そう、もう無理だと。自分のポジショニングを理解する。あと5年やってもこれぐらいのレヴェルまでしか行けないだろうと。もう無理。だから賢い人は先生になる。

よく「バークレー」って言いますが、オーナーの息子の名前"Lee Berk"をひっくり返した名前だから「バークリー」。独特の言葉遣いですね。

1972年、フィリー・ジョー・ジョーンズと林さん。(提供=林博通氏)

フィリー・ジョーが悲しそうな顔したのは、ポール・チェンバースが死んだ時の話。凍死体で見つかった。ポールはほんとに優しくていいやつで。ピッツバーグで子供の時からクラシックをやってて、オーケストラに行きたかったけどあの時代は黒人は入れない。それでジャズに来たんだと。俺たちはいつも悪いことばかりするけどもポールがいるからマイルスのバンドはまとまったんだ、みたいなね。マイルスはクレイジーだからね。

マイルスにインタヴューした時に、彼の英語がなかなか聞き取れなくて、ショックだったことがあるんですよ。

彼は声が低いよね。（声を真似て）「ルック、アイル・テル・ユー・サムシン」みたいなね。でしょ。彼は基本的にシャイだから。それですごく単語が簡単で。アウアウがなくてパン！って感じでしょ。マイルス・トーク。似てるもんね、フレーズと。簡潔でね。しゃべり方はフレーズに出るんです。ドラマーはみんな口が早い。何故かというと、練習の時に口でも「レロレロダッダダーボ」って言ってやるから、口がものすごく早くなるの。「ドラマース・トーク」って言いましたよね、早口をね。

2、3年前にロイ・ヘインズが来た時に「昔フィラデルフィアにいた時にフィリー・ジョー・ジョーンズに〈あなた以外に誰がうまいですか〉って聞いたら〈ロイ・ヘインズとバディ・リッチだ〉って言ってたよ」って話したら、ロイの目が潤んでね。「あのフィリー・ジョー・ジョーンズが言ったのか」。若いメンバー連れてきて「今の話、もう1回してくれ」と(笑)。フィリー・ジョーってのは口が悪くて、絶対人をほめない男だ。嬉しかったんでしょうね。ドラマーとして。

バディ・リッチについては「ファッキン・ビッチだ」と。ジャズでは悪い言葉はグッドなんですよ。「ヒー・イズ・グッド」ってのは「普通」。「バッド」が「まあまあいいぞ」。「ファッキン・ビッチ」が「もう最高にいい」。マイケル・ジャクソンの「BAD」の日本語訳が「悪い人」って(笑)。バッドってのは「あいつはグッドだ」ということなんだよね。日本では「彼女」を「じょのか」ってひっくり返すけど、「ガール」を「ルーガ」とは言えないから(笑)、意味の方を反対にするんですよ。だから「BAD」の訳詞、恥ずかしいと思う。「悪いぞ、悪いぞ」じゃなくて「いいぜ、いいぜ」の世界なんだ。

■渡辺晋氏との出会いで招聘業へ

帰国したのは?

黒人のソウル・バンドで膝の半月板損傷したの。痛くて痛くてもうしょうがない。で、74年に日本に帰ってきて、治してスタジオに行こうかなと思ってた時に、ナベプロの渡辺晋さんを紹介されて、「クイーン知ってるか」って。何ですかそれ。ロックのバンドで、今度ワーナー・パイオニアで売り出すんだと。晋さんは当時ワーナーの社長だったんだ。それで「交渉してこい」と。ワールドレジャーってナベプロの子会社に入って、ワーナーの担当者の折田育造さんとナベプロの人とシカゴに行ったんです。75年の1月ころだったかな。

クイーンは日本でブレイクしたことになってますが。

いや、彼らはもうシカゴなんかの9000人くらいのアリーナでやってました。カンサスを前座にして。最初に会った時にフレディに「ハウ・ドゥ・ユー・ドゥ」って言われたんですよ。「ハロー・マイ・ディア」とかね、アメリカだったら「ヘイ・メン！」なのに。「これが英国人かあ」と思いましたね。とてもまともなバンドでした。集客力もあるし、音もしっかりしてる。パフォーマーとして素晴らしいと思ったよ。お客さんは非常に興奮してるし、これがロック・ビジネスかと。今までの自分のいた世界じゃない、ロック・ビジネスと最初に遭遇したのがそこだと思う。フィラデルフィアではフィリー・ソウルのバンドにもいたけど、オージェイズだとか、ああいう感じだよね。アル・グリーンとか。当時はマーヴィン・ゲイが当たってたの。「ホワッツ・ゴーイン・オン」とかね。英国ロックは初めてだったからびっくりしましたよ。ああ、こういうものかなあって。まず英語が違うし。で、来日が75年4月だから、マネージャーのジャック・ネルソンに「もう時間がない」。「じゃ行くよ」と。シカゴのホテルで備え付けの便箋に簡単な契約、アグリーメント書いて、楽屋で一人ずつ写真撮って、ハワイの領事館で1週間ヴィザを待ったの。毎日領事館で「取れましたか?」「まだです」「じゃまた明日」みたいなね。あとはワイキキで日光浴するぐらい。こんな簡単な仕事でカネもらっていいのかなと思った(笑)。

クイーンの思い出は?

フレディ・マーキュリーは非常におとなしい男ですよね。ホテルで絵を描いたりしてましたよ。そして非常にプレゼンテーションのうまい人。ジョークが得意だし。でもリハーサルには非常に厳しかったね。しょっちゅう怒ってた。ここ違うとかね。完璧主義者だから。リハでは「ワン・モア」とか注意してた。ロジャー・テイラーはわんぱく。やんちゃなあんちゃん。ブライアン・メイは真面目な人って感じ。物静かな人。

クイーン初来日となった1975年の日本公演のパンフレット。

今考えると、その頃レコード既に10万枚行ってたんですよね。で、武道館クラスが各地ソールド・アウト。最初にスモーク・マシンやドライ・アイスを使ったんです。初めてだから日本側の業者たちもびっくりしたね。暗転もやるし。今と違ってロックンロール=ちょっとヴァイオレンスっぽいイメージがあったから、お客もワーッと前に来たりした。で、某会社が「ストップさせろ」と。危険だと。そしたらクイーンのマネージャーが「ヘイ、これがロックンロール・ビジネスだ」と。「タイト・ロープしてるんだ。次の曲で落とすから大丈夫だ」と。次のバラードで客を座らせる。コントロールできてるんですよ。あの頃は立っちゃいけない。危ないってんですよ。何しろスタンディング・オヴェイションが駄目だっていうんだからね。今でも東京ドームでアーティストがステージ降りたら文句言いますからね。警察が。

■ジャパン・ジャムを企画

ワールドレジャーではフィラデルフィアのシスター・スレッジだとかもやりました。75年かな、クイーンの2度目の来日の途中で辞めました。姫路のコンサートの時、姫路駅はファンが待ってるから一つ前の駅からタクシーで会場に行ったんだけど、運転手が場所知らなかったの(笑)。グルグル回ってアーティストが腹を立てた。スタッフがオーガナイズされていないわけですよ。で、会社がごちゃごちゃ言うから私が責任とったの。

次にバン・プランニングって興行会社が何か面白いことやりたがってるってんで、行ってみたらジャパン・ジャムだったわけ。そこで企画立てて江ノ島でビーチ・ボーイズやった。夏ならビーチだ、江ノ島にビーチ・ボーイズ呼ぼうみたいな(笑)。これが最初のジャパン・ジャムです。79年かな。

それがブライアン・ウィルソンが初めて来た時。

ジャパン・ジャムの企画は全部僕のアイデアだよ。ビーチ・ボーイズ、ハート、ファイアフォール。日本からはサザンオールスターズ。野外は米軍が暴れまくって大変でしたよ。米兵がネイヴィーのバスで来て酒飲んで、もう傍若無人に暴れまくる。でもしゃーないよね。そういう時代だし、まだロックってのはそういう香りがあったじゃない。翌年はチープ・トリックを横浜スタジアムでやって、その後独立したんですよ。

独立後で印象に残るエピソードは。

ジプシー・キングスをやったんだけど、まあ才能豊かな人たちで、ほんと音楽しかできないみたいな感じ。ヴィザを申請したらなかなかおりないのよ。何故だとパリの日本領事館に聞いたら「ジプシーを日本に入れたくない」っての。「はあ?」と思ったわけよ。「これは音楽のバンドであって、終わったらすぐ帰すよ」と。ジプシーを好ましくないと思ったんでしょう。その担当者は現地採用で、悪い人じゃないいんだけど、トゥー・スクエアだったね。

最初ね、リーダーのチコが「バスで行くけど何日かかるんだ」って言うわけ。チャイナもジャパンも一緒なんですよ。三日ぐらいで行けるのか、みたいな。いやいや、飛行機だぞぉ、みたいな。素朴な人たちでしたよ。

クイーン初来日やビーチ・ボーイズを招いてのジャパン・ジャムを経て、林さんは招聘ビジネスの改革にも手を染め、さらに国内音楽市場の変化をかぎ取って邦楽の興行に軸足を移す。

◇

■お金を使わないチャック・ベリー

私が外国アーティストの招聘に関わり始めた当時は、日本側が飛行機代から何から全部支払うシステムだったんです。戦後にジャズとかラテンを呼び始めた頃、日本はドルがなかったでしょ。マーケットも大きくなかった。だから当時のプロモーターは「経費全部持つから、ギャラは安くして」って言ったんです。アーティスト側も日本に行けるんなら安くてもいいや、みたいなね。でもこのシステムには大きな欠陥がある。払うと言えばみんな来るわけですよ、仕事に関係ない人たちまで。80年代になるとビジネス・クラスで来始めた。今は〝デリヴァリー・システム〟といって、経費はアーティスト側が払うわけですよ。すると自分のカネだからついてくる人数を減らすわけ。

ダイアナ・ロスが東京ドームでのコンサートで来た時には、衣装係がビジネス・クラスじゃなきゃ行かないっていう。２公演だけでね。その時ダイアナからファクスがきて「日本のあなたの秘書を貸してくれ、衣装係に使うから」と。あとで聞いたら自分の衣装係は切ったっていうのね(笑)。すごい頭のいい、気の強い女性ですよ。才能豊かなね。

欧米での興行は自分たちで全部やるかわりにギャラはちゃんともらう。まあ街ごとにプロモーターが違うから経費を分けられないわけですよ。パリとリヨンとかね。だから共通のことはツアー・カンパニーを雇って全部やらせる。現地プロモーターは会場費とケータリングとセキュリティとプロモーションだけ。その土地での。でも日本では言葉ができないから、日本での経費から何から払ってよというのが昔のシステム。私はこれを変えてきたんです。でも彼らはなかなかアドヴァンテージを放そうとしなかったね。

ＨＩＰではちょっと尖ったアーティストの招聘を始めますね。

最初はアメリカの大物との仕事には入っていけなかったんです。コネクション的に。だからイギリスの若いエージェントと仲よくなっての仕事が多かったよね。その後、マライア・キャリーだシンディ・ローパーだセリーヌ・ディオンだと、ほら私、歌もの好きだから、そういう女性のソフィスティケイトされたポップスへ。好きっていうか、マーケットが広いから。マーケットですよ、私は。好き嫌いじゃなくて。

来日したチャック・ベリーと林さん。（提供＝林博通氏）

チャック・ベリーもやった。黒人アーティストを白人のマーケットに持ってきたディック・アレンっていうエージェントが「面白いぞ。シンプル・ビジネスだよ」と。たしかに非常に面白い人で、空港近くのホテルに泊まって、仕事が済んだらすぐに帰国。旅先で羽を伸ばすってことがない。食事に誘っても「ノー」。ルーム・サービスを自分で注文してる。ショーは前座がいて、自分は60分しかやらない。最初に渋谷公会堂でやった時、「60分で緞帳降ろせ」って言うから降ろしたら、幕の下に潜り込むみたいなことやるんばいいんだ。あれはポーズなんだから」って(笑)。

だ。まだやりたいんだなと思って緞帳止めたら、後ですごく怒られた。「降ろせって言ったら降ろせばいいんだ。あれはポーズなんだから」って(笑)。

熱演のポーズ。

そう。やりたいんだけど終わっちゃうってのが彼のパターンなの。彼は基本的に一人で来日して日本でキーボードとベース、ドラマーをピックアップする。リハーサルもしない。「俺の曲知ってるだろ」って。彼のバックならやりたいやつはどこにでもいるし、曲は誰でも知ってるし。だから彼にとっては経費が何もかかんないわけ。ディック・アレン曰く「ショー・ビジネスで彼ほどの金持ちはいない」。決してカネを使わないから。ギターも持ってくるのは1本だけだからね。以来ずっと洋楽でやってて、10年かそこら前から邦楽にスイッチしたんです。

■**マーケットの変化から邦楽へシフト**

邦楽にシフトした理由というのは?

簡単です。マーケットが変わる、邦楽が中心になるなと思ったから。レコード売り上げは今邦楽が

8、9割でしょ。うちの仕事もだいたい同じ。ももいろクローバーZやSuperfly、B'z。あるいは平井堅ちゃんとかね。みんなに「いい時に動いたね」とか言われるけども、匂いがしたよね。

J-POPが非常に進化したんですよ。洋楽との差、ディスタンスが縮まってきた。そうなれば英語の歌詞よりも、日本語聞いた方がいいでしょ。例えば加藤ミリヤはOLの応援歌なんです。英語じゃ応援歌にならないよ。ビジネスやってれば自然に邦楽中心にせざるを得ないよね。好きだ嫌いだじゃなくて。

洋楽の新人アーティストに目をつけて、リスク覚悟で呼んで成功した時の達成感とか、あるでしょ、当然。

達成感、あまりないねえ。正直言って、うん。ただ、絶対に黒字にしてやろうと計算するわけ。このアーティストでこのキャパでこのチケットでこの経費でここまでだと。それはどこの企業だってやってること。バランス・シート取りますよね。ギャンブラーじゃないんだから。基本的にマーケティングですよ。

国内でのCDの売れ行きを見ながら…。

ところが最近それがだんだんなくなってきた。ダウンロードの数字がわからないから。ＣＤ売れてないんだもん。かつてはＣＤの売り上げの10％が東京のお客さんのマクシマムだったんですよ。10万枚売れたら1万人はポテンシャルがあるなという感じがあった。80年代の頭までは。で、東京を10とすれば大阪が４から５、名古屋が３から４、九州が３くらい。人口から見てもマーケットの消費からみても。

でも今はライヴだけ集まるお客さんというのがいますね。ストーンズはＣＤ売れてないのに東京ドームが何回も一杯になる。

そう。例えばももクロ。12年夏に西武ドームでやったら、ワン・ショーで３万５０００のキャパに応募が16万来るわけですよ。で、抽選するの。これが今のマーケットなんですよ。コンピューターで整理できますからかなり実数に近いと思います。

洋楽ファンからみるとつまらないですね。確実なアーティストしか来てくれない。

でもねえ、世に何とかのタネは尽きまじで(笑)、うちだって若いスタッフがそういうのやってますよ。安いギャラで小さいキャパで。みんながみんなメジャー・リーガーじゃない。１Ａでハンバーガー食ってプレーしてる人もいるわけだから。若い人には「どうぞ好きに呼びなさい。だけど少なくとも5万でも10万でも儲けなさい。趣味でやるのなら会社辞めてからやりなさい」と言ってます。

愛聴盤はありますか。

フィリー・ジョー・ジョーンズが入ってるマイルス『ワーキン』『スティーミン』『リラクシン』『クッキン』の4部作。あれやっぱりすごいよ。今でも車の中でしょっちゅう聞いてるけどね。ポール・チェンバース、レッド・ガーランド。ウイントン・ケリーの『ケリー・アット・ミッドナイト』のフィリー・ジョーも素晴らしい。ギル・エヴァンスの『ポーギーとベス』での

フィリー・ジョーの奔放さ、ドライヴ感。音を聞くと彼がどうやっているか目の前にいるようにわかるわけ。

たった1年間だけど、フィラデルフィアでフィリー・ジョーのそばにいて勉強して、で、こりゃあ無理だと(笑)。どんなに勉強してもこの人の足元にも行けないと思った。でも、この人たちと同じレヴェルにいたっていうことで音楽に対する恐れがなくなったよね。太刀打ちできない人間ってのはこういう人たちなんだなと思った。カネは全然ないけどジャズマンの矜持は凜として持ってる。フィラデルフィアってのは沈んだ街。産業がなくなったからね。でも、ボビー・ティモンズもアル・グレイもいた。ジミー・ヒースも。一時スタンリー・タレンタインもいた。

あの時代のジャズの作品はみんな素晴らしいですよ。時代がミュージシャンを作ってた。

どんな音楽にもそういう時代があったと思うんですよ。ソウルもそうだし、ロックもそうだと思います。

不思議なもんだね。才能が集まって、そこで切磋琢磨して、インプルーヴしていく。例えば200年前のウイーンを中心としたクラシックのコンポーザーたち。100年前のパリの印象派。そういうのが1950年代のニューヨークのビバップにあったわけだ。

■アーティストと距離を置いてつき合う

個人的につきあって面白かったアーティストは？

僕はあまり親しくならないんですよ。距離を置く。私は〝プロフェッショナル・ディスタンス〟って呼んでるわけ。一番長く関係が続いているのはポール・ウェラーだね。スタイル・カウンシルになる前のジャム時代からだから、もう三十何年だよね。お互いにべたべたしないからじゃないかな。彼のお父さんが亡くなった時、「行くよ」って言ったら「いや、わざわざ来なくていいよ」って。で、次にロンドンに行った時に墓地に行って花を渡したら、翌日ホテルまで来てくれて「昨日はありがとう」。そういう子だから。そういう関係の人は何人かいるけどね、呼びたくてもマーケットがなきゃできない。呼び続けたい人はいっぱいいるんだけど、向こうがマーケットなくなっちゃう。

　相手と親しくなる、酒を飲むというのは、必要ならやるべきだ。でも親しくなり過ぎると冷静なマーケティングができなくなる。ひいき目になっちゃう。それにアーティストはフォーエヴァーじゃないですよ。10年もつアーティスト、なかなかいないよ。洋楽でも邦楽でも。仮に18でデビ

1982年6月のザ・ジャム日本公演のパンフレット。

ユーしてファンも17、18で、10年たったら27、28でしょう。趣味も変わるじゃない。ポール・ウェラーなんかレア・ケースだね。クラプトン然りね。例えばロッド・ステュアートの最高の時期は70年代の半ばから80年にかけてでしょ。30だったファンは今は60過ぎて年金生活者だ。欧米だと、年をとってもファンなんだよ。ロッドの今の曲はアメリカ人にとってはスタンダードだし。日本人にはそうじゃない。文化が違うから。洋楽のあれ見たいこれ見たいって人は、一般社会にはいないんですよ。

意地でも洋楽を続けて、洋楽をもう1回盛り上げてやるぞ、という気持ちは？

ありますよ。だから2013年5月に幕張メッセで二日間、オジー・オズボーンのフェスをやります。「オズ・フェス」。ブラック・サバスをオリジナル・メンバーで呼んで。洋楽とコンセプトが似てる邦楽アーティストにも出演してもらう。サバスはアルバムの売り上げの10％なんていう数字も読めないし、現役のアーティストでもない。ただ目玉としてそういうのがあった方がいいでしょ。目玉があって、さらに他に読めるアーティストのブッキングを考えているわけです。

しかし、ももクロやってる林さんがオジー・オズボーンもやる、パヴァロッティもシナトラもやる(笑)。

パヴァロッティは「俺たちはロックみたいなビジネスやりたいんだ」って言ってたね。「そっちの世界に行きたいんだ」と。私が横浜アリーナでやった時、クラシックの評論家からは「ロックのプロモーターがマイクロフォン使ってアリーナでパヴァロッティやるなんてけしからん」みたいなこと言われたのね。でも今は19世紀じゃないんだ。マイクだって進歩してるよと。

日本で海外に出られるのはヴィジュアル系とアニメ系。これが日本のアーティストの突破口になると思う。あるいはテクノか。でもテクノはあんまり広がりがないからね。アニメはすごい。市場が大きいよ。

HIPといえばロックの会社ですが、その林さんがこれだけジャズの人だったとは。

ジャズはビジネスにならないでしょ。昔はカーメン・マクレエやライオネル・ハンプトンやったけど。日本のクラブのオーナーと話しても結局、経費が高いっていうのね。そりゃそう、こっちはアメリカから見ればウェスト・エンドだもん。三日や五日のために飛行機代かかるわけじゃない。ホテル代も。そりゃ合わないよね。がんばってるけど、従業員と出演者の方がお客より多いんだもの。

〔2012年9月12日　渋谷区神宮前・HIPで〕

本間孝男 氏

セックス・ピストルズを担当した男

ほんま・たかお

1946年、新潟市生まれ。71年、早稲田大学政治経済学部卒。同年、日本コロムビアに入社し、76年からディレクターとしてセックス・ピストルズ、ニュー・オーダーなどを手がけた。97年まで洋楽部に所属し、その後はネットワークやシステム関連の部署へ。退職後も2011年まで嘱託として同社に勤務していた。

洋楽マンには、レーベルやレコード会社を転々として様々な立場で音楽に携わった方もいらっしゃれば、一つの会社で長く現場に携わった方もいらっしゃる。本間孝男さんは後者。1971年に日本コロムビアに入社。以来26年間、洋楽制作と宣伝の現場に立ち続けた。手がけたのはバブルガム・ミュージックからセックス・ピストルズ、ＰｉＬまで。物静かなお人柄の本間さんとパンクの関係が興味深い。

■他社の洋楽担当から情報収集

１９４６年、新潟市生まれ。男３人兄弟の長男です。４～５歳で東京に来て、以来ずっと世田谷住まい。子供の頃は鉱石ラジオを作って「ハートブレイク・ホテル」をクリスタル・イヤホンで聞きながら布団に潜り込んでいた。叔父がＮ響のヴァイオリニストだったんで、ヴァイオリンをちょっとやらされた。でも譜面はきちんと覚えなかったんで、その後も楽譜読むのが大変でした。早大では放送研究会で選曲と技術担当。ミキシング・アンプ作ったりしてた。だからラジオのディレクターになりたかった。でも採用は厳しかった。私、パクられてますから。

早大3年の時に全共闘運動が始まって、私はちょうど政経学部の学友会の委員。68年10月21日新宿騒乱の二日前に８００人くらいの学友会のデモを指揮して、旗竿持って国会に入ってパクられちゃった(笑)。書類送検です。実は70年春のビクターの入社試験で翌年の入社が内定していたんですが、そのことで辞退せざるを得なかった。当時はＴＢＳで無線カーのＦＭ電波を追いかけるアルバイトをやってました。東京タワーの上の受信アンテナをリモコンで少しずつ動かすの。ＴＢＳのある番組のディレクターの方にコロムビアの高久光雄さんを紹介してもらって、コロムビアでバイトを始めた。これが就職の前段です。70年の秋からメラニーのチラシを作ったり、ウドーの第1回招聘だったマンゴ・ジェリーのお手伝いをしたりしました。

当時の日本コロムビアの洋楽は世界各国の訳のわかんないレーベルばっかりでした。フランスのＢＹＧとかＡＺ、スペインのイスパボックスとか。要するに米コロンビアとの契約が切れた後、何でもかんでも契約したんですね。入社した頃の中心はニール・ボガートが始めたブッダ／カーマストラのバブルガム・ミュージック。１９１０フルーツガム・カンパニーとかオハイオ・エクスプレスとか。当時イギリスからレッド・ツェッペリンやディープ・パープルとかが入って、アメリカのＡＭ局が全部そっちへ流れちゃった。そこでニールはビジネスとしてティーン向けポップを狙ったんです。ただよく聞くと１９１０にしてもオハイオ・エクスプレスにしても実はすごいロック色が強い。ニールは73年にカサブランカ・レーベルを作ってキッスなんかを手がけた。キッスはバブルガムの延長線上ですよ。

71年暮れから宣伝を担当し、最初の作品はブッダのメラニーの「心の扉をあけよう」。72年にはカーティス・メイフィールドが映画『スーパーフライ』の同名アルバムで全米1位。73年にモータウンからグラディス・ナイト&ザ・ピップスがブッダに来て、「夜汽車よ！ジョージアへ…」が大ヒット。カントリー系の作曲家ジム・ウェザリーの名曲です。宣伝で全国を回りました。モータウンを擁するビクターがブラック・ミュージックの大キャンペーンをやってて、便乗した感じでしたが(笑)。6、7割の局で洋楽チャートの1位にできました。

洋楽宣伝に変化が起きた時代でした。東芝の石坂敬一さん、CBS・ソニーの堤光生さん、RCAの石島稔さん、ビクターの佐藤修さん。彼らが激烈な放送局プロモーションを始めたんです。古いディレクターはついていけない。コロムビアも厳しかった。売り込むネタが少ないし。でも幸いブロンズ・レーベルのユーライア・ヒープが72年の『対自核』で7、8万枚売れていた。邦題は同僚の清水美樹夫さんがつけた。いろいろと考えたんでしょうね。『対自核』なんて日本語、ないですもん。来日公演は73年3月。武道館が満員でした。僕、まだ英語が十分じゃなくて、挨拶くらいしかできなかったけど。すいません(笑)。

渋谷公会堂で2回やってから武道館でした。

すごい人気でした。同じ3月に初来日のイエスと対比して、「天使か悪魔か」っていうような書き方をしてもらえるようにプレス・リリースを作って、雑誌に持って行った。ワーナーのイエスの担当者には相談もせず勝手に共同プロモーション(笑)。まあ、アートワークも同じロジャー・ディーンだし。

イエスはこの時、東京では新宿厚生年金と神田共立講堂の2回。集客力は違いますね。

だから向こうにも損はなかったと思います。

洋楽のポピュラー担当は、この本に登場した皆さんの話にも出てきたスピーク・ロウでほとんど毎晩会ってました。同僚より他社の洋楽担当と会ってる時間の方が長かった。勉強になりました。70年代の東京は、ウドーやキョードーが世界の超一級のアーティストをどんどん呼んでくれた。シカゴ、BS&T、レッド・ツェッペリン、ディープ・パープル。イーグルスやドゥービー・ブラザーズ。グランド・ファンクの後楽園、EL&Pも後楽園かな。CCRなんか1時間もやらなかった。ピンク・フロイドは2回目の来日。ビー・ジーズもジェスロ・タルも見た。こんなに一級アーティストが短期間に集中するなんて、世界の大都市でもそうはないと思います。ただ、当時は日本側のPAが対応できてない。ユーライア・ヒープもかわいそうでした。さすがにツェッペリンは装置一式を船で運んで来たみたいで、すごかった。「ぜひ見に行け」って言われたのが75年のクイーン初来日。あまりに中高生が多かったんでびっくりしました。全く違う客層になっちゃってた。

■とうようさんがタンジェリン・ドリームに0点

ヴァージンとの契約は?

1974年かな。『チューブラー・ベルズ』がマイク・オールドフィールド本人の抵抗むなしく映画『エクソシスト』に使われて、大ヒットしてました。でも契約したはいいが、マイク以外はゴングとか、カンタベリー派と呼ばれるジャズ、フュージョン的要素の強いハットフィールド&ザ・ノースとかしかない。ドイツのファウストとか。売りづらいのばっかり。私が本格的に宣伝をやったのはタンジェリン・ドリームの『フェードラ』や『ストラトスフィア(浪漫)』。シンセサイザー・ミュージックとして楽器系、ミュージシャン系の雑誌に取り上げてもらえました。

でもタンジェリン・ドリームには、『ニューミュージック・マガジン』では中村とうようさんが0点をつけました(笑)。

バック・カタログ4枚のうちの1枚が0点。こちらも「とうようさん、やるわ」って(笑)。新作じゃないからすごくショックということではなかったですね。大仰なタイトルにもとうようさんはカチンと来たかもしれません。同僚がつけたんですけど。元はドイツ語の“Zeit”。〝時〟ですね。それを

タンジェリン・ドリーム『浪漫』
(ヴァージン／コロムビア YX7141VR)
1977年2月発売のLP。邦題は本間さんの作で、原題は“Stratosfear”。

『われら、時の深淵より叫びぬ！』って。私なら『時』1字にしたかな。

業界では「とうようさんに半端な点をつけられるよりは0点の方が嬉しい」と言いましたよね。

そう。0点は逆に宣伝に使える。使うしかないし。ただこれは古い作品だったんで、痛手じゃないけど利用もしづらかった。

ABCレーベルもありましたね。

ABCで一番成功したのは実は傘下のジャズ・レーベル、インパルスなんです。東芝で一通り出ていたのに、コルトレーンを一挙に出すと『バラード』なんて5万枚近く売れるんです。何なのこれは、ってくらい。ルー・アドラーが作ったダンヒルは実稼働してたのがポコくらい。スリー・ドッグ・ナイトもジェイムズ・ギャングも過去のアーティスト。クルセイダーズがいたブルー・サムもあった。ABCに関しては宣伝にかかわっただけですけど、スティーリー・ダンが一番大きかったですね。で、しっかりやったのは、フィフス・ディメンションのおしどり夫婦、マリリン・マックー&ビリー・デイヴィスJr.の76年の「星空のふたり」。これはABCでは珍しく全米1位になった。さらに二人は77年の第6回東京音楽祭に来て「ふたりの誓い」でグランプリ。ピップスの「夜汽車…」に近い形で全国回りました。ただし、1位にできたのはラジオ局の4割くらい。TBSとかも1位にしてもらったけど、まあこれは後ろがありますから。

なんです、「後ろ」ってのは？（笑）

「それほどリクエスト来てないよ」「そこを何とか」って（笑）。ラジオ局のチャートは原則的にはリクエストの数。シングル盤の売り上げを加味する場合もある。で、あとはディレクターのさじ加減、ですね。この77年はスティーリー・ダンの『彩（AJA）』があって、ゴダイゴがあって、なおかつ11月にはセックス・ピストルズも出すんで忙しかった。

ゴダイゴも洋楽扱いだったんですね。ブルー・コメッツなどを洋楽のコロムビア・レーベルで出してきた伝統ですか。

ABCが77年に契約更改で雲行きは危うい。じゃあ国内制作を充実させようということで、ミッキー吉野がバークリーから帰って来て作った彼のグループに、タケカワユキヒデを加えたんです。3枚目の『西遊記』が売れて、80年10月には中国公演。取材陣13人連れてった。お得意様の『平凡』『明星』とか。もともとは日本の最も音楽的に優れたロック・アーティストとして宣伝してたんです。当時のミュージシャン系の雑誌を見ると、日本人の中でトップのアーティストは彼らです。でもメガ・ヒットがいくつも出て、果ては『銀河鉄道999』ですから。これで完全に『平凡』『明星』のアーティストになっちゃった。

■邦題『勝手にしやがれ』はゴダールの映画から

そういう最中にセックス・ピストルズ『勝手にしやがれ』もやったわけですね。

マルコム・マクラレンの事務所グリッター・ベストからピストルズの売り込みが来て、話題になってて面白そうだったから、ヴァージンを飛び越して直接契約した。アルバムを10万枚近く売らないとリクープしないくらいのアドヴァンス金額でした。その後ヴァージンはビクターに移ったけど、ピストルズの権利は3年間はコロムビアにあった。

オリジナル・アルバムは1枚だけ。ほかにサントラの『ザ・グレイト・ロックンロール・スウィンドル』と、シド・ヴィシャスのあのジャンキーというか、すごい有名になった「マイ・ウェイ」、カラオケでもシド・ヴィシャス版ってのがあるくらいになった曲が入ったシドのソロ・アルバム1枚と、あとはジョニー・ロットンとシド以外の二人が列車強盗でブラジルに逃亡中だったロナルド・ビッグスと一緒に作った「大列車強盗」ってシングル盤1枚。これが向こうから来た音源のすべて。

ピストルズは面白かった。これほど話題になるアーティストってないです。ジェイミー・レイドのアートワークは非常にラディカル。ロゴも脅迫状の作り方ですよね。ファッション的にも一世を風靡した。音も最高でした。だって一級のディレクターが二人もついてる。まずクリス・トーマスがシングル盤「アナーキー・イン・ザ・UK」「ゴッド・セイヴ・ザ・クイーン」のディレクター。もう一人はビル・プライス。その前にニルソンの「ウイザウト・ユー」で、16トラックを3台重ねて非常に複雑なミックスをやった。そういうすごいエンジニアのビルと、ミュージシャン側に立ったクリス。二人がかりで時間をかけてものすごい精密な録音をした。

「ゴッド…」は民間放送連盟で「不敬な曲」と放送禁止。同時に禁止になったのはセルジュ・ゲンズブールの「ジュ・テーム」でした。そっちは猥褻。その記事を持って放送局に行って、「この曲はかけられないんですけども」なんて言って「プリティ・ヴェイカント」か「アナーキー…」の方をかけてもらった。

ただし、社内ではものすごい叩かれた。特に帯のピンづけの女王陛下の写真とか。「絶対に使ってはならない」って。僕は部長と言い争って、部長の机をガンッと叩いて、そのままテアトル東京に行って、『スター・ウォーズ』を見ました(笑)。

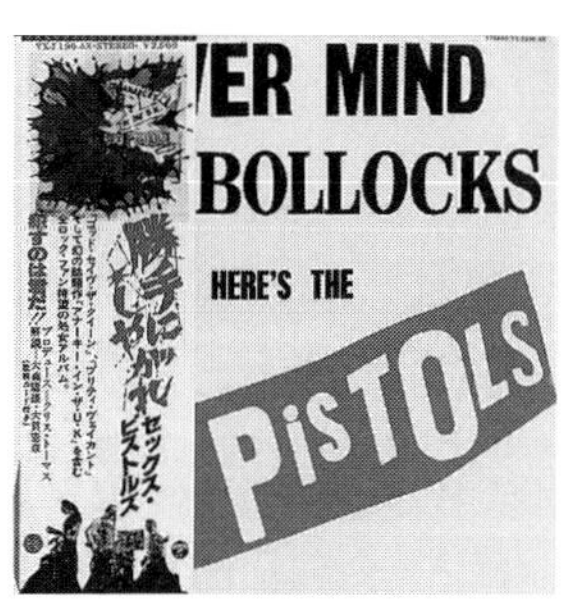

セックス・ピストルズ『勝手にしやがれ』（ヴァージン／コロムビア YX7199AX）
1977年11月発売のLP。帯の上部は女王の写真から変更された。

タイトルの元ネタはもちろんゴダールの59年の映画『勝手にしやがれ』です。沢田研二さんも同じ77年発売のシングル盤で先に使ってますけど、どうしても使いたかったんです。65年の『気狂いピエロ』でダイナマイトを頭につけて自爆してしまうベルモンドのイメージも重ねたいなと思って。ジュリーの曲とどっちが後に残るんだろうなあと思いながらつけたんです。結局は両方残ってますけども。原題『ネヴァー・マインド・ザ・ボロックス』のボロックスの意味はキンタマとか。これをカタカナで書いても全然面白くないんで、やっぱり何か邦題つけなきゃいけない。で、そうなるとこれかなあと。

写真素材はたくさん送られてきました。記事は媒体の方が考えてくれました。私はプレス・リリースには「昨日シェパード・ブッシュで4人が襲われてジョニー・ロットンが怪我をしました」くらいしか書いてない。媒体の方々は『メロディ・メイカー』とか『レコード・ミラー』とか『ニュー・ミュージカル・エクスプレス』の記事を片っ端からファイルして、それを使って自分たちで記事作ってらした。それだけ面白かったんだと思います。パンク以前は大物アーティストの話題ばかりで音楽的にも動きがない。そこにこういうショックがあったから面白く書けたんだと思います。それがパンクの出てきた背景というか、売りですからね。

◇

セックス・ピストルズが巻き起こしたパンクの大旋風は全世界のロック界に及んだ。その裏方にい続けた本間さん。ご自身の音楽の好みはどうだったのだろうか。

■レコードのカッティングも自分で

普通です。ごく一般的なポップスの良質なものが好き。ただしイギリスのさまざまなロックのエキスパートになろうとして、インディも含めてかなり盤を買ったし、いっぱい聞いたし、『メロディ・メイカー』とか『ニュー・ミュージカル・エクスプレス』はずっと読んでました。『ビルボード』や『キャッシュボックス』はあんまり役に立たなかったけど、英国の2紙は大変役に立ちました。

ピストルズは最初聞いた時「いい感じだな」って思ったんですよ。こういう作り方ってありだなと。特に「プリティ・ヴェイカント」。エルヴィスから培ってきた自分のポップの物差しと照らし合わせても、これはいい、これは残るだろうなって。「アナーキー・イン・ザ・ＵＫ」も相当よくできてました。

で、海外取材もそこから始まったと。

ええ。媒体に海外に行ってもらう取材は難しかったんです。飛行機だけで40〜50万円かかりましたから。でもピストルズの時は「他と違うものが欲しい」との声に応えようと、思い切って『平凡パンチ』の方に「飛行機一人分はうちで出します。取材していただけませんか」と。そしたら平凡出版がもう一人分出して『アンアン』との共同取材にしてくれた。パンクのデザイナー、ヴィヴィアン・ウエストウッドの取材を『アンアン』、キングス・ロードのパンク取材は『パンチ』。ピストルズのスケジュールも押さえた。コロムビアからは誰も行かずマルコム・マクラーレンの事務所グリッター・ベスト任せで、空港のお迎えもなし。レコード会社が丁寧にお膳立てする海外取材はその後の話です。

取材や撮影にトラブルはなかったんですか。

なかった。時間通りで。「態度悪いよねえ、みんな」みたいな話は出たけど。それは演技ですからね。当時は忙しかったですねえ。スティーリー・ダン『彩（AJA）』、ベターデイズの坂本龍一『千のナイフ』、渡辺香津美もゴダイゴもいる。雑誌への宣伝は私が全部かかえてやってた。それができたのは実は私、裏でオーディオ・ライターをやっていたから編集部に強かったんです。集英社の『週刊プレイボーイ』には3年続けてボーナス期にオーディオの記事書いてました。小学館の『FMレコパル』は創刊2号から1980年まで書いてました。小学館の『GORO』にも書かせてもらってた。原稿書きながら「実は本業は音楽の方で、こっちも大変なんですよ」と売り込んだわけです。ペン・ネームは「岩間たかお」。収入が会社の給料と同じくらいあった年もある。でも大変でした。会社で仕事して夕方から神保町の出版社へ。プロモーションも少しはして、夕飯食ったら入稿室で原稿書いて朝方タクシーで帰宅。

カッティングもやってました。メジャーならば相手から完全に決まったイコライズド・マスターが送られて来ます。でもインディはラフ・カットっていうレコード盤が来るだけ。こちらはそれにイコライジングを合わせて、何回もラッカー盤を切ってはそれをチェックして、カッティング・レヴェルも合わせていくんです。そういうのを全部自分でやった。だから音にはものすごい詳しくなった。ブラインド試聴したら強いです。評論家さんたちのレヴェルではない。

「これ、日本好みの音にしちゃえ」ってことは？

ありますす。特に高域の使い方とか上げ下げは結構やります。文句が来たことはありません。ジャケットや中の解説は見てるでしょうけど、音まではチェックしてないと思う。

■役割を完璧に演じるジョン・ライドン

79年にＡＢＣがＭＣＡに移って洋楽部が解体しました。洋楽部国内制作のゴダイゴやルースターズは、ジューシー・フルーツなどがいたニューミュージックのセクションに合体されて、洋楽ポピュラー担当は私一人だけになった。ジャズの小さいレーベルの残務整理ですね。ルーレットのカウント・ベイシーやサラ・ヴォーン。マル・ウォルドロンの『レフト・アローン』があるベツレヘム。

でもロックをやりたい。そうだ、私にはＰｉＬがある。で、「次の作品があるならばうちで出したい」と手紙を書いたら「『メタル・ボックス』というのがある」って。でも金属ケースはちょっと作れない(笑)。「他のフォーマットのはないか」「〝セカンド・エディション〟が出る」と。で、『フラワーズ・オブ・ロマンス』以降の3作品までの契約もした。

〝セカンド・エディション〟の宣伝では、80年に『平凡パンチ』の方と一緒にロンドンのキングス・ロード近くのジョン・ライドンの家にインタヴューに行きました。実はこれが初対面なんだけど、そんなにエキセントリックな人じゃないとはわかっていたし、緊張はしなかった。お土産に発売間もないウォークマンを持って行ったんです。そしたらジョンが大喜びして一緒にいたキース・レヴィンなんかと奪い合いの大騒ぎ。作戦は大成功でした。話も弾んで2時間くらい彼の家に滞在したのかな。

『PiL・ライヴ・イン TOKYO』
(コロムビア YS7148～9AX)
1983年8月発売の45回転LP2枚組。コロムビアならではのPCMデジタルによるライヴ録音。

82年には後にＨＩＰを始める林博通さんと一緒にニューヨークでジョンと会って、招聘も決めた。来日は83年6月。中野サンプラザ5回、名古屋シティホール、京都私学会館、大阪フェスティバルホール、すべて満員。ただ、キースはヘロインで来られず。ジョンとタクシーで移動中に「どうして連れて来なかったんだ」って聞いたんですが、「来てたらとんでもないことになる。俺もシドのことがあって、これ2回目だからすごい落ち込んでるんだよ」って言ってました。ツアーは全行程同行してライヴも録りました。『ライヴ・インTOKYO』。レコーディングは7月1、2日の中野サンプラザ。発売は8月21日。

（LPの帯を見て）「スポットがあたる。そこにジョンがいた…」。いいコピーですねえ。

それ、私です。私のパターンです。

帯にピストルズという字が一切ありません。

使ってもいいんですけども、それじゃあ来て下さっているファンの皆様に申し訳がない。やっぱりジョニー・ロットンじゃなくて、ジョン・ライドンのバンドとしてPiLを見てもらうっていうプロモーションを組み立ててますから。他の人だったらやるでしょうけど。

写真は三浦憲治さんに撮ってもらった。雨上がりの夜の新宿東口です。ジョンはこういう時はきちんとやってくれる。すっごい頭のいい人なんです。ジョニー・ロットンの時もジョン・ライドンの時も完璧に演じてる。イギリスのヴァラエティ・ショーなんかではほんとにグータラなパンカーを演じちゃいますから。でも二人だけで話す時は、他人には言いたくなかったんだけれども、普通の人です。こちらがいい加減だと「お前、どうしてだ」って突っ込まれる。シドやキースとつきあうような社会環境にはいたんだけども、哲学的なものを持ってた。キリスト教が大嫌いで、スコットランドの詩人や小説家はものすごい好きなんです。知識もある。「英文学の先生になったら」って言ったら「うん、それもありだな」って言ってましたからね。スコットランドの作家の本をもらったことありますよ。実生活でのパートナーのノラさんもドイツの超一流の出版社の経営者のお嬢様で、非常に知的なんですよ。彼女と長く一緒にいられるってのは、ジョンも相当ちゃんとした人なんだと思います。

■ファクトリーや4ADと契約

その後がニュー・オーダーでしたね。

PiLのライヴを出した後、マンチェスターに行きました。ニュー・オーダーの「テンプテーション」って12インチ盤が気に入って。着くとマネージャーのロブ・グレットンが「ホテルはキャンセルしてうちに泊まれ」と。その晩から彼の家に泊められて、翌朝、飯食いながらミーティング。ロンドンとは全然違う。田舎はノリが全然違うんですよ(笑)。ロブはジョイ・ディヴィジョン時代からのマネージャーで「第5のメンバー」って言われてた人です。「ブルー・マンデー」が大ヒットし始めた頃です。

その頃はもう歌詞は来てました？

まだ。ニュー・オーダーは歌詞を出してくれない。後の4ADもコクトー・ツインズとか、歌詞を出さないことで有名なんです。だから日本で無理やり起こした(笑)。向こうはそれにノーは言わない。見て笑われましたけど。ニュー・オーダーは歌詞は語呂や韻で書いてる部分がすごく多くて、意味なんて関係ない。

『権力の美学』ってアルバム・タイトルは？

私が考えました。私のテイストなんですよ。

彼ら、来日して真っ先に行くのはヤマハなんです。目黒の本社でROMの相談。ヤマハもMIDI規格ができたばっかりで、DX7とかヒット商品が出てましたから。

「11PM」に出演した時は「生じゃないとやらない」って言い出したんで、フロント・スピーカー以外全部持

ニュー・オーダー
『権力の美学』
(コロムビア YX7331AX)
1983年12月発売のLP。彼らのセカンド・アルバムで、原題は“Power Corruption & Lies”。

ち込んだ。でも僕一人でしょ。楽器類運びは招聘したHIPに助けてもらった。移動のバスの中で「マリファナは絶対にやらないでくれ、厳しいから」って演説した時には笑われましたよ。みんなに拍手されちゃった(笑)。

ニュー・オーダーのファクトリー・レコードは、世界的に売れると、ヨーロッパの小さなレーベルといっぱい契約してヴィデオや写真素材のやりとり先が全世界何十カ所にもなって、結局メジャーにディストリビューションを任せるようになった。アメリカはワーナー・ブラザーズかな。それでうちとの契約も終わり。深追いはしなかったです。

ジョン・ライドンも結局ヴァージンに行っちゃった。でも私は後にジョンのマリナ・デル・レイの自宅に行って、「1作やらしてよ」って。ジョンはちょうど自分のソロ作品を自宅レコーディング中だった。97年の『サイコパス』。それが私の洋楽制作の最後の作品になりました。

で、ファクトリーとP.i.Lだけでは足りないので、4ADと契約した。4ADはヴァージン経由で東芝EMIから出てたけど、直接事務所に行ってレーベル契約をしました。でもコクトー・ツインズは東芝の頃の方がいい作品が出てたように思います。

本間さんはアーティストとの記念写真、ないんですねえ。

撮らない方でした。ジョンと撮ったのが何枚かあるんですけど、結局それも家に持って帰ってないなあ。サインをもらって大切にしまっとくってことも全然ない。クレジットも入れない。

日本でのライヴ盤なら担当ディレクターの名前を入れるのが普通ですよね。

うーん。あまり、ちょっと。俺はそこまでの仕事したのかな、と。だって向こうでプロデューサーやメインのマネージャーがいて成立してるんだから。何となく気恥ずかしい。

クリエイション・レーベルではプライマル・スクリームとかやりました。でももう厳しかったです、自分の感覚とは違うものをやってる気がしてた。4ADまでは自分のテイストで入れ込んでできた。でもクリエイションは部下も増えたんで数合わせでやらざるを得なかった。私のテイストじゃないんです。ただマイ・ブラディ・ヴァレンタインだけはいい。ギターのノイズとリズムだけでここまですごい世界が作れるのかって感動しました。アヴァンギャルドであってもポップの部分がものすごいありました。

あと4ADで印象深いのは『ブルガリアン・ヴォイス』。イニシャルが300枚でしたからね。

フィリップ・クーテフのあの盤が300枚？（笑）

でも朝日新聞に記事を書いていただいたら即8000枚まで行った。さらにCMに三つも使われて、コンサート終わってからも記事がずっと出続けて、1年過ぎには10万枚越えました。3作品出しましたけども全部で16〜17万枚。ブルガリアにはいくつかグループがありましたが、結果として一番いいコーラスを呼べたんですね。大使館でのレセプションでは「ん？　こんなおばさんたち？」なんて思いましたけど。

いい作品やアーティストを探すために新宿の輸入盤屋さんにはほとんど毎週行ってました。特に12インチとかを買いに。もちろんメジャーが絡んでるやつは扱えなくて残念なんだけど。あそこで見つけた12インチ1枚を手がかりに、ベルリンにマラリアって女の子バンドを探しに行ったこともありましたっけ。

97年に現場を離れた時に、インディを見つけて契約して育てるというビジネス・モデルは終わったなと感じました。現代ではアーティストは成長すると必ずメジャーの傘下に入らざるを得なくなる。私はまだいい時代を経験できたのかなと思います。

〔２０１２年11月19日　ミュージック・マガジンで〕

『ブルガリアン・ヴォイス』
（4AD／コロムビア CY1922）
1987年10月発売のCDアルバム。
これが火つけ役となり、CMで使われるなど、ブームになった。

初出一覧

石坂敬一氏	レコード・コレクターズ 2010年5、6月号
亀渕昭信氏	同 2010年7、8月号
折田育造氏	同 2010年9、10月号
金子秀氏	同 2010年11、12月号
波田野紘一郎氏	同 2011年1、2月号
寒梅賢氏	同 2011年3、4月号
石川博明氏	同 2011年5、6月号
瀬川昌久氏	同 2011年7、8月号
本田悦久氏	同 2011年9月号
石島稔氏	同 2011年10、11月号
朝妻一郎氏	同 2011年12月号、2012年1月号
高橋裕二氏	同 2012年2、3月号
横山東洋夫氏	同 2012年4、5月号
佐藤修氏	同 2012年6、7月号
塩田眞弘氏	同 2012年8、9月号
高久光雄氏	同 2012年10、11月号
林博通氏	同 2012年12月号、2013年1月号
本間孝男氏	同 2013年2、3月号

後書き

本書は『レコード・コレクターズ』に2010年から連載している「洋楽マン列伝」で、同年5月号から2013年3月号までにご登場いただいた18人の方々のインタヴューをまとめたものだ。連載はまだ続いているが、2013年4月号から2016年1月号までの16人の方々は、本書と同時発売の『洋楽マン列伝2』に収めている。併せてお読みいただきたい。

前書きに書いた通り、この連載は日本の「洋楽」は日本独自の文化であるとの前提で、欧米の大衆音楽を日本の「洋楽」に作り変える、その文化の形成に何らかの形で携わった方々に当時を振り返っていただくというものだ。ご登場いただいたのは、レコード会社の洋楽担当ディレクター、宣伝マン、テレビの音楽番組ディレクター、AMラジオのディスク・ジョッキー、FMのディレクター、アーティストの招聘元やツアー・ディレクター、週刊誌の音楽記者、音楽著作権管理者、評論家と幅が広い。結果的に、同じアーティストに関しても別の角度からのエピソードが聞けるなど、立体的な理解を可能とする内容になった。

私個人にとっては、前々から音楽誌でお名前を拝見していたり、ラジオでお声を聴いていたりした憧れの方も多く、また音楽記者としてアーティスト取材でお世話になったり、コンサート会場で頻繁に顔を合わせていた方もいらっしゃる。

どなたにも生い立ちから音楽との出会い、最初に買ったシングル盤、ほれ込んだアーティストなどを語っていただいた。仕事として音楽に関わってからの苦労話、自慢話、失敗談。レコードやアーティストに関する裏話もうかがった。楽しいインタヴューの連続だった。あるディレクターが手掛けたレコードが、実は若かった頃の私の愛聴盤だったりしたこともある。

インタヴューは短くても3時間。長い時は7時間に及んだ。予定していた時刻までに話が終わらず、取材を二度、三度と分けたこともある。多くはミュージック・マガジン社にご足労いただいたが、ご自宅にお邪魔して膨大なLPコレクションを前にお話をうかがったこともある。どなたも記憶力抜群で、古い出来事を鮮明に覚えていらっしゃるのには感心した。それだけ、印象的な場面の数々を経験なさってきたのだろうと推測する。もともと、音楽好き、ロック好きが高じてそのお仕事についたという方がほとんどだから、話に熱が入るのは当然のことだった。

録音を文字に起こすと、どの方も約4万字を超え、長い方は6万字にもなった。掲載にあたってはこれを1万字程度に圧縮するため、私の質問などは最小限にして、ほとんどモノローグのようなスタイルにした。その結果、中身の詰まり過ぎた印象が強くなって、笑いに満ちたインタヴューの楽しい雰囲気が伝わらなかったとすれば、それは情報量を最優先しようとしたためだ。ご容赦いただきたい。

当初は時代を「エルヴィス以降、パンク登場まで」に絞って、60、70年代のロック黄金時代を中心とする証言集のようなものを想定していたが、当然その範囲外にも話は及んで、結果として戦後の洋楽受容の歴史をコンテンツとメディアの両面から、しかも（言葉はおかしいが）内側から俯瞰する内容になった。

インタヴューを重ねるうちに、しきりに心に浮かぶようになった言葉がある。「古き良き時代」。

60、70年代は日本の洋楽ディレクターの権限は大きかった。あるいは今ほど本社の締め付けが厳しくなかったというべきかも知れないが、日本で自由に邦題を付けられたし、自由な選曲でコンピレーション・アルバムも作れた。アルバムの曲順も変えられたし、日本だけのシングル・カットも多かった。音源が間に合わなければ（内緒ではあったが）「板起こし」もできた。中には「イントロが冗長だったからちょん切った」とか、「ラジオでかかりやすいように余分なコーダはフェイド・アウトした」「テンポが遅いのでBPMを上げた」といった乱暴な代。
が足かけ3年にわたって1位を続けたような時代もあったのだ。仕掛け人にとっては仕事のやり甲斐があった時代。
きた。そもそも今のようにヒット・チャートの1位が毎週目まぐるしく変わるようなことはなく、「エデンの東」
った時代だから、突拍子もない宣伝のキャンペーンも、22面体などというやたら金のかかるジャケット作りもで
話もあった。レコード産業が成長を続け、国内のレコード売り上げにおける洋楽のシェアが今よりはるかに高か

皆さん、いい時代に巡り会った方々だったのだ。

人選はこちらで行なったが、連載途中からは自薦他薦も増えた。「○○レーベルの話なら誰々が詳しいよ」とその後のインタヴューの相手をご紹介いただいたことは何度もある。レーベルの移動、レコード会社の独立や吸収合併、担当者の移籍など、今も昔も音楽業界の動きは激しいから、伝手をたどるにも登場された方々の個々の人脈に頼ることが多かった。改めてお礼を申し上げる。

なお、最初にご登場いただいて日本と欧米のロック史を比較文明論的に鋭く分析して下さった石坂敬一さんが、2016年12月31日に急逝された。メモも何も見ずに早口で多くのアーティスト名や年号を滔々と挙げる明晰さに驚いたのは2010年2月のことだった。まだ71歳。惜しまれてならない。

また、他の方々のお話にしばしば登場するものの、すでに亡くなられていた方々、連載が始まってから亡くなられた方も少なくない。ビクターから日本フォノグラムに移って社長をつとめた伊藤信哉さん、学生時代はザ・ランチャーズのギタリストとして知られ、後にCBS・ソニーきっての理論派の辣腕ディレクターとして多くの後輩を育てた堤光生さん、テイチクでジャズなどを手掛けた横田健生さん、東芝EMIでダンヒル・レーベルなどを担当した吉田直司さん…。間に合わなかった方々は数多い。ご冥福をお祈りする。

篠崎弘

篠崎弘（しのざき・ひろし）

1952年千葉県生まれ。東京大学文学部卒。77年朝日新聞社に入社。盛岡、前橋支局を経て83年に東京本社学芸部。85年からポピュラー音楽を担当。編集委員などを経て、2017年退社。著書に『奥利根　秘境の素顔』（群馬・あさを社）、『ぼくはマッド・チャイナマン　ディック・リーが奏でるシンガポールの明日』（岩波書店）、『カセットショップへ行けばアジアが見えてくる』（朝日新聞社）など。

洋楽マン列伝1

2017年10月25日　初版発行

著者　篠崎弘
発行者　寺尾裕嗣
発行　株式会社ミュージック・マガジン
〒101-0051
東京都千代田区神田神保町2-5北沢ビル
電話　03-3263-3201
印刷・製本　共同印刷株式会社
定価1852円（税別）
ISBN978-4-943959-32-8　C0073 ¥1852E

ミュージック・マガジンの本

同時刊行

洋楽マン列伝 2

Interviewer 篠崎弘

第2巻では、70年代に誰もが知る名盤を世に送り出してきたツワモノたちが登場。
レコード会社、放送局、海外アーティスト招聘会社などにいた人たちから、さまざまなお話をうかがいます。

北澤孝氏／フォノグラムのロックを担当
野中規雄氏／エアロスミスを飛ばせた男
佐藤恒夫氏／〝マンダム〟と呼ばれた男
三好伸一氏／ボブ・マーリーに心酔した男
山浦正彦氏／ワーナー創業時のディレクター
磯田秀人氏／サンタナ『ロータスの伝説』を制作した男
関信夫氏／警官(ポリス)に扮して全国行脚
山田正則氏／〝一発屋〟と縁深いディレクター
高橋辰雄氏／ウドーのツアー・ディレクター
横田晶氏／キッスやエンジェルのディレクター
三沢憲雄氏／ポリドールの洋楽〝宣伝〟マン
清水美樹夫氏／『対自核』のタイトル命名者
菅野ヘッケル氏／ボブ・ディランのライヴ盤を作った男
青山悌三氏／FM東京開局からのディレクター
鈴木博一氏／ベイ・シティ・ローラーズを売りまくった男
新井健司氏／キングでイタリア音楽を紹介し続けた男
篠崎弘（番外編）／朝日新聞のプログレ好きな音楽記者

Interviewer 篠崎弘
洋楽マン列伝
Yougaku-Man Retsuden
HIROSHI SHINOZAKI
2
ミュージック・マガジンの本

定価1852円（税別）
四六判・368ページ
ISBN978-4-943959-33-5
C0073 ¥1852E